本书为国家社科规划一般项目“基于金融性资产财富效应的我国流动人口家庭投资和消费决策研究(16BJY004)”成果

中国流动人口家庭投资和消费影响研究

刘建和 [美]安吉拉·C. 里昂(Angela C. Lyons) 著

上海交通大学出版社
SHANGHAI JIAO TONG UNIVERSITY PRESS

内容提要

为研究中国流动人口居民家庭资产财富效应对流动人口居民家庭投资和消费的影响，本书利用中国家庭追踪调查(CFPS)数据库、中国家庭金融调查(CHFS)数据库和中国流动人口动态监测(CMDS)数据库等对城镇常住人口、农村常住人口、流动人口居民家庭投资和消费中金融性资产的影响进行研究。

本书适合作为高等院校和科研院所中从事家庭金融、劳动经济学和流动人口研究的各位学者、研究者和相关专业的博士生、硕士生等的参考和自学书目。

图书在版编目(CIP)数据

中国流动人口家庭投资和消费影响研究 / 刘建和，(美)安吉拉·C. 里昂(Angela C. Lyons)著. -- 上海 ：上海交通大学出版社，2023.5

ISBN 978-7-313-27539-4

Ⅰ. ①中… Ⅱ. ①刘… ②安… Ⅲ. ①流动人口-私人投资-研究-中国②流动人口-居民消费-影响因素-研究-中国 Ⅳ. ①F832.48②F126.1

中国版本图书馆 CIP 数据核字(2022)第 247280 号

中国流动人口家庭投资和消费影响研究

ZHONGGUO LIUDONG RENKOU JIATING TOUZI HE XIAOFEI YINGXIANG YANJIU

著　　者：刘建和　[美]安吉拉·C. 里昂(Angela C. Lyons)

出版发行：上海交通大学出版社　　地　　址：上海市番禺路 951 号

邮政编码：200030　　电　　话：021-64071208

印　　刷：广东虎彩云印刷有限公司　　经　　销：全国新华书店

开　　本：710mm×1000mm　1/16　　印　　张：14.75

字　　数：270 千字

版　　次：2023 年 5 月第 1 版　　印　　次：2023 年 5 月第 1 次印刷

书　　号：ISBN 987-7-313-27539-4

定　　价：78.00 元

前言

中国作为人口大国，党和国家高度重视消费推动经济发展的重要作用，不断出台扩大内需的政策促进消费。同时，全国人口普查 2021 统计结果显示，中国人口基数庞大，其中流动人口约占全国总人口的 26.62%。人口迁移为人口流入地提供了丰富的劳动力及消费与投资，推动当地经济发展。中共中央在"十三五"规划中已经指出流动人口的重要性，提出"深化户籍制度改革，促进有能力在城镇稳定就业和生活的农业转移人口举家进城落户，并与城镇居民有同等权利和义务"，而且要"健全财政转移支付同农业转移人口市民化挂钩机制"。而"十四五"规划中更是提出了促进农业转移人口有效融入城市、有序放开放宽城市落户限制、推动城镇基本公共服务覆盖未落户常住人口和提高农业转移人口技能素质的任务。可见，流动人口家庭是中国社会经济发展中一支举足轻重的力量，不仅为产业发展提供了相对充裕的劳动力资源，更为工业化、现代化的加速发展提供了劳动力保障。同时，流动人口家庭积累财富不仅能够带来消费，更由于财富本身能够促进投资，给人们带来更多的财富。因此，流动人口家庭的投资和消费决策对宏观经济转型意义重大。

民间投资和消费在经济转型过程中将占据越来越重要的地位。自 2010 年 5 月 13 日中国出台《国务院关于鼓励和引导民间投资健康发展的若干意见》以来，2014 年，财政部、发改委及国务院先后出台《关于推广运用政府和社会资本合作模式有关问题的通知》(财金(2014)76 号文)《国务院关于创新重点领域投融资机制鼓励社会投资的指导意见》《政府和社会资本合作模式操作指南(试行)》《关于开展政府和社会资本合作的指导意见》和《政府和社会资本合作项目通用合同指南(2014 版)》等政策。2017 年，国务院办公厅又印发了《关于进一步激发民间有效投资活力促进经济持续健康发展的指导意见》，政府一方面积极推广政府与社会资本合作(PPP)模式引入社会投资；另一方面又推动大众创新创业，以创业推动就业。值得注意的是，2014 年消费对 GDP 增长贡献率达到 50.2%，超过资本形成总额和出口对 GDP 增长的贡献率。而到 2021 年，消费对 GDP 增长贡献率达到 65.4%。正是如此，未来民间投资和消费在经济转型过程中的地位将越来越重要，流动人口家庭的投资和消费也同样意义重大。

因此，为探究中国流动人口居民家庭资产财富效应对流动人口居民家庭投资和消费的影响，本书首先使用CFPS数据库中财产等相关数据，对全国居民家庭和流动人口家庭金融资产长期不平等的形成机制进行了实证分析；其次，利用CFPS数据对金融不平等条件下中国居民家庭的收入代际传递以及流动人口家庭和非流动人口家庭的收入代际传递情况进行实证；再次，使用中国家庭金融调查数据(CHFS)将样本分为三类消费群体即城镇常住人口、农村常住人口、流动人口，利用Tobit模型寻找家庭金融性资产的影响因素，并进一步运用分位数回归来对比研究家庭的各类资产对家庭消费的影响；最后，选取房地产市场、城市发展状况和居民收支数据，对34个大中城市进行聚类分析，并通过面板数据回归研究不同城市族群的房价变动对消费的影响。最终本书得到如下结论：

(1)流动人口家庭资产和金融资产规模强于非流动人口家庭。流动人口居民家庭的父代金融资产、子代收入和子代受教育年限等均高于非流动人口居民家庭。流动人口家庭持有的金融资产的均值表现相对非流动人口家庭更为平均，历年差异更小。流动人口家庭持有金融资产规模约为城镇常住人口家庭的1.5倍，是农村常住人口家庭的5倍。流动人口家庭持有存款占金融资产总额七成以上，这一比重明显高于非流动人口家庭。流动人口家庭股票持有额也达到存款的1/5，大大高于农村居民家庭的6%。

(2)金融资产和房地产价值对居民代际传递有一定影响。家庭金融资产对子代收入影响的显著性较强。家庭金融资产对中上水平的子代收入影响程度更为明显，房地产价值仅对最低层次的子代收入有显著正向影响。中低收入居民家庭的代际传递影响更为明显，如父代收入、子代受教育年限、子代户口等均对中下收入水平的居民家庭子代收入有着显著的正向影响。

(3)居民家庭无论是家庭总财产还是金融性资产都可能存在两极分化的现象。中国居民家庭收入的基尼系数值已超过国际0.4的警戒线，存在明显的两极化，而相比较于家庭总收入，家庭金融资产的不平等程度要表现得更加严峻。在各类家庭金融资产中，股票类金融资产离散程度远远高于现金和存款的离散程度，即风险性高的股票类金融资产分布表现得更为不平等。

(4)经济环境的异质性会造成不同样本家庭金融资产不平等的分布。对于所有家庭样本而言，现金和存款在金融资产中都占据着绝对性的位置，是家庭持有金融资产的主要方式。不同分位阶层家庭金融资产的持有总量和配置结构存在明显的差异。总资产水平的不同使得不同分位阶层的家庭金融资产的持有表现为不平等的分布。

(5)子代家庭金融资产的积累会受到父代金融资产持有水平的影响，金融资产的直接传递比人力资本间接传递对子代金融资产积累的影响更大。农村家庭父子代间金融资产的代际弹性系数更高，代际流动性更低。低分位阶层家庭子代金融资产的积累会受到父代金融资产持有量的显著影响。父代金融资产对子代金融资产积累的影响主要是通过金融资产的直接传递路径进行的，人力资本投资对于父子代间金融资产代际弹性系数的解释力较低。

(6)流动人口家庭和非流动人口家庭的收入代际传递具有差异性。非流动人口家庭金融资产不平等呈现出明显的代际性，而流动人口家庭则没有呈现出明显的代际性。在子代人力资本因素存在和不存在两种情况下，非流动人口家庭的子代收入（金融资产水平）均会受到父代金融资产持有量的影响；而对于流动人口家庭，在子代人力资本因素存在的情况下，子代收入与父代金融资产的关联有效性较强。

(7)中国居民家庭持有的资产具有显著的财富效应，财富效应与资产特征及居民家庭特征的差异性有关。住房资产、金融资产和非金融资产这三大类资产均具有比较典型的资产财富效应。资产财富效应随收入水平的上升而逐渐变小，住房资产和无风险资产对中、低收入组家庭的消费财富效应较为明显，而对高收入组的消费影响不明显。住房资产、无风险资产和金融资产对农村居民家庭消费的影响更为突出，而风险资产则只对城镇居民家庭的消费表现出显著的财富效应。

(8)居民家庭资产财富效应对流动人口、城镇居民和农村居民家庭的影响各不相同。按人口分类发现，居民家庭的资产均具有显著的正向财富效应，且金融资产对居民消费的影响要大于住房资产。居民家庭资产中金融资产对流动人口消费的影响最为显著，流动人口当期的消费对金融资产敏感。

(9)住房价格对消费影响具有财富效应和挤出效应。当房价处于合理区间时，房价的上涨带来的财富效应大于挤出效应；而当房价过高时，房价继续上涨则会对消费产生抑制。同时，房价增速变动对消费的影响较小，随着房价的增长，房价增速对消费的促进作用先增加后减少。

总体来看，本书的创新之处包括以下方面：

(1)本书将对流动人口的研究从社会学领域拓展到金融学和经济学范畴。现有对流动人口的研究主要局限于社会学和流动人口本身的微观状况。对流动人口家庭的投资和消费决策受财富效应的影响基本没有涉及，对流动人口家庭的投资和消费如何影响区域经济增长和经济转型的成果并不多见。

(2)本书的研究综合了家庭的金融性资产，其中重点突出了股票和房地产市场的财富效应，研究对象全面且重点突出。现有研究成果主要集中于某一单类资产的财富效应研究，如房地产或者股票等单一资产，缺乏深入研究金融性资产对居民家庭整体财富效应的影响，更不用说对流动人口家庭的影响了。本书综合考察流动人口的金融性资产，拓宽了资产研究的范围。

(3)本书研究资产财富效应对家庭投资的影响。大多数文献的研究仅局限于财富效应对家庭消费的影响，而忽视了对家庭投资决策的间接作用。现有研究成果对资产财富效应的影响主要拘泥于消费决策，资产的增加势必也将带动居民家庭的投资增量，而政策鼓励民间投资和支持创新创业也将推动居民家庭的投资需求，进而促进经济转型。因此，本书不是仅仅将金融性资产财富效应的着眼点放到消费影响上，而是进一步考察其对投资决策的影响作用。

全书的撰著得到了作者不少学生的帮助，在此感谢他们的辛勤付出。其中钱昱翰同学在定稿和校稿时做了主要的工作。由于时间仓促，作者水平有限，书中存在的不足之处，诚望广大读者批评指正。

目录

第一章 研究现状

近年来，在金融市场不断发展壮大、居民收入水平大幅度提升以及居民家庭对金融产品的需求日益增长的新时代大背景下，家庭金融应运而生，并得到了快速的发展。众多的学者对此投入了大量的理论和实证研究。传统的财富效应研究成果更多的是侧重于金融资产对消费的影响，随着不动产金融属性的增强，如居民家庭住房投资与房贷息息相关，学者们也越来越关注不动产对消费的影响。因此，关于中国居民资产财富效应的研究大多基于城乡常住居民家庭的微观数据，研究居民家庭金融性资产的财富效应，即住房资产和金融资产两大类资产的财富效应。基于此，本章将从家庭金融资产的定义和测算、家庭金融资产分布情况、家庭金融资产分布不平等的作用机制、金融性资产财富效应以及流动人口家庭金融性资产财富效应等对现有研究现状进行总结。

第一节 家庭金融资产的定义和测算方法

一、家庭金融资产的定义

迄今为止，学术界对金融资产相关方面的研究已较为深入，但关于金融资产的概念和划分，各类研究均无统一的标准。Campbell（2006）将金融资产分为几种金融工具，主要有现金、储蓄、债券、股票以及储蓄型保险等。易纲、宋旺（2008）在对中国金融资产结构演进过程的描述中指出国际货币基金组织（international monetary fund，IMF）采用流动性分类标志，将金融资产划分为货币性黄金和特别提款权、通货和存款、非股票证券、股票和其他股权、金融衍生产品和其他应收应付账款等八个层次，然而学者吴卫星、易尽然和郑建明(2010)在对中国居民家庭资产配置结构的特征和影响因素进行实证研究的过程中,对于家庭金融资产的定义划分除了包含 Campbell(2006)以及 IMF 罗列的金融工具外,还将房产纳入了金融资产中。对此,Cagetti 和 Mariacristina(2008)认为,应根据研究的内容以及所需数据的可得性来定义家庭金融资产,其主张面对不同的研究问题要使用更为适用的严谨的测算金融资产的方法,而不需要局限于概念本身的含义。

二、家庭金融资产的测算方法

(一)家庭金融资产的宏观测算方法

近年来家庭金融受到广泛关注,已逐渐成为金融学研究领域中的一个新的独立研究方向,学术界和实务界将越来越多的关注投入其中,但出于隐私考虑,居民对家庭财务性方面信息较为保护,因此,在获取家庭金融数据时存在一定程度的困难。早期,学者们衡量家庭金融资产的总量和配置结构时,主要使用的是国民经济宏观数据。Spant(1987),Davies 和 Shorrocks(2000)在对家庭资产分布和金融资产持有情况进行研究时,是经由政府部门的财产税数据推算而得的。国内学者中,易纲(1996)根据中国人民银行发布的宏观经济数据对中国金融资产的总量和结构进行了统计分析。潘旭(2008)在研究中国居民家庭金融资金变动情况时,根据中国资金流量表中住户部门的基期金融资产存量数据,再加上流量数据,逐期外推,从而推算出金融资产各个组成部分的存量数据。然而,经由宏观经济数据测算得到金融资产数据的方法不能全面地反映家庭和个人的资产状况,通过该方法只能获知家庭金融资产的总体分布情况,对于家庭金融资产分布背后的行为逻辑研究无法给出更为精确的微观数据。

(二)家庭金融微观调查数据库的建立

在经历了由宏观经济数据来推算家庭金融资产总体情况的方法后,各国逐步建立了为进一步探究家庭金融行为内在机制的微观调查数据库。加拿大、意大利等发达国家早在 20 世纪 60 年代就通过居民问卷调查方式对家庭资产持有情况进行研究,并且已经形成了较为完善的调查问卷系统,所得信息的真实性以及准确性不断提高。目前拥有不同版本微观调查数据库的国家中,美国常用的微观数据库主要有消费者金融调查(survey of consumer finances,SCF)数据库和收入动态追踪调查(the panel study of income dynamics,PSID)数据库①②。而国内学者在研究家庭金融问题时使用较多的数据库主要有中国奥尔多中心数据库③、中国家庭金融调查(China household finance survey,CHFS)数据库④、中国家庭追踪调查(China family panel studies,CFPS)数据库和中国家庭收入调查(China household income projects,CHIPS)数据库⑤。除此之外,德国的收入支出调查(ICS)数据库⑥以及澳大利亚家庭、收入和劳动力流动调查(HILDA)数据库等都可用于获知家庭金融资产相关数据。

这些微观数据库基本涵盖了家庭和个人收入、消费、资产状况等信息,为国内外学者深入研究家庭金融行为内在机制提供了详细、全面的数据支撑。但是在对居民进行问卷调查的过程中存在着两个影响统计数据真实性的问题,一是抽样误差问题,即因随机抽样的偶然性使得调查样本的原始数据不足以代表全体家庭持有金融资产的状况。二是对于回答问卷中的问题居民可能无法准确回答或者因涉及隐私,居民不愿意披露自己真实的财富状况,从而导致得到的家庭金融资产等调查数据值低于实际水平,最终,呈现出的财富报告也会使整体的资产水平被低估。因此,在家庭金融研究领域中,取得更为精准的微观层面的家庭金融数据依然是未来的努力方向。

第二节　家庭金融资产分布情况研究

由于美国是最早开展家庭金融调查的国家,因此,对美国家庭金融资产财富分布和构成的研究是最早也是最多的,基于此,本书以美国和中国为例,分别对两个国家金融资产分布情况相关的研究成果进行归纳总结。

---

① WOLFF E N. "Recent trends in the size distribution of household wealth", Journal of economic perspectives,1998, 12(3):pp. 131-150.

② WOLFF E N, GITTLEMAN M. "Racial differences in patterns of wealth accumulation", Journal of human resources,2004,39(1):pp. 193-227.

③ 梁运文、霍振、刘凯:《中国城乡居民财产分布的实证研究》,载《经济研究》,2010,10:33-47。

④ 刘建和、胡跃峰:《基于家庭金融性资产与借贷规模的居民收入代际传递研究》,载《海南金融》,2014,3:4-9。

⑤ 刘建和、邢慧敏、黄林峰:《我国居民金融性资产收入代际传递影响因素研究》,载《商业研究》,2016,9:54-63。

⑥ HAUSER R,STEIN H. "Inequality of the distribution of personal wealth in Germany 1973—1998"(Oct. 17-28),New York:The levy economics institute,2003,No. 398.

一、美国家庭金融资产分布情况

在金融市场高速发展，可供家庭选择的金融工具愈发增多的同时，家庭金融资产投资行为也表现出了差异。首先，从家庭持有金融资产的总量来看，金融资产的分布呈现出了不均衡，极大部分金融资产掌握在了少部分人手里。Aiyagari(1994)、Davies和Shorrocks(2000)通过对美国家庭资产的分布情况进行研究，结果发现家庭资产的分布存在严重右偏现象；此外，学者Arthur B. Kennickell(2003)基于SCF数据库也得到了美国财富分布不平等的实证结果，其中，财富顶端1%的家庭在2001年期间拥有总财富29%的份额。其次，从家庭金融资产的组成结构来看，其在美国的配置存在较大的差异。Wolff(1989)对美国家庭财富在1900至1983年的趋势进行研究，结果表明，在此期间美国居民家庭总资产中固定收益资产、储蓄以及房产所占比重有所增加，股票占比降低。而Arthur B. Kennickell(2003)的研究则表明，相比较于储蓄而言，在1989—2001年期间，美国居民家庭持有的股票在投资组合中的份额大幅度增加。除此之外，Arthur B. Kennickell(2003)从不同种族的角度对家庭资产分布进行了对比研究，结果表明，非裔美国人家庭的总资产远低于白人非西班牙裔家庭的。尤其在财富分配的两端，差异最为显著。

二、中国家庭金融资产分布情况

20世纪90年代以来，随着中国收入分配主体的变化、社会利益保障机制的变迁以及金融市场的发展，金融资产的种类开始愈加丰富，中国居民家庭在金融市场中的参与程度也不断加深。宋永辉、邓丽媛(2016)对中国金融资产配置结构进行研究时指出，1986年至2013年期间，中国家庭金融资产规模总体呈上涨趋势，1986年，中国家庭金融资产仅为3649.58亿元，截至2013年底，中国家庭金融资产持有总量已增加至1986年的220.7倍。迄今为止，学者们对中国居民家庭金融资产的分布已进行了大量研究，主要集中于城乡居民家庭金融资产配置结构及其比较上。

一部分学者研究了金融资产在中国城镇家庭中的分布情况。从金融资产整体分布来看，李实、魏众、古斯塔夫森(2000)研究发现，1995年中国城镇家庭金融资产的基尼系数达到0.6，远高于人均可支配收入0.28的基尼系数值。陆双双(2014)对中国家庭金融资产分布状况进行测度时，同样测算了2008年以及2009年中国城镇家庭金融资产的基尼系数，分别为0.4179和0.3032。这均表明，中国城镇居民家庭金融资产两极化较为严峻，少数人持有大部分的金融资产。此外，从组成结构来看，王淑庆、翰林(2013)的研究结果表明，中国城镇居民家庭货币性金融资产(现金和储蓄存款)和非货币性金融资产(有价证券、保险类金融资产等)的比例分布极度不均衡，在1978年至2008年期间，金融资产总额中货币性金融资产的占比大幅度高于非货币性金融资产，达到80%，有的年份甚至增加至90%。学者马美宏、张小楠(2014)，邓亚净(2015)，石磊(2017)以及孙一欣(2018)等在对不同省市居民家庭金融资产分布进行研究时，也均发现城镇居民家庭持有金融资产结构单一，基本只有现金和储蓄存款。

还有少部分学者以中国农村居民家庭作为研究对象进行了金融资产分布研究。如学者梁运文、霍震、刘凯(2010)运用奥尔多中心的调查数据实证分析了农村居民财产分布状况，结果发现，2007年农村金融类资产的基尼系数高达0.72，这表明，与城镇家庭相似，该类资产在中国农村居民家庭中的不平等程度也很高。此外，张珂珂、吴猛猛(2013)研究发现中国农村居民家庭分布呈现出明显的地区差异性，根据2012年农村居民家庭实地调查的样本数据，中国东部地区农村居民家庭金融资产均值为47925元，是西部地区的2.25倍，而金融资产构成同农村家庭金融资产分布一样，在不同地区间也存在着差异性，其中，相比较于东部地区与中部地区，储蓄存款在西部地区的金融资产中比例最高，现金在三部分地区间所占比重相差不大，而金融产品占东部地区农村居民家庭金融资产的比例为8.24%，分别达到另两区域比例的近两倍。

在对城乡居民家庭金融资产分布差异的研究方面，学者们投入了大量的理论和实证研究。主要集中于对金融资产的总量、金融资产的整体分布情况以及金融资产的组成结构三方面的差异进行了刻画。首先，从金融资产的总量来看，城镇居民家庭金融资产的持有量大幅度高于农村居民家庭。鲁钊阳(2012)在对城乡金融发展非均衡化问题进行研究时指出，1978—2010年，中国城乡家庭金融资产总量是极不均衡的。1978年城乡家庭持有金融资产规模相差2264亿元，发展至2010年时差距值已超过131万亿元。其他的学者，如高志仁(2008)，王淑华、杨有振(2015)，关爱兰、周丽萍(2015)等也均研究得出中国城乡居民家庭金融资产总量不平等的结论。此外，曾惠(2018)针对浙江省农村家庭金融资产配置状况进行研究时，对比了城乡家庭金融资产的配置现状，结果发现浙江省农村家庭的金融资产总量低于城市家庭。其次，从金融资产的整体分布情况来看，梁运文等(2010)对中国城乡居民财产分布进行实证研究时，统计结果表明，2007 年农村家庭金融性资产分布的不平等程度要高于 2005 年和 2007 年城镇家庭金融性资产分布的不平等程度。然而与梁运文等(2010)的统计结果不同，学者窦争研、高文书(2015)研究发现，截至 2014 年底，农村和城镇居民家庭的金融资产基尼系数值分别为 0.684 和 0.748，表明城镇居民家庭金融资产分布的不平等水平要高于农村家庭。最后，从金融资产的组成结构来看，学者们普遍认为农村居民家庭金融资产结构中无风险资产所占比例较高，与此相反，股票、债券、基金等风险性高的资产在城镇居民家庭金融总资产结构中比重比较高①②。然而，也有极少部分学者持不同的观点，如龚贺(2016)在统计徐州市城乡居民家庭金融资产的配置结构之后，得到徐州市城镇家庭中无风险金融资产占比较高，风险性高的金融资产则在农村家庭中占有较高比重的结论。而杨文珂、曹斌(2018)研究表明中国城镇家庭持有的风险金融资产和储蓄均高于农村家庭的，而农村家庭更倾向于以现金形式保有金融资产。

第三节　家庭金融资产分布不平等的作用机制研究

针对家庭金融资产分布不平等的状况，学者们主要从生命周期效应，财富效应、储蓄动机、异质性四个角度对不平等背后的行为逻辑作出解释。①生命周期效应。早期，Markowitz(1952)对证券投资组合选择问题进行研究时指出，各个家庭都应按照自己的风险偏好，将家庭金融总资产在所有具有不同风险属性的资产中进行配置。此后，Samuelson(1969)和 Merton(1969)基于多期对家庭资产选择进行研究，并得到了与单期投资者证券投资组合选择行为一致的结论。这意味着家庭金融资产的投资组合选择与时间这一变化的因素无关。然而，与 Markowitz(1952)、Samuelson(1969)和 Merton(1969)的研究理论不同，生命周期理论则认为，当家庭在整个生命周期中处于不同的阶段时，家庭金融资产结构也会不同。在此基础上许多学者从生命周期效应的角度对家庭金融资产分布不平等的形成进行了解释，但研究结论并不一致。学者 Guiso，Haliassos 和 Jappelli(2010)研究了家庭对具有不同风险属性的金融资产投资情况，结果表明，家庭对股票类资产的投资比例随年龄增加呈现出了“钟形”结构，而对无

① 王慧青、尹少华：《城镇居民金融资产选择问题探析》，载《吉首大学学报社会科学版》，2011，6：134-136。

② 张燕：《家庭金融资产选择的行为偏好及影响因素研究》，重庆：西南大学，2016：86。

风险性金融资产的投资结构则是“U形”结构。与此结论不同，Heaton 和 Lucas(2000)发现居民家庭对于股票的投资随年龄的增加有所减小。此外，周月书、刘茂斌(2014)以及唐海雄(2017)基于 CHFS 数据库，通过将年龄变量纳入研究影响中国家庭金融资产选择因素的 Tobit 以及 Probit 模型中，发现，家庭对于风险资产的持有随生命周期的变化呈现“倒U形”。学者陈丹妮(2018)从生命周期效应的角度研究了中国居民家庭中人口老龄化现象对家庭不同类型金融资产配置的影响，发现人口老龄化会使家庭持有更多的无风险性金融资产，而相应地降低拥有较高风险属性的资产的投资比重。②财富效应。居民家庭的总资产水平会影响持有金融资产的总量与配置。一般来说，总资产水平与居民家庭在金融市场中的参与程度以及持有风险性金融资产的比例成正比。也就是说，居民家庭总资产水平越高，在金融市场中参与程度就越深，相比较于安全性较高的金融资产，则越愿意持有具有风险性的金融资产[①②]。③储蓄动机。从现有研究看，学者们对于家庭储蓄目的的研究主要集中在预防性动机和遗赠动机上。其中，MD Nardi 和 F Yang(2015)研究发现，家庭在金融财富上的分布会受到遗赠动机的影响。相比较于贫穷家庭可能发生的遗赠行为，纯粹的遗赠动机只会出现在富裕家庭中[③]。而对于财富分布底端的人群来说，预防性动机是其积累金融资产的主要目的，这部分人群为预防未来收入可能发生的不利变动，会降低对风险性金融资产的持有[④⑤]。贫富家庭金融财富的配置差异也因此得到了解释。④异质性方面。居民家庭金融资产的配置会受到家庭收入、风险偏好、借贷约束、个人年龄、性别、受教育程度以及政治面貌等的异质性的影响[⑥⑦⑧]。其中，偏好的异质性可以很好地解释居民家庭金

① CAMPBELL J Y. “Household finance”, Journal of finance, 2006, 61: pp. 1553-1604.

② 王刚贞、左腾飞：《城镇居民家庭金融资产选择行为的实证分析》，载《财经纵横》，2015，12：151-154。

③ MODIGLIANI F. “The role of intergenerational transfers and life cycle saving in the accumulation of wealth”, Journal of economic perspectives, 1988, 2: pp. 15- 40.

④ CARROLL C D. “Buffer stock saving and the life-cycle/Permanent income hypotheses”, Quarterly journal of economics, 1997, 1: pp. 1-55.

⑤ HOCHGUERTEL S. “Precautionary motives and portfolio decisions”, Journal of applied econometrics, 2002, 18: pp. 61-77.

⑥ WORTHINGTON A C. “Household asset portfolio diversification: Evidence from the household, income and labor dynamics in Australia (HILDA) survey”, Working paper, 2009.

⑦ 宋永辉、邓丽媛：《我国家庭金融资产配置影响因素分析》，载《沈阳工业大学学报社会科学版》，2016，6：512-518。

⑧ 杜思羽、张洪建：《家庭金融资产选择的影响因素研究》，载《黑龙江工业学院学报》，2018，18(2)：82-85。

融资产选择行为差异①②。此外，学者胡可佳(2017)基于 2011 年中国家庭金融调查数据，研究发现，借贷约束会负向作用于家庭对金融资产的配置，相比较于城市家庭而言，借贷约束因子对农村家庭减少金融资产的持有影响更为显著。

第四节 城乡常住居民家庭金融性资产财富效应的研究

城乡常住居民家庭的财富效应研究主要从住房资产、金融资产两者入手。现有学者的实证研究对居民家庭资产是否存在财富效应，不同资产的财富效应对消费的影响程度的大小的结论并不统一。

一、住房资产财富效应

一部分学者研究发现，住房资产具有较为显著的财富效应。Peltonen 等(2012)发现，2001—2006 年期间拉美和加勒比国家共同体的住房财富效应较为显著，资产价值每上涨 10%带来 1.39%的消费增长。Cooper(2013)研究发现有负债的家庭，房价上涨 1 美元时消费支出将增加 0.06～0.18 美分。李华琦(2013)在生命周期一持久收入模型的基础上，利用修正的 Benjamin 模型将金融资产划分为证券与非证券两类，发现储蓄资产最显著，住房资产次之，股票资产财富最微小，表现出明显的振荡特征，但非对称性并不显著。纪晗(2016)研究发现，住房资产的财富效应主要体现在基本生存型消费上，且受户主年龄、家庭收入、家庭所在地及风险态度影响体现出差异化。祝丹和陈立双(2016)以生命周期一持久收入模型为基础，研究结果表明中国大部分地区存在正向的住房财富效应，且人口年龄结构对各省市住房财富效应的边际影响为正。张浩等(2017)配对了 2010 与 2012 年中国家庭追踪调查数据，发现住房资产具有较强的财富效应，随住房投资属性的降低、消费属性的提高，其财富效应则会下降。且住房按揭贷款会带来购房“杠杆”，房价提高时体现出更大的财富效应。杨碧云等(2017)对样本数据进行分组，通过逐步检验法分析得出，居民家庭的住房资产具有正向的财富效应，

① CAGETTI M. “Wealth accumulation over the life cycle and precautionary savings”, Journal of business and economic statistics, 2003, 3: pp. 339-353.

② LAWRANCE E. “Poverty and the rate of time preference: Evidence from panel data”, Journal of political economy, 1991, 99: pp. 54-77.

收入低、户主年轻态、东部省市的家庭的财富效应要更为显著。杜莉和罗俊良(2017)发现房价具有正向的财富效应,房价上升推动居民增加当期消费。张志鹏等(2018)研究发现,全国范围内房价上涨会带来正的财富效应,但受城市层次的不同而不同。新一线城市财富效应微弱,二线城市正向表现,三线城市则不显著。刘玉飞等(2018)发现住房价值对居民家庭发展和享受型消费支出存在挤出效应,即住房价值并不利于消费结构升级,且这种负面效应在有房贷的家庭中表现得更为强烈。

也有一部分学者认为住房资产的财富效应不明显。李涛和陈斌开(2014)认为住房具有消费品属性,资产财富效应不显著。张冲(2017)则发现房价上涨从长期来看反而存在挤出效应,仅短期表现显著的财富效应。余新平和熊德平(2017)研究提出,城镇居民家庭的消费整体上不受住房资产价值变化的影响,因而城镇居民家庭住房资产不具有财富效应。李春风等(2017)发现房价对居民消费存在显著的门槛效应,即房价上涨过快会存在挤出效应。万晓莉(2017)认为收入是影响消费的核心因素,住房价值水平能显著影响消费但量级非常小,房价的变化无论预期与否均不对消费产生影响。裴育和徐炜锋(2017)发现住房只存在微弱的资产效应,负债效应更为明显。叶莉和樊锦霞(2017)发现房价上涨的预期增加了居民的心理压力从而抑制其当前消费。

二、金融资产财富效应

Singh(2012)发现,1996—2010 年期间,印度股市对消费的财富效应很小,股值每上涨 10%仅拉动 0.3%的消费,这是由于印度普通家庭股票资产比重小,股票集中于少数人手中是财富效应发挥的主要原因。Islam 等(2013)发现澳大利亚的移民比当地人更倾向于储蓄,对消费的影响更为显著。张中华(2003)认为股票财富增加为消费的增长提供可能性。胡永刚和郭长林(2012)在消费最优选择模型基础上引入信贷约束与预防性储蓄,发现居民的股票资产具有显著的财富效应和不对称性。而薛永刚(2012)对此持反对观点,认为股票资产的消费效应较弱,因为股票市场与居民消费的长期协整关系。王重润(2013)基于 1999—2011 年 30 个省市的面板数据进行回归,实证分析得到住房的财富效应为 0.0259,但是股票的边际消费倾向为−0.0059,呈现微弱的负效应。

骆祚炎(2007)选取了 1984—2005 年的《中国统计年鉴》中的农村居民家庭数据,研究分析得出农村居民家庭资产财富受种类及规模上的限制,资产财富效应不明显,且与家庭较低水平的可支配收入相关。周春喜等(2014)发现股票资产的财富效应不显著，中西部的股票财富效应微弱，东部省份存在财富效应但较弱，股票资产的边际消费倾向为0.036，即居民消费随股票价格上涨0.01而上升0.00036。张涤新等(2016)从股市涨跌、居民消费类型和区域角度分析城镇居民家庭的消费情况，结果显示股票的涨跌幅、流动性具有显著的财富效应，且大于股票收益的影响。罗天娅(2017)选取了2013年的中国家庭金融调查，利用OLS模型分析发现居民家庭的非耐用品消费对金融风险资产的持有比例较为敏感，存在正向作用。乔木子和臧云特(2017)发现，在经济转型全面深化的背景下，股票价值长期的财富效应要显著小于短期的财富效应，即股票资产的增加促使居民家庭的预期收入上涨，可促进居民家庭的消费、投资需求。王凯丽和张运书(2017)发现股票资产具有财富效应，股票价值上涨可促进居民家庭的消费。唐静(2017)通过建立时间序列模型、面板数据模型依次分析了中国城镇居民股票资产、银行储蓄资产状况，发现前者存在正的财富效应，但极其微弱，后者则存在显著的负效应。张明和涂先进(2018)基于2014年中国家庭追踪调查数据，实证分析发现金融借贷产生的伪财富效应显著增加了居民消费，且农村居民家庭相较城镇居民家庭、中西部省份相较东部省份更为显著，这是由借贷可得性及成本差异造成的。乔智(2018)控制了不可观测因素对家庭消费的影响，发现股价的变动对家庭消费存在影响，但结果并不显著，主要指股价变动强烈影响改善型消费支出，而对必需品、奢侈品的消费支出影响较弱。肖文强(2018)通过实证发现，股票市场对消费的影响并不显著，主要是因为股价上涨带来的财富收入是短期性的。

另外也有较少学者研究债券对居民消费的影响。周德才等(2016)实证发现，从长期来看，居民收入显著影响居民消费，边际消费倾向达0.7747，债券指数对消费的系数高达0.1342，具有显著正向财富效应。而吕辉和黄俐波(2016)研究得出，股票与城乡居民消费之间存在一定关联，但财富效应较小，债券资产与消费存在负相关性。而罗娟和文琴(2016)采用1992—2013年的数据建立VAR模型动态地考察了中国城镇居民家庭金融资产对消费的作用，居民家庭金融资产财富效应的估计贡献率为10%左右，其中现金贡献率最高，证券、储蓄依次为2.86%、0.7%。

三、住房、金融资产的财富效应大小比较研究

较多学者研究美国的财富效应，住房资产每上涨1美元拉动0.03～0.10美元的

消费增长[①②③]，股票资产促进消费增长的作用相对较低，为 0.02～0.05 美元[④⑤]。

住房资产的财富效应大于金融资产。李玉山、李晓嘉(2006)基于 ECM 模型，实证分析发现居民住房资产的财富效应在短期内表现为负，长期的财富效应则相反；证券资产财富则没有表现出显著的作用。赖溟溟和白钦先(2008)发现中国股票市场刺激消费的政策无效，而房地产市场的长期发展与消费有协调趋势，短期发展则抑制消费支出。周春喜等(2014)基于中国 35 个大中城市 2000—2010 年季度数据，研究发现住房资产与居民消费存在显著正向关系，地区间差异不大；股票资产对东部地区居民消费有显著影响，中西部影响较小。刘也等(2016)基于 2011 年的 CHFS 数据，分析发现居民家庭金融资产的财富效应相较住房资产要显著。杜延军(2016)发现居民住房资产财富效应明显，而股票对消费的作用并不显著，这与周利与王聪(2016)的观点相同，后两者认为是金融市场的滞后发展约束了金融资产的财富效应。张占军等(2017)选取中国百城住宅价格指数和沪深 300 指数进行实证分析，发现住房资产、股票资产对城镇居民的消费支出均有显著促进作用，其中住房资产的财富效应更为明显，但短期内作用不显著。冯铄(2017)利用 1999—2014 年中国 31 个省份的面板数据对所构建理论模型进行实证检验，发现住房的财富效应显著，而股票的财富效应并不明显。

也有学者如王凯丽和张运书(2017)发现股票的财富效应较大。吕辉、黄俐波(2016)基于方差分析模型检验得出住房财富效应小于股票的结果。王晓宇(2017)通过对比研究中国农村居民金融资产及固定资产的财富效应，发现金融资产、固定资产主要影响居民的生存型消费支出，住房资产财富效应较弱。林芳(2018)则发现工资性收入占总收入比重为 40%～60%，以及户主较为年轻的居民家庭倾向持有金融资产。

---

① ELWIN T. "How do housing wealth effects vary with age?", Applied economics letters, 2012, 19(7): pp. 649-652.

② CALOMIRISW, LONGHOFER D S, MILES W. "The housing wealth effect: The crucial roles of demographics, wealth distribution and wealth shares", Critical finance review, 2012, 1: pp. 1-51.

③ DANIEL C. "House price fluctuations: House price fluctuations: The role of housing wealth as borrowing collateral", The review of economics and statistics. 2013, 95 (04): pp. 1183-1197.

④ BOSTIC R, GABRIEL S, PAINTER G. "Housing wealth, financial wealth, and consumption: New evidence from micro data", Regional science & Urban economics, 2009, 39(1): pp. 79-89.

⑤ CHARLES W C. "The housing wealth effect: The crucial roles of demographics, wealth distribution and wealth shares", Critical finance review, 2013, 2(1): pp. 49-99.

第五节　流动人口家庭金融性资产财富效应的研究

目前国内极少有学者对流动人口的资产财富效应进行研究①。现有对流动人口的研究主要从社会融合角度出发，考虑就业收入、教育医疗、消费支出等方面，而影响流动人口消费支出的有收入、人力资本、制度约束、地区差异等因素。

李伯华(2010)基于重点地区流动人口监测试点调查发现流动人口在流入地居住的长期化和稳定化趋势。王蔚(2013)基于四川成都市温江区 946 名流动人口的抽样调查，研究发现流动人口二元性、周期性消费特点突出，消费层次差别大且偏重于物质型消费。谭苏华(2015)从空间角度入手，发现流动人口的城市消费呈现"倒 U 形"。流动人口的城市生活虽然整体迈入小康层次，但相对城镇居民而言消费弱势地位依然突出，表现在消费结构偏重于物质，享受型消费占比仍较低。同时，流动人口家庭消费存在显著的地区差异，经济发达地区的流动人口消费相对较高。

医疗保险方面，杨翠迎(2016)研究养老保险对流动人口居民家庭的消费影响，发现对于农村户籍流动人口，参与了养老保险的居民家庭的边际消费倾向、消费弹性要大于未参加养老保险的居民家庭；而城镇户籍流动人口与之相反，且居民家庭收入水平约束了养老保险对消费支出的影响，即当收入较低时养老保险对消费具有正向作用，当收入较高时养老保险对消费具有抑制作用。宋月萍和宋正亮(2018)从预防储蓄视角入手，发现医保水平的提高降低了用于预防医疗支出不确定性的储蓄，从而促进消费，实证结果中参保使流动人口非医疗消费增长 13.4%。

社会融合方面，谭江蓉和徐茂(2016)发现人力资本、社会资本对流动人口家庭具有较强的消费约束，城市身份认同则有显著的促进作用，同时个体特征差异也导致消费差异化。杨翠迎和汪润泉(2016)实证考察了城市社会保障制度对流动人口消费的影响，结果显示加强社会保障对消费具有正向效应，而收入对此效应有抑制作用。冯虹和李晨曦(2016)认为农民工的消费支出与代际因素、婚姻、学历等呈正相关。杨永贵和邓江年(2017)发现农民工家庭的消费与储蓄之间以及生活消费和住房等其他消费之间存在替代效应，但替代效应并不强。李新(2017)基于城市融入背景研究，结果

---

① 流动人口是在中国户籍制度条件下的一个概念，指离开了户籍所在地到其他地方居住的人口。有广义和狭义两类：广义指人户分离人口；狭义指农村户籍的人户分离人口。本书的流动人口以人户分离人口为样本。

表明人力、社会两种资本很大程度上约束了流动人口的消费行为，对其而言“城市身份认同感”对其有着很明显的促进作用，而基础社会保障促进作用则不大。同时，个体特征差异也是消费行为差异出现的原因之一。周明海(2017)考察流动人口的消费是否受长期居住意愿的影响，使用OLS及倾向性得分匹配法实证发现，有长期居住意愿的流动人口人均月消费达1360元，比其他流动人口高出13.9%。

收入对消费的影响方面，褚清华(2016)、栾淇森(2017)等研究发现，收入对流动人口消费水平产生重要影响，即流动人口经济立足状况。另外，后者还发现流动人口消费呈“倒U形”，同时受人力资本提升、制度、人口学特征等因素的影响也比较显著。李国正等(2017)通过实证分析发现，流动人口的定居意愿对家庭消费水平具有显著影响，而且流动人口住房支出比重较大。

第六节　研究述评

总体来看，现有资产财富效应及流动人口家庭消费理论研究具有以下特征：

(1)家庭金融资产分布不平等研究仍有不足之处。学者们发现生命周期效应、财富效应、储蓄动机以及异质性可以很好地对家庭金融资产持有总量和配置结构差异做出解释。然而，值得注意的是，现有关于家庭金融资产分布不平等作用机制的研究都是从其中某一个角度展开分析的，并没有将这些因素纳入一个完整系统的体系中，这会使研究结果产生一定的误差。

(2)家庭金融资产不平等的研究缺乏动态考量。绝大多数的研究基本都是从静态的角度对家庭金融资产的分布情况以及不平等问题进行分析，很少有从动态的角度对家庭金融资产不平等在长期内形成的作用机制和变动的路径进行研究。目前虽已有少数学者在对代际传递进行研究的过程中考虑了金融资产因素，但主要集中于将金融资产作为中介变量对收入代际传递的影响机制分析，而对于代际传递在金融资产分布不平等中的作用研究鲜少涉及。

(3)资产财富效应主要从金融性资产财富效应进行研究，一部分学者认为住房资产具有显著的财富效应，另一部分学者认为金融资产具有显著的财富效应，也有学者对两者的财富效应进行比较，尚未有统一的结论。中国居民家庭财富效应的研究起步较晚，在研究路径与财富效应对消费的作用机理方面，现有对居民资产财富效应的显著性、大小比较等研究成果,并未达成一致的结论,仍处于探索阶段。

(4)对于流动人口家庭消费的研究成果较少,而资产财富效应对流动人口家庭消费影响的研究成果更少。目前对流动人口的研究主要集中于就业收入、教育医疗、消费支出等方面,尚未有学者对流动人口的资产财富效应进行研究。中国人口基数庞大,有大规模的人口迁移。2016 年中国流动人口的规模为 2.45 亿人,即 5～6 个人中就有 1 个流动人口,从 2013 年的 2.45 亿上升后下降,说明流动人口有安居落户倾向。同时,党的十九大及《国家新型城镇化规划(2014—2020 年)》都提到要推进农村人口在城镇落户,流动人口居民家庭在城镇常住化受到重视。

(5)城乡居民与流动人口消费的比较研究成果较少。流动人口占比高,约占全国总人口数的 17.72%,为流入地提供丰富的劳动力的同时推动了消费与投资,另外政策支持流动人口城镇化。正是如此,流动人口与原有常住人口的家庭消费差异值得研究。但是,目前仅有刘妮娜(2013)、毛建新(2015,2016)等少数学者对此进行了研究。

(6)现有对居民家庭消费的实证研究大多采用多元线性回归,单个变量数据没有进一步划分层次来分析,回归结果相对不直观。

正因如此,本章根据生命周期一持久收入模型把常住人口、流动人口家庭资产分为金融资产、住房资产。一方面,基于 Aiyagari(1994)模型,从异质性和预防性储蓄两个角度对中国家庭金融资产的代内分布情况进行了统计性分析,此外,从动态的角度,运用直接的货币资本和间接的人力资本两种代际传递的方式,对家庭金融资产不平等在长期内形成的作用机制以及未来的发展趋势进行了刻画,以期为改善家庭金融资产配置、提高农村家庭以及低收入家庭金融资产持有水平,缩小居民家庭财产性收入差距提供一定的政策建议。另一方面,建立多元参数回归模型测算,找出财富效应因子;在此基础上,基于分位数回归模型比较常住人口、流动人口居民家庭消费的差异。综上所述,本章的研究是现有家庭金融、消费金融及流动人口理论研究的有益补充。

第二章　模型和方法

本章首先归纳居民家庭金融不平等理论模型，并从代际角度分析金融资产不平等的计量模型；其次从资产财富效应的理论出发，总结资产财富效应的理论基础；最后提出衡量金融性资产财富效应的计量模型。

第一节　家庭金融资产不平等的理论模型

20世纪70年代以来，基于代表性个体和完全市场假设的经典经济模型在对经济现象的研究中被广泛采用。然而这种分析方法存在着明显的不足，以代表性个体作为研究对象，忽视个体异质性的存在，仅能考虑某些典型家庭的经济状况，对于贫富差距这类重要的问题无法进行研究。另外，在现实生活中，借贷约束的存在十分普遍，家庭不可能通过无限制的借贷来平滑消费。因此，为使研究结果更为贴合现实的经济情况，非常有必要引入个体异质性和不完全市场。基于此，本书参考Aiyagari(1994)模型，将其引入家庭金融资产分布不平等上来进行研究，以期为家庭金融资产分布不平等以及不平等在长期内形成的作用机制从理论上做出更好的解释。

一、代内不平等

消费者在未来可能会面临某种特质性的收入风险，在存在借贷约束的不完全市场中，其不能通过无限制的借贷来满足消费需求，这使得个体需要储备金融资产来达到自我保险的目的①。由于不同个体身处的经济环境不同，拥有的生活习惯、风险偏好以及经济地位也存在明显差异，致使其面临的借贷约束和为应对未来收入不确定性的预防性储蓄需求也不尽相同，这最终造成家庭金融资产持有总量和配置结构产生差异。

Aiyagari(1994)模型假设每个经济个体的生命期是无限的，此外，面对未来可能发生的收入冲击，经济个体可以通过借入资金来平滑消费，但这种借贷行为发生在借贷约束的限制下。因此，所有家庭在每一期都会将总资产在消费和储备金融资产之间做决策。而每个家庭的决策行为都是为了最大化其效用函数：

$$\max E_0\left\{\sum_{t=0}^{\infty}\beta^t U(C_t)\right\} \tag{2.1}$$

其中，$U(c_t)$ 是 t 期的效用函数，β 为效用贴现因子，并且时间偏好率λ满足$\lambda=(1-\beta)/\beta>0$。

约束条件为

$$c_t+a_{t+1}=wl+(1+r)a_t c_t\geqslant 0,\quad a_t\geqslant -b \tag{2.2}$$

以上公式中，c_t 为家庭在 t 期的消费水平，a_t 为 t 期家庭持有的金融资产，l_t 为 t 期的劳动禀赋状况，且 $l_t\in(l_{\min},l_{\max})>0$，$w$ 是工资水平，r 为金融资产收益率；b 代表借贷约束情况，其中 $b>0$ 表示借贷上限，$b=0$ 表明家庭不允许借贷；家庭的初始金融资产以及每个家庭成员拥有的劳动禀赋状况都是事先给定的并且相互独立。

此外，在不完全的市场中，为确保消费水平 $c_t\geqslant 0$，a_t(家庭金融资产)需满足 $a_t\geqslant -wl_{\min}/r$。此时，借款限额为

$$a_t\geqslant -\Phi \tag{2.3}$$

$$\Phi=\min\{b,wl_{\min}/r\},r>0;\Phi\equiv b,r<0 \tag{2.4}$$

现定义如下：

$$\hat{a}_t=a_t+\Phi \tag{2.5}$$

$$z_t=wl_t+(1+r)\hat{a}_t-r\Phi \tag{2.6}$$

其中，$\hat{a}_t$ 为家庭在 t 期可能持有的金融资产的最大值，z_t 为家庭的总资产。

根据式(2.3)～式(2.6)，式(2.2)可改写为

$$c_t+\hat{a}_{t+1}=z_t,\quad \hat{a}_t>0 \tag{2.7}$$

① 本书选取金融资产作为家庭预防未来收入不确定而储蓄的资产，其主要原因是相比较于其他类型的资产金融资产具有较强的流动性，这使得金融资产更容易满足家庭平滑消费的需求。

$$z_{t+1}=wl_{t+1}+(1+r)\hat{a}_{t+1}-r\Phi \tag{2.8}$$

令 $V(z_t,b,w,r)$ 为家庭总资产 z_t 的最优值函数，那么该函数为以下贝尔曼方程的唯一解：

$$V(z_t,b,w,r)=\max\left\{U(z_t-\hat{a}_{t+1})+\beta\int V(z_{t+1},b,w,r)\,\mathrm{dF}(l_{t+1})\right\} \tag{2.9}$$

通过求解以上方程，能够获取家庭最优资产需求规则，最终得到家庭最优资产需求函数，即

$$\hat{a}_{t+1}=A(z_t,b,w,r) \tag{2.10}$$

对于家庭金融资产的储蓄，有如下几种不同的情况。在利率 r 小于时间偏好率 λ 的假设下，人们更倾向于现在消费，而不愿持有金融资产。随着总资产变得越来越少，家庭为维持现在的消费借款越来越多，债务水平逐渐接近于借贷上限，当总资产过低时，家庭以最大限额借入资金并将全部资产用于消费是最优的选择。因此，存在一个家庭总资产的临界值 $\hat{z}$（家庭需要在借贷约束的限制下以借贷上限进行借贷才能满足当期消费时的总资产水平），并满足 $\hat{z}>z_{\min}\equiv wl_{\min}-r\Phi\geqslant 0$，当 $z_t<\hat{z}$ 时，家庭不储蓄金融资产，而将所有资产，包括以借贷限额借入的资金用于消费是最优的，即此时 $c_t=z_t$，$\hat{a}_{t+1}=0$；当 $z_t\geqslant\hat{z}$ 时，c_t 和 $\hat{a}_{t+1}$ 都将是递增的，家庭不需要以最大限额借入金融资产就能满足当期消费水平，同时还能剩余一部分的金融资产储蓄以备下期使用；当 $z_t\gg\hat{z}$ 时，家庭此时无须通过借贷来维持消费，所持有的总资产除了用于消费外，还留有部分以金融资产的形式储备起来，即 $a_{t+1}>0$，在这种情况下，借贷限额对于家庭而言没有约束力。

综上所述，在存在借贷约束的不完全市场中，家庭为应对不确定的收入风险会进行预防性储蓄，而在此动机下，家庭应主要持有具有较低风险属性的金融资产，如现金和存款。除此之外，家庭拥有的总资产水平不同，金融资产的储备总量的和配置也不尽相同。如前所述，当家庭总资产 $z_t<\hat{z}$ 时，家庭只能通过在借贷约束下借入最大限额的资金来维持消费，不会进行金融资产的积累；当家庭总资产 $z_t>\hat{z}$（略高）时，家庭通过借贷不足上限的资金，便可除用于当期消费外，还能储备部分金融资产，此类家庭储蓄更倾向于纯粹的预防性动机，因此，主要配置较低风险性的金融资产；而对于总资产 z_t 远大于 $\hat{z}$ 的家庭而言，因其不受借贷约束的限制并储备有较多的资产，故此类家庭除配置风险性较低的金融资产以预防未来收入冲击外，还可以投资部分风险性较高的金融资产以博取更高的收益。基于此，本书将在第四章统计分析中国金融资产的代内分布情况，并分别对城乡家庭、不同分位阶层家庭的金融资产分布进行研究，以检验

预防性储蓄动机和异质性对中国居民家庭金融资产的分布所造成的影响。

二、基于世代交叠的代际传递

由上文可知,在存在借贷约束不完全的市场中,家庭储蓄行为只是为了预防未来收入冲击,个体异质性最终导致了家庭金融资产的配置不同。然而此模型认为,每个家庭都存在一个目标储备,一旦总资产积累达到目标储备的水平,家庭将不会再继续储蓄金融资产。因此,这种静态的金融资产不平等的形成分析不能很好地契合现实情况。在长期内,不同的代际传递方式在金融资产分布不平等产生的过程中起作用。

假设任何时期均会有下一代的个体出生,他们生命存活期上限为 N 期,并且所有经济个体在 $t-1$ 岁时,都有 s_t 的概率活到下一岁。家庭储蓄金融资产不仅为了应对不完全市场中存在的某种特质性收入风险,还面临着因年老而无法取得收入的生命周期风险。因此,每一期家庭总资产除用于满足当期消费水平以及为应对未来收入不确定而进行的储蓄外,还会将部分资产用于下一代人力资本的投资和为年老丧失劳动能力而储蓄。

每个家庭在消费和储蓄间的决策都是为使消费效用最大化:

$$\max E_0\left\{\sum_{t=0}^{\infty}\beta^t U(C_t)\right\} \tag{2.11}$$

约束条件为

$$c_t + a_{t+1} = wl'_t + (1+r)a'_t \text{,当 } t=n, c_t \geqslant 0, a_{t+1} \geqslant -b \tag{2.12}$$

令 $x=(a,l)$,家庭资产的递归问题可以表示为

$$v(x,t)=\max(c,a)\{u(c)+\beta s_{t+1}E[v(x',t+1\mid x)]\} \tag{2.13}$$

如式(2.10)所示,最终家庭金融资产的需求函数为

$$\widehat{a}_{t+1} = A(z_t, b, w, r) \tag{2.14}$$

又由式(2.5)可知,家庭在 t 期可能持有的金融资产最大值为 $\widehat{a}_t = a_t + \Phi$,因此经济个体在生命周期内,家庭金融资产的持有总量为

$$Ea = EA(z_t, b, w, r) - \Phi \tag{2.15}$$

由以上表达可知,家庭金融资产的配置不仅与为自我保险而持有预防性储蓄的目标值有关,还受到总资产水平 z、借贷约束 b、工资水平 w 以及金融资产收益率 r 的影响。

在式(2.12)中,l_t、a_t 分别为经济个体最初的劳动禀赋以及金融资产持有量,在考虑生命周期特征时,两个变量并不是独立的,它们会受到父代的影响。一方面,父代

金融资产水平会通过影响子代人力资本的投资对子代劳动禀赋产生作用。如当父代金融资产水平较高时，会增加对子代人力资本的投资，子代劳动生产力 l_t 也会较高，此时，子代拥有更多的资产，便会有更多的金融资产用于储备。即父代的金融资产水平可通过改变子代人力资本的途径对子代金融资产的初始持有量产生影响。另一方面，父代持有的金融资产会通过遗赠的方式，直接影响子代家庭金融资产 a_t 的积累。此外，父代的风险偏好、金融认知、投资习惯等都会在无形之中对子代家庭的储蓄行为产生影响，当金融资产的配比结构较好时，会使金融资产的收益率 r 得到有效的提高，从而增加其金融资产的持有量。

之后子代工资水平 w、金融资产持有量 a 及其收益率 r 会使子代家庭金融资产发生变化，而以上三个变量又会受到父代家庭所持有的金融资产情况的影响。具体说来，父代金融资产水平较高的家庭，会有更多富余的资金来增加子代人力资本的投资，同时也可为其提供相对更多的实习机会，从而使得子代能够更好地胜任高薪职位。此外，相比较于需借贷才能满足家庭消费、没有金融资产储蓄的家庭或只有少量储蓄的家庭而言，富裕家庭风险承受能力更高，因而有更大的可能会通过配置风险性金融资产来获取投资回报，这种配置习惯会直接影响子代家庭风险偏好、金融资产的积累模式，最终会导致家庭在金融资产的持有总量和配置结构上产生分化，形成不平等的分布。

通过以上分析可以看出，子代家庭金融资产的分布会受到父代金融资产持有水平的影响，金融资产不平等是在代际之间传递的，即富裕家庭的子代仍旧富裕，而贫穷家庭的子代通常会受到父代的影响愈发贫穷。而这种不平等在代与代间的延续主要通过两类途径，即，父代金融资产的直接传递以及子代人力资本的间接传递。基于此，本书将在第五章中从这两种代际传递的角度出发，实证检验中国居民家庭金融资产不平等分布的形成。

第二节　家庭金融资产不平等代际传递的计量模型

家庭金融资产分布不平等的形成不仅与家庭预防性动机和个体异质性有关，长期而言，父代家庭金融资产持有水平以及金融资产配置习惯还会通过人力资本投资和货币资本两种方式对子代家庭金融资产分布产生影响，金融资产不平等会在代际之间进行传递。对此，本书将在第五章从动态的角度出发，对金融资产的直接传递和人力资本的间接传递两种方式在居民家庭金融资产不平等形成的过程中所起的作用进行研究。本书使用的计量模型来自 Gregg 等(2013)在研究人力资本因素在代际收入流动性中的作用时所使用的实证模型，即代际弹性系数分解法：将父代货币资本对子代货币资本的影响分解为子代人力资本的间接传递和父代货币资本的优势传递两部分。在代际传递模型中常用代际弹性系数 β 来衡量代际间的流动性，代际弹性系数越大，意味着父子代间联系越紧密，流动性越小，反之，弹性系数越小，则代际间流动性越大。

父代货币资本和子代货币资本间的关系可以用如下公式表示：

$$\ln y_i^{\text{child}} = \alpha + \beta \ln y_i^{\text{parent}} + \delta x_i + u_i \tag{2.16}$$

其中，y_i^{child}、y_i^{parent} 分别为子代和父代持有的货币资本。本书中使用对数化的家庭金融资产以及子代收入代替父子代的货币资本，主要有两个原因，一是在中国家庭追踪调查数据库(CFPS)中，只有以家庭为经济单位的金融资产数据，缺少家庭中每个成员的相关数据，而家庭收入以及成员个人收入是有可靠来源的并且数据统一便于利用；二是经济个体收入是家庭金融资产储蓄的来源，父代金融资产对子代收入的影响能够反映家庭金融资产的代际传递情况，可以用于对代际传递在子代金融资产不平等形成中所起作用的研究。此外，公式中的 x_i 为父代部分特性(如父代政治面貌)和子代部分特性(如子代年龄、性别以及户口)，这些特性都是与子代货币资本有直接或间接关系的变量。β 即为描述父子代货币资本之间相关关系的代际弹性系数。α 和 u_i 为公式中的常数项和随机扰动项。

子代的人力资本投资和父代持有的货币资本关系为

$$ed_i^{\text{child}} = \alpha + \lambda \ln y_i^{\text{parent}} + \delta x_i + \varepsilon_i \tag{2.17}$$

以上公式中，ed_i^{child} 指子代人力资本投资，λ 表示父代货币资本和子代人力资本投资间的相关关系，通常 λ 为非负值，原因是父代持有货币资本越多，会更有能力增加子代的人力资本投入。α 和 ε_i 为式(2.16)中的常数项和随机扰动项。

同时考虑子代人力资本和父代货币资本两类因素时，父代货币资本、子代人力资本和子代货币资本间的关系可以描述为

$$\ln y_i^{\text{child}} = \alpha + \gamma ed_i^{\text{child}} + \eta \ln y_i^{\text{parent}} + \delta x_i + u_i \tag{2.18}$$

其中，γ 表示每增加一单位的子代人力资本投资时子代货币资本的增加量，η 表示父代货币资本对子代货币资本的直接传递效果，α 和 u_i 分别为公式中的常数项和随机扰动项。

将式(2.17)代入式(2.18)可得

$$\ln y_i^{\text{child}} = \alpha + (\gamma\lambda + \eta) \ln y_i^{\text{parent}} + \gamma\alpha + \delta x_i + u_i \tag{2.19}$$

由此可知,代际弹性系数 β 可分解为两个不同的部分:

$$\frac{\partial \ln y_i^{\text{child}}}{\partial \ln y_i^{\text{parent}}} = \beta = \gamma\lambda + \eta \tag{2.20}$$

其中,第一部分 $\gamma\lambda$ 表示在父代货币资本对子代金融资产积累产生影响的过程中子代人力资本投资的间接传递作用;第二部分 η 是指父代货币资本的直接传递作用,即父代风险偏好、金融资产投资习惯以及遗赠对子代家庭金融资产积累的直接影响。

本书将运用此计量模型分别对筛选出的不同样本家庭的金融资产分布不平等进行实证分析,以探究子代样本家庭金融资产分布在长期中是否会受到父代金融资产的影响,即从父代金融资产的直接传递和子代人力资本的间接传递两个角度对金融资产不平等是否会在代际间传递进行实证分析。

第三节　资产财富效应理论基础

经济学对资产价格变动影响居民消费行为的研究由来已久,其他条件如果相同,货币余额的变化将会引起消费者总开支的变动①②③。

一、西方财富效应的相关理论

西方学者在消费理论方面的研究大致经历了以下几个阶段:首先,由凯恩斯Kenyes(1936)提出收入的重要性。将收入纳入消费的影响研究中,他提到人们在一定程度上会将收入按比例转为消费,随着收入的增加,该比例会逐渐降低。而Duesenberry(1949)提出收入对消费的影响存在示范效应和棘轮效应,即消费受过去的消费习惯和周围环境的影响而滞后于收入的变化。莫迪利安尼(Modigliani)和弗里德曼(Friedman)则分别提出生命周期假说和持久收入假说。前者认为消费者将基于

---

① NORTON L J, HABELER G V. "Prosperity and depression", Journal of farm economics, 1938, 20(2): pp. 537-540.

② PIGOU A C. "The classical stationary state ", The economic journal, 1943, 53(12): pp. 343-351.

③ PATINKIN D. "A reconsideration of the general equilibrium theory of money", The Review of Economic Studies, 1950, 18(1): pp. 42-61.

个人生命周期内所得收入来合理安排各阶段的消费，让消费效用在整个生命周期内达到最大化。这为消费者的储蓄在较长周期内趋于稳定提供了一种合理的说明。后者则认为，收入可分为持久收入、暂时性收入两个部分，而消费则是持久收入的函数。也就是说，决定消费水平的是持久性收入部分。再者，是霍尔（Hall）的随机游走模型。其引入理性预期观点，认为不能预测消费变化。利兰（Leland）、泽尔德斯（Zeldes）、卡罗尔（Carroll）又提出和发展了预防储蓄假说与流动性约束假说。因此，西方消费理论的发展方向是从短期到长期，从消费者个人完全理性到不完全理性，从确定条件到不确定条件。

（一）绝对收入假说

早期的消费函数中消费是收入的稳定函数。凯恩斯（Kenyes，1936）在《就业、利息和货币通论》一书中提出了绝对收入假说，即消费支出取决于当前收入的绝对收入水平。消费函数的公式如下所示，消费与收入呈现边际消费递减的关系：

$$C=\alpha+\beta Y+\varepsilon \tag{2.21}$$

式(2.21)中，C 代表消费，α 为生活中的基本开支（必要消费），β 为边际消费倾向（$0<\beta<1$），ε 表示其他影响因素（习惯、偏好等）。

（二）相对收入假说

Duesenberry(1949)提出相对收入假说来改进绝对收入假说下的消费函数。其认为消费者当期的消费存在示范效应、棘轮效应。示范效应——一个家庭收入不变的情况下，周围家庭收入提高，该家庭的消费会向高收入家庭的高水平消费看齐，具有攀比作用。棘轮效应——消费者过去形成的消费习惯滞后于收入的变化。收入增加时，消费的增加滞后于收入增加；收入减少时，为保持原有的消费水平而减少储蓄，消费者的边际消费倾向于收入方向变化。消费函数可表示如下：

$$C_{it}=\alpha Y_{it}+\beta Y_{i0}+\gamma \overline{Y_i}+\mu \tag{2.22}$$

式(2.22)中，C_{it} 为居民 i 在第 t 期的消费支出，$Y_{\bar{i}}$ 为居民 i 在第 t 期的当期收入，Y_{i0} 为居民 i 历史最高收入，$Y_{\bar{i}}$ 为居民 i 周围消费者的平均收入。α，β，$\gamma>0$，$\alpha+\beta+\gamma\leqslant 1$，$\mu$ 为随机误差项。

（三）生命周期假说

20 世纪 30 年代中期到 50 年代中期为早期消费理论的发展阶段，以前述两位学者的假说为代表。发展阶段的消费函数理论仅关注了收入对消费决策的影响，未考虑到财富的积累与消费之间的关系，另外也未考虑预期收入对消费的影响。1954 年 Modigliani 与 Brumberg 提出了生命周期假说。他们认为居民家庭消费取决于家庭所处的不同生命周期阶段。消费函数如下：

$$C_t^T = \alpha_{t-1}^T + Y_t^T + \sum_{r=t+1}^{N} \frac{Y_t^{eTr}}{(1+r_t)^{r-T}} \tag{2.23}$$

式(2.23)中，年龄为 T 的居民前一期的净财富值为 α_{t-1}^T，第 t 期的消费为 C_t^T，其主要取决于当期非财产性收入 Y_t^T 以及后续生命周期预期收入现值的总和。生命周期假说把财富变量纳入了消费函数，为后续资产财富效应的研究提供了理论支撑。

（四）持久收入假说

Friedman(1957)在《消费函数》一书中发展了消费函数理论，把收入分为暂时性收入和持久性收入，持久性收入为消费者可以预期的稳定收入，同时认为消费是持久性收入的稳定的函数。

$$C_t = c \cdot Y_t^p$$

$$Y_t^p = Y_{t-1} + \theta(Y_t - Y_{t-1}) = \theta Y_t + (1-\theta)Y_{t-1} \tag{2.24}$$

式(2.24)中，C_t 为当期消费支出，c 为边际消费倾向，Y_t 为当期收入，Y_t^p 为当期持久收入，Y_{t-1} 为上一期收入，θ 为加权数。因此持久性收入假说的消费函数可表示为

$$C_t = c\theta Y_t + c(1-\theta)Y_{t-1} \tag{2.25}$$

（五）随机游走假说

在消费者效用函数方面，Hall(1978)最先提出理性预期的概念，消费服从随机游走假设，即随机游走假说。消费的变动只与持久收入变动有关，收入变动如果不持久，那么不会对消费产生影响。

Modigliani 的生命周期假说(life cycle hypothesis, LCH)与 Friedman 的持久收入假说(permanent income hypothesis, PIH)均将预期收入引入消费函数方程，研究消

费者一生的消费分布情况，由此 LC-PIH 也为后续的消费研究提供了分析思路。而随机游走假说基于 LC-PIH 理论进行了进一步的发展，其表现在：第一，在消费函数方程中引入理性预期；第二，改变了过往的研究模式，对宏观经济计量也产生了重大影响，Hall 的研究部署为了构造消费函数，欧拉方程给出了消费者实现最优消费方式的一阶条件；第三，消费函数的研究突破了在不确定性条件下的限制，由于引入理想预期则未来消费只受当期消费影响；第四，对于政策制定者而言，稳定公众的心理预期纳入制定需求政策之中。

（六）预防储蓄假说

Leland（1968）在 Hall 研究的基础上，将不确定性引入理论框架，提出预防性储蓄假说，分析消费者的跨时优化选择。预防储蓄假说提到，未来收入具有不确定性，不确定性越高则消费的边际效用预期越大，居民消费者更愿意选择增加储蓄而降低当前消费，将当期消费更多地转移至未来消费。这与确定条件下相对确定的消费对比，可以发现消费者具有不同的消费路径选择。居民增加预防性储蓄的主要原因有三点：①消费者的风险偏好程度；②金融借贷以及不完全市场所带来的约束；③外部经济环境的不稳定性。

预防储蓄假说解释了许多随机游走无法说明的现象，为消费研究提供了有价值的研究视角。Fisher（1956）研究发现个人收入不确定即包含风险时人们储蓄得更多，可解释为由于未来收入的风险性，预防性储蓄致使消费者的储蓄上升。Campbell 和 Deaton（1989）提到美国战后的消费实际倾斜率显著大于随机游走假说的理论估值，可以用预防储蓄假说的"过度平滑性"解释。

（七）信贷约束理论

信贷约束是指居民在向机构或个人借贷来满足消费时会受到限制，因而消费成本增加迫使当期消费减少，转而使得储蓄增加[①]。生命周期假说、持久收入假说均以稳定的消费借贷利率为前提，而实际上利率是不断变化的。不同消费者受自身资信状况影响，可获得借款额度不同；另外，信息不对称与市场规模小是借贷市场的约束。

① ZELDES S P. "Consumption and liquidity constraints: An empirical investigation", Journal of political economy, 1989, 97(2): pp. 305-346.

Campbell 和 Mankiw(1989)建立了信贷约束模型,表示如下:

$$\ln C_t = \alpha + \beta \ln Y_t + \mu_t \tag{2.26}$$

式(2.26)中,β 值为过度敏感系数,即消费随可预测收入的变化而变化——当收入增加时,消费者的消费支出增加;当收入减少时,消费支出也相应减少。β 值越高,信贷约束效应越显著。因此,一旦预期到未来可能具有信贷约束,消费者就会下调当期消费。

二、中国财富效应的相关理论

国内对消费的研究主要以应用海外消费理论为主,将消费理论用于解释中国的消费,中国学者运用新的工具从而得出中国国情下的消费新结论。

国内学者对预防储蓄的关注较早。如宋铮(1999)较早地运用这一理论来研究中国居民的消费行为,认为中国居民家庭收入的不确定性是进行预防储蓄的最主要因素。而龙志和、周浩明(2000)运用 GMM 方法,用消费变化的方差作为衡量指标。臧旭恒(2001)发现 1978—1991 年中国居民消费表现出跨时预算,预防性储蓄在总储蓄中占比的上升致使储蓄增长率连续高于 GDP 和人均收入增长。万广华(2001)基于二阶段最小二乘法分析发现,流动性约束影响居民消费。罗楚亮(2004)则在收入影响消费的基础上,进一步考虑了医疗和教育,发现后两者也削弱了居民的消费能力,尤其是教育的负向影响高达 2.38%。上述学者的研究成果均是未来不确定性对消费的负效应。

同时,行为消费也是国内学者的研究重点。陈利平(2005)关注了消费者的"攀比"行为,一定程度的消费攀比促使高经济增长率下的高储蓄率得以保持。黄少安与孙涛(2005)在生命周期假说的基础上,结合了消费行为理论建立消费理论模型。消费者与后代间的财富转移获得效用,一是父代对子代的抚养、赠予,子代对父代的赡养;二是财富积累所带来的满足感,而非消费过程的享受;三是中国国民传统的勤俭节约的美德,也一定程度上减少了消费支出。这就解释了中国居民储蓄率为何保持较高水平。

改革开放后中国进入结构性转变,像社会体制、结构的转型升级,社会价值观的蜕变,中国逐渐进入自发发展阶段,开始了具有中国特色的现代化进程。中国居民的消费行为表现为两个中国式特征:第一,中国消费者并非遵循生命周期假说地以个体一生的时间跨度来寻求消费效用的最大化,中国居民有储蓄倾向,会为消费高峰提前做准备，可体现在结婚前后、抚养子女、年老退休等。消费者主要集中实现短时期的效用最大化，较少考虑平滑一生的消费。这与中国的居民消费观念、社会保障机制的约束、信贷市场不成熟等均有一定关系。第二，个体生命周期内有多个消费高峰，居民根据不同的消费高峰制订不同的消费支出目标，提前储蓄预备。当一个消费高峰在短时期内完成后，又进入了下一个高峰的前期储备阶段。

基于上述理论，本书将结合生命周期－持久收入模型(LC-PIH)，居民家庭收入与财富持有将影响居民的消费支出水平，来研究中国流动人口与城、乡常住居民的资产持有偏好及金融性资产财富效应的差异。因此本书基于生命周期－持久收入模型(LC-PIH)进行模型设计，运用 Tobit 模型对居民家庭金融性资产持有的影响进行考量，并运用分位数回归模型对居民家庭金融性资产的财富效应做进一步的实证分析。

生命周期理论中，家庭的消费受生命周期内的财产水平影响，即家庭根据生命周期内持有的资产财富水平来决定消费支出，本书将家庭资产中具有代表性的住房资产、金融资产引入模型；生命周期持久收入模型指出长期的消费水平受持久收入影响，因此本书收入部分以工资性收入为主，这部分收入较为稳定和可预期。因此家庭消费的初步模型如下：

$$\ln C = \beta_{q0} + \beta_{q1} \ln \text{house} + \beta_{q2} \ln \text{finance} + \beta_{q3} \ln Y + \varepsilon \tag{2.27}$$

式(2.27)中，消费水平(β)、住房资产(house)、金融资产(finance)、收入(Y)均取对数表示。

第四节　房价变动对居民消费影响的传导机制

金融性资产中房产对于中国居民家庭而言影响更为明显。由于单一住房价值量巨大，通常占家庭总财富的一半以上，因此，房价变动对居民家庭消费决策有重大影响，且住房市场体量庞大、错综复杂，不仅包括住房交易市场，也包括住房租赁市场，不仅涉及上下游相关产业链，还与银行、信托等金融机构密切相关，因此，房价变动向居民消费传导的方式和途径也极为复杂。一般而言，房价变动对居民消费的影响并不仅仅是单一的财富效应或挤出效应，而呈现为两者共存的状态，而这两种效应对消费的影响强弱则视地区的房地产市场和经济发展状况而定。

在将房价变动对居民消费影响的传导效应分为财富效应和挤出效应两大类后，需要通过更细致的理论研究分析深层次的传导路径，对于财富效应而言，本书认为可以分为直接财富效应、乐观预期效应、信贷约束效应和弃购效应等四种效应，对于挤出效应而言，则可以分为直接挤出效应、预防性储蓄效应、代际消费约束效应和户籍效应等四种效应。

一、财富效应

（一）直接财富效应

房产的直接财富效应指的是，当房价上涨时，住房整体价值增加，居民家庭总财富相应增加，进而带动居民消费。这种效应主要影响的对象是拥有两套房及以上的人群，他们已经满足自身的住房需求，并通过将多余的住房出租、出售获得财产性收入，当房价上涨时，不仅住房整体价值增加，相应住房租金也随之增加，从而居民获得更多的财产性收入，消费也相应增加。

（二）乐观预期效应

相对于直接的财富效应，房价上涨产生的预期效应的受众则更为广泛。房价的持续性上涨除了直接影响部分居民的财产性收入（如租金收入），也会使居民对宏观经济发展产生更加乐观的预期。此时，虽然居民的当前实际收入没有增长，但是居民预期未来经济走势向好，实际收入会随之上涨，从而居民在一定程度上会扩大当前的消费支出。这一效应在中国显得较为明显，由于过去几十年中国经济经历了快速的发展，房价也一直处于上升通道，因此人们对于房价上涨现象的反应较为正面，认为这是宏观经济向好的表现。

（三）信贷约束效应

房价的上涨使得住房拥有者的实际资产价值增加，因此，他们可以通过金融机构获得更多的贷款，从而缓解信贷约束。这种效应与金融体系是否完善有较大关系，如果金融系统不完善无法获得相应的贷款，那么这种效应对于消费的促进就比较有限。

（四）弃购效应

弃购效应往往出现在高房价地区，这些地区的房价相对于居民收入明显过高，而房价却仍在持续上涨且没有任何下跌迹象，这样，有购房打算的个人或家庭便会因为无法承担高额的房价而渐渐放弃购房计划，转而将为购房留存下的钱款用于消费。

Yoshikawa Ohtake(1989)的实证表明,在日本的高房价地区,家庭购房意愿较低,不少租房者放弃购房打算转而将储蓄用于消费,因此从总体上看,房价的上涨降低了储蓄率,增加了居民消费。

二、挤出效应

(一)直接挤出效应

房价的直接挤出效应指的是,当房价上涨时,一方面,购房者需要支付更多的资金,从而减少他们在消费方面的支出;另一方面,房价的增长使得房租随之上涨,亦使得租房者承受压力,压缩他们的消费能力。

(二)预防性储蓄效应

预防性储蓄效应针对的是有刚性购房需求的人群,房价的持续上涨,使得这些刚性需求者所需要支付的购房款也随之增加,且易造成未来房价仍将上涨的预期,因此为了更早地实现购房计划,他们被迫增加储蓄缩减开支,甚至需要背负期限更长、利率更高的住房贷款,挤压长期的消费支出水平。

(三)代际消费约束效应

过去,购买住房往往是一代人的问题,尤其在西方社会,父母往往不会资助子女购买房产。但是,随着房价的快速上涨,房价收入比呈现扩大趋势,青年一代购房压力越来越大,转而向父母求助。而在中国,由于亲情纽带关系更为密切,子女住房问题向来涉及多代人,一个家庭为了购买住房可能需要各自的父母的帮助。由于这种代际关系的存在,房价的上涨不仅仅影响直接购房的群体的消费支出,还会影响他们的上一辈的消费支出。

(四)户籍效应

户籍效应具有中国特色,户籍制度的存在导致人口流动受到一定限制,使得外地人口无法享受与本地居民相同的教育、医疗、社会保障等公共资源。而许多地区户籍与住房挂钩,实行购房落户政策,这极大地刺激购房热情,压缩租房人群比例,使得中国普遍存在住房收入比过高而租金收入比较低的现象。而那些有租房偏好却由于户籍问题被迫选择购买房产的家庭，他们的消费水平就会受到大幅抑制。

第五节 资产财富效应的计量模型

在具体考察资产财富效应时，主要可以从资产的持有和资产对消费的影响两个方面出发。在金融性资产整体对消费的影响方面，本书主要利用分位数据回归的方法；在房产对消费的影响方面，本书主要检验房价及其变动对消费的影响，将利用门槛效应模型进行研究。

一、资产持有的计量模型

生命周期假说提到，每个人根据收入来平滑一生的消费，不同生命周期阶段的家庭资产持有不同，家庭总资产结构不同。不同家庭资产结构下的消费差异将是如何？对资产持有的影响研究，较多学者考虑二值选择框架的 Probit 模型。标准的 Probit 模型中，假设观察到的 $y_i^* > 0$，则赋值 $y_i = 1$；若 $y_i^* \leqslant 0$，则赋值 $y_i = 0$。

$$y_i = bx_i + m_i \quad y_i = \begin{cases} 0, & y_i^* \leqslant 0 \\ 1, & y_i^* > 0 \end{cases} \tag{2.28}$$

式(2.28)中，y_i 以数值 0 或 1 代替，而非直接观测到的 y_i^* 的数值本身。为了使得到回归结果更为精确，托宾(Tobin，1958)提出 Tobit 模型，使得当 $y_i^* > 0$ 时，y_i 不是赋值为 1 而是其观测到的实际值。其可表述为

$$y_i = \beta x_i + \mu_i \quad y_i = \begin{cases} 0, & y_i^* \leqslant 0 \\ y_i^*, & y_i^* > 0 \end{cases} \tag{2.29}$$

二、分位数回归模型

以往的回归分析中，较多使用的是经典的最小二乘估计法(ordinary least square，OLS)，但使用条件及假设导致其存在一定的局限性：第一，最小二乘法的古典均值回归方法，为达到残差平方和最小，对极端值的敏感度显著增加；第二，均值回归只体现了条件分布 $y|x$ 的集中趋势，而实际上我们所需要的是 x 对整个条件分布 $y|x$ 的影响；第三，假设严格，误差项条件均值为零，且方差独立同分布，即 $y|x$ 服从渐近正态分布。Koenker 和 Bassett(1978)则提出加权残差绝对值最小化，即分位数回归

(quantile regression，QR)。

因而，分位数回归相较最小二乘法的优势主要表现在这几个方面：①可以运用于出现异方差性的模型；②条件分布下描述了各个分位点回归特征，组合后的刻画更为全面；③没有严苛的假设条件，估计结果相较最小二乘法更为有效；④极端值对模型的影响较小，估计结果更为稳健。

研究标准的二元回归模型，其条件均值函数为 $E(y_i \mid x_i)=\beta_0+\beta_1 x_i$，可简单地表示为

$$y_i=\beta_0+\beta_1 x_i+\mu_i \tag{2.30}$$

式(2.30)中，误差项 μ_i 使得 $E(y_i \mid x_i)=0$。对于给定的 x，可以将 y 的第 q 个条件分位数的函数表示为 $Q_q(y \mid x)$，通常情况下，式(2.30)则可以表示为

$$Q_q(y_i \mid x_i)=\beta_0+\beta_1 x_i+F_{u_i}^{-1}(q) \tag{2.31}$$

式(2.31)中，F_{u_i} 是 u_i 的分布函数。以 x_i 为条件，分位数通过式中 $F_{u_i}^{-1}(q)$ 项依赖于 u_i 的分布。如果误差是异方差，分位数将依赖于 x_i。而且一般地，q 取值不同时的 $Q_q(y \mid x)$，不仅在截距项上不同，在 x 上的非线性形式也不同。

三、门槛效应模型

门槛效应指的是当一个自变量的数值超过某一临界值后，自变量对因变量的影响发生显著变化的现象，它描述的是变量之间的非线性关系，其中，这个临界值称为门槛值。由于变量之间的关系可能十分复杂，因此，变量之间可能存在多个门槛值，各个相邻门槛值之间的区域，描述了变量之间的不同关系。

门槛效应解决了传统线性回归方法无法解决的难题，传统线性回归方法只能揭示自变量与因变量间的总体线性关系，但无法揭示它们的局部关系的变化，有时候自变量在不同区间的变动可能会对因变量造成不同的影响，在生活中这种现象十分常见，我们常说的“过犹不及”，即指当某一促进主体发展的要素超过一定限额时，其可能反过来抑制主体发展。门槛效应同样也适用于描述“量变到质变”的发展过程。

本书使用 Hansen(1999)提出的面板门槛模型，该门槛模型的最大特点是能够通过数据样本设定抽样次数，并自动生成一个或多个门槛值，从而构建出门槛变量的分段函数。考虑一个简单的计量模型：

$$C_{it}=\alpha_i+\beta_1 Y_{it}+\beta_2 \mathrm{HP}_{it}+\varepsilon_{it} \tag{2.32}$$

其中，C 表示消费，Y 表示可支配收入，HP 表示住房价格，α_i 表示个体(地区)固定效

应。在此基础上,引入单门槛模型:

$$C_{it}=\alpha_i+\beta_1 Y_{it}+\beta_2 HP_{it} I(q_{it}\leqslant\gamma)+\beta_3 HP_{it} I(q_{it}>\gamma)+\varepsilon_{it} \tag{2.33}$$

其中,γ 为门槛值,$I(\cdot)$为指示函数,q_{it} 为门限变量,当 $q_{it}\leqslant\gamma$ 时,$I(\cdot)=1$,反之,$I(\cdot)=0$。同样地,双门槛模型即为

$$C_{it}=\alpha_i+\beta_1 Y_{it}+\beta_2 HP_{it} I(q_{it}\leqslant\gamma_1)+\beta_3 HP_{it} I(\gamma_1<q_{it}\leqslant\gamma_2)+\beta_4 HP_{it} I(q_{it}>\gamma_2)+\varepsilon_{it} \tag{2.34}$$

其中,γ_1 和 γ_2 为两个门槛值。多门槛模型以此类推。

第六节　资产财富效应的路径分析

本书拟运用结构方程模型(structural equation modeling,SEM)进行建模。结构方程属于线性统计模型,实用性能非常强大。它包含了因子分析法、方差分析法、多元回归分析法和路径分析法等多种分析统计方法,在很多领域都被广泛运用。

一、结构方程模型

在 SEM 模型中,可以分为潜变量和显变量两种,其中潜变量也称为结构变量,一般是无法测量的变量;显变量也称为测度变量,一般是够测量的变量,它通过与相应潜变量之间的关系间接表现。SEM 模型研究的主要内容就是潜变量与显变量之间的关系。SEM 结果的求解方法可以分为两种,第一种是“硬模型”,这种模型主要通过统计分析中极大似然估计来求解结果,包含了 AMOS、EQS 和 LIRSREL 等方法;第二种是“软模型”,求解方法以偏最小二乘法为主。

二、偏最小二乘法——路径分析模型

实证分析中为了检验假设是否成立,需要借助相关的统计分析方法和软件。目前,学术界常用统计软件 SPSS 对数据进行简单的初步预处理,计算调查数据均值、方差等单变量或者多变量的统计指标,以及因子分析和变量之间关联度分析都可以取得不错的效果,但是对于复杂的结构方程模型,尤其潜变量之间的路径分析,SPSS 则不能解决这类问题。本书引进一种新的结构模型分析方法,即偏最小二乘法(partial least squares,PLS)。与 PLS 算法相对应的软件有 PLS Graph 3.0 和 SmartPLS 3.0(M3)两种,本书选择第二种软件作为本次研究路径分析的重要工具。

近年来,SmartPLS作为一种结构方程建模工具逐渐得到广泛关注,它的基本原理是运用一系列相互依赖的OLS回归使得模型的残差最小化,以达到模型分析的高准确度。本章采用SmartPLS作为分析工具基于以下几个方面的原因:①相比几个基于协方差的结构方程分析工具,如LISREL,EQS和AMOS等,SmartPLS具有一个显著的优势:不但可以测量反映型指标模型,还可以测量构成型指标模型,并且在对外生变量的预测上可以取得良好的效果;②无论样本数据的规模大小如何都可以使用PLS分析;③PLS算法可以解决大而复杂模型的繁琐运算,同时变量不一定都要求呈现多元正态分布;④SmartPLS软件可以使用Bootstrapping功能重新抽样,相当于使得原始的数据集放大100～200倍。基于PLS算法的众多优势,本章选择SmartPLS 3.0研究资产财富效应的影响路径。

基于Anderson和Gerbing的"两步走"的方法,第一步对测量尺度的信度(reliability)和效度(validity)进行检验,以检测测量模型(measurement model)的可靠性。第二步运用路径分析法对结构模型(structural model)进行分析,以检验前文提出的假设是否成立。

第三章　数据处理

本章主要利用中国三个家庭金融微观数据库进行研究，三个数据库分别是中国家庭追踪调查(CFPS)数据库、中国家庭金融调查(CHFS)数据库和中国流动人口动态监测调查(China migrants dynamic survey，CMDS)数据库。CFPS数据库对外开放下载，数据量较多，已经形成连续跟踪数据，同时数据内容较全，包含部分资产数据。本章使用了2010年、2012年、2014年、2016年和2018年的数据，利用其中数年的数据整合形成面板数据；CHFS数据库包含金融类资产数据，本章主要使用了其2012年、2014年和2016年的数据；CMDS数据库是专业的流动人口数据库，但可惜只有流动人口居民家庭的消费数据，没有资产数据。本章使用了其2015年的数据。

第一节　中国家庭追踪调查

一、数据来源

本书检验金融资产不平等时使用的微观调查数据均来自中国家庭追踪调查(CFPS)。CFPS是由北京大学团队设计，北京大学社会科学调查中心(ISSS)负责实施的一项全国性、综合性的社会跟踪调查项目。该数据库收集了村居、家庭以及个人三个层次的微观数据，涵盖经济活动、家庭关系和家庭金融行为、教育以及健康等诸多方面的信息，为学术研究和政策分析提供了强大的数据基础。CFPS数据库中包含16000户目标样本，样本对象为中国25个省、自治区和直辖市中的家庭户以及家庭户中全部有血缘、婚姻或领养关系的成员。该调查中心于2008年、2009年分别在北京、广东、上海三地开展了初访和追访的预调查，并从2010年开始在25个省、自治区和直辖市正式实施基线调查。至今为止，该调查中心已分别在 2012 年、2014 年、2016 年以及 2018 年完成四期的追踪访问。在此过程中样本家庭以及所有家庭成员均为永久追踪对象，生成的家户 ID 和个人 ID 也被永久保存。鉴于 2008 年、2009 年最初两年调查覆盖范围较小，数据不够全面，因此，本书主要取自 2010 年开始正式调查访问的数据，并将其中的连续年数据整合成面板数据，具体在实证计算的各章节进行说明。

二、样本选择

本书采用倒推的方法最终选取了同时参与 2010 年正式基线调查以及 2012 年至 2016 年追踪调查的 860 个共同样本作为接下来实证分析的对象。第一步，先在 2016 年的总样本中进行筛选：剔除家庭财产、个人特征（如年龄、户口、受教育年限等）相关数据缺失的样本，接着在数据完整的个体样本中根据家庭关系数据库将同一家户的父代和子代进行匹配，这里需注意的是，因以父亲收入为导向依然是中国当前的社会家庭结构，所以父代只取样本家庭中父亲的相关信息，此外，对于多子家庭，为使子代尽最大可能接近职业中期，从而使收入测量更加准确，本书只考察子代中第一个孩子的信息（鲁静婷，2017）。最后根据父子代样本所在的家户号将个人数据与家庭经济库中的家庭数据进行整合。第二步，因为在 CFPS 数据库中家庭编码以及个人编码被永久保存，所以根据 2016 年选取的家庭样本和家庭中父子代样本的编码便可分别在 2014 年、2012 年、2010 年中匹配出同时参与基线调查和追踪调查的共同样本，此共同样本即为接下来实证分析的对象。在此过程中，本书将父代年龄大于 70 周岁、子代未成年的样本进行了剔除。最终得到全样本数据共 860 户居民家庭，观测值为 3440 个。

涉及的变量主要有父代金融资产、父代特性（如父代政治面貌、父代户口）、子代特性（如性别、年龄以及受教育年限）以及子代个人收入。由于 CFPS 中只有以整个家庭为单位的财产数据，因此，本书参考隆兴荣（2016）选取变量的方法，将家庭持有的金融资产作为父代金融资产水平[①]，而对于子代金融资产，因为收入是家庭储蓄金融资产的来源，并且在 CFPS 中子代个人收入统计口径较为统一，能够被可靠计量，因此，在接下来的实证中，本书将以子代个人收入来代替子代所持有的金融资产。人力资本包含有受教育程度、能力以及风险偏好等多方面的内容，但其中很多变量都不能得到有效

① 学者隆兴荣（2016）认为，年龄在 18 至 30 周岁之间的子代即使对家庭财富有一定贡献，贡献比例也较少。而本书在选取样本的过程中删除掉了年龄在 18 周岁以下的个体，最终家庭样本中年龄高于 30 岁的子代仅占有约四分之一的比例，因此，用家庭金融资产数据作为父代持有金融资产的水平并不会对结果产生影响。

的计量，因而，数据较易获得的受教育年限将代替子代人力资本变量用于本书的研究中，而对于子代的受教育年限定义如下：文盲和半文盲的受教育年限为0，小学毕业的为6，受过初中教育并毕业的为9，高中毕业的为12，大专毕业的为15，本科毕业的受教育年限为16，硕士毕业的受教育年限为19，博士毕业的受教育年限则为22。除此之外，本书选取家庭户口、父代政治面貌以及子代性别作为实证过程中的控制变量来考虑，其中父代政治面貌为共产党员时定义为1，非共产党员时定义为0；家庭户口包括三种，即农业户口、非农户口和无户口，当家庭为非农户口时定义为1，农业户口和无户口定义为0；而子代是男性时定义为1，女性则为0。

同时，本书分别以筛选出的2010年、2012年以及2014年浙江省样本家庭中父代和子代为研究对象，试图从代际传递的角度对浙江省居民家庭金融资产不平等在长期内的形成机制进行实证分析，最终得到2010年样本共56户，2012年和2014年均为91户。然后，本书进一步从中提取户口所在地与居住地不一致的居民家庭作为流动人口居民家庭样本数据。最终得到浙江省2012年流动人口居民家庭样本共13户，2014年流动人口居民家庭样本共9户。

三、变量描述性统计

在考察居民家庭金融资产不平等时本书主要基于Aiyagari(1994)模型的分析结果对中国居民家庭金融资产代内分布不平等情况进行研究，因此使用的变量为以样本家庭整体为统计观测单位的经济活动变量。具体分为两部分：家庭财产和家庭收入。其中，根据CFPS数据库，家庭总财产主要包括土地资产、家庭房产、家庭金融资产、生产性固定资产以及耐用消费品五部分。家庭房产价值指家庭持有的所有房产当前市值减去连本带息尚未还清房贷后的净值。家庭金融资产主要包括现金和存款、股票、基金、债券、金融衍生品、其他金融资产以及家庭借出款。而生产性固定资产由农用器械和经营性企业资产构成。对于家庭总收入，是经营性收入、转移性收入、工资性收入、财产性收入和其他收入五个部分的加总。此外，家庭财产和家庭收入的总和被定义为家庭总资产。基于以上家庭经济变量的定义，本书对总样本、浙江省及其流动人口居民家庭相关资产进行了描述性统计。

（一）全国总样本资产分布描述性统计

中国总样本居民家庭资产情况如表3-1所示。表中前半部分为样本家庭财产的统计结果，从组成结构来看，家庭总财产中，家庭房产占比最高，达到 41.43%，家庭金融资产所占的比例则为 5.7%；从分布情况来看，家庭总财产、家庭金融资产和家庭房产的最小值分别为－868665、0 以及－1000000，而最大值都远远高于家庭相关财产持有的最小值，这说明中国居民家庭无论是家庭总财产还是其分项财产都可能存在两极分化的现象。表格的后半部分为家庭收入的描述性统计情况，从家庭总收入的组成结构来看，家庭工资性收入占比最高，高达 69.25%，家庭财产性收入的占比为 3.61%，而家庭转移性收入、经营性收入以及其他收入三项占比之和为 27.14%，不及家庭总收入的三分之一；从家庭总收入的分布来看，家庭总收入、家庭工资性收入和家庭财产性收入的最大值均远大于最小值，这同家庭财产的分布情况相仿，说明中国居民家庭总收入以及各项收入也存在着两极分化。而对比家庭财产和家庭收入的分布情况可知，家庭总收入的均值和标准差都相对较小，这表明中国居民家庭收入总和要小于家庭总资产的积累，同时家庭收入的两极分化程度明显低于家庭总财产。

表 3-1　中国居民家庭相关资产的描述性统计

变量	均值	标准差	最小值	最大值	占比/%
家庭总财产/元	1000161	21100000	－868665	1200000000	100
家庭总金融资产/元	57026.29	249414.5	0	8000000	5.70
家庭房产价值/元	414398.4	875335.8	－1000000	11500000	41.43
家庭总收入/元	50409.46	93165.29	－196000	4073000	100
财产性收入/元	1809.46	34563.94	0	2000300	3.61
工资性收入/元	34754.75	80360.38	0	4000000	69.25

（二）全国及其流动人口家庭代际变量描述性统计

本书对全国总样本以及流动人口家庭的各变量情况也进行了描述性统计检验，同时对资产和收入等变量进行了对数化处理，以达到标准化的目的。其中表 3-2 为中国居民家庭全样本代际变量的描述性统计情况，表 3-3～表 3-6 分别是 2010 年、2012 年、2014 年和 2016 年全国样本家庭中流动人口家庭与非流动人口家庭的描述性统计结果对比。

表 3-2 中前半部分为父代金融资产、年龄、户口和政治面貌的统计结果. 其中，父代金融资产的标准差最大，达到 4.85，远远大于父代年龄、户口和政治面貌的标准差，说明从全国来看，父代之间金融资产的差异较大，反映了中国居民家庭间的金融资产不平等现象。而父代年龄的标准差最小，且父代年龄的均值与最大最小值非常接近，说

明本书选取的样本数据父代年龄差距较小。表3-2的后半部分为子代人力资本、年龄、性别、户口的统计结果。其中,子代收入的标准差最大,达到1.24,说明中国居民家庭子代的收入差距较大。而子代人力资本的标准差位列第二,且最小值和最大值分别为0和2.94,说明中国居民家庭子代的人力资本存在较大差异。

表3-2　中国居民家庭全样本代际变量描述性统计

变量	均值	标准差	最小值	最大值
父代金融资产	6.72	4.85	0	15.89
父代年龄	3.99	0.13	3.64	4.25
父代户口	0.31	0.46	0	1
父代政治面貌	0.13	0.34	0	1
子代收入	9.57	1.24	2.30	13.34
子代人力资本	2.24	0.57	0	2.94
子代年龄	3.33	0.21	2.89	3.91
子代性别	0.75	0.44	0	1
子代户口	0.32	0.46	0	1

注:表中父代金融资产、子代收入、父代年龄、子代年龄、子代人力资本都已进行过对数化处理,父代户口、父代政治面貌、子代性别和子代户口均为虚拟变量,定义为0和1。

从流动人口家庭和非流动人口家庭对比的情况来分析,流动人口家庭的资产普遍要强于非流动人口居民家庭。流动人口居民家庭的父代金融资产、子代收入、子代受教育年限等均高于非流动人口居民家庭。同时,流动人口居民家庭中父代作为共产党员的比重要大于高于非流动人口家庭。值得注意的是,流动人口居民家庭中城镇户口占比要高于非流动人口居民家庭,尤其是子代户口是城镇户口的占比更高。这与大众认为流动人口主要由农民工构成的认识差异非常大。当然,受限于流动人口的样本数量较少,可能会影响比较的结果。

表3-3的数据显示,2010年全国样本中父代金融资产的标准差最大,分别达到4.84和4.04,远远大于父代户口和政治面貌的标准差,且非流动人口数值大于流动人口,说明存在居民家庭间的金融资产不平等现象,且在非流动人口家庭中反映得更为明显。流动人口家庭父代政治面貌均值大于非流动人口,说明流动人口中党员较非流

动人口多。而子代收入的标准差最大，分别为 1.44 和 1.04，说明非流动人口和流动人口中居民家庭子代的收入差距均较大。非流动人口家庭子代户口均值为 0.30，流动人口家庭子代户口均值为 0.55，说明流动人口家庭子代非农户口更多。

表 3-3　2010 年全国样本家庭中流动与非流动性人口家庭代际变量描述性统计结果对比

家庭流动性	非流动人口家庭				流动人口家庭			
变量	均值	标准差	最小值	最大值	均值	标准差	最小值	最大值
父代金融资产	4.69	4.84	0.00	13.84	7.89	4.04	0.00	11.51
父代户口	0.29	0.45	0.00	1.00	0.36	0.50	0.00	1.00
父代政治面貌	0.13	0.33	0.00	1.00	0.18	0.40	0.00	1.00
子代收入	8.94	1.44	0.00	11.85	9.56	1.04	7.82	11.51
子代人力资本	2.20	0.61	0.00	2.94	2.36	0.38	1.79	2.77
子代年龄	3.22	0.22	2.89	3.78	3.23	0.21	2.89	3.64
子代性别	0.74	0.44	0.00	1.00	0.73	0.47	0.00	1.00
子代户口	0.30	0.46	0.00	1.00	0.55	0.52	0.00	1.00

注：表中父代金融资产、子代收入、子代年龄、子代人力资本都已进行过对数化处理，父代户口、父代政治面貌、子代性别和子代户口均为虚拟变量，定义为 0 和 1。

表 3-4 为 2012 年样本家庭中流动与非流动人口家庭代际变量的描述性统计结果。表中前半部分为 2012 年非流动人口家庭和流动人口家庭父代金融资产、户口和政治面貌的统计结果，其中，父代金融资产的标准差最大，分别达到 2.91 和 3.42，远远大于父代户口和政治面貌的标准差，说明中国存在居民家庭间的金融资产不平等现象。流动人口家庭父代政治面貌均值大于非流动人口，说明流动人口中党员较非流动人口多。表格的后半部分为子代人力资本、年龄、性别、户口的统计结果。其中，非流动人口家庭子代收入的标准差最大，达到 1.15，最小值与最大值分别为 4.09 和 12.61，反映了子代收入差距较大；流动人口家庭的子代收入差距也很大，最小值和最大值分别为 5.52 和 12.80，差距稍低于非流动人口家庭的子代。从子代人力资本看，非流动人口家庭子代人力资本方差大于流动人口家庭子代人力资本，且非流动人口家庭子代人力资本最小值和最大值分别为 0 和 2.94，而流动人口家庭子代人力资本最小值和最大值分别为 1.79 和 2.94，说明流动人口家庭子代人力资本更高。非流动人口家庭子代户口均值为 0.27，流动人口家庭子代户口均值为 0.59，说明流动人口家庭子代非农户口更多。

表 3-4　2012 年全国样本家庭中流动与非流动性人口家庭代际变量描述性统计结果对比

家庭流动性	非流动人口家庭				流动人口家庭			
变量	均值	标准差	最小值	最大值	均值	标准差	最小值	最大值
父代金融资产	8.60	2.91	0.00	15.29	8.95	3.42	0.00	13.01
父代户口	0.27	0.44	0.00	1.00	0.57	0.50	0.00	1.00
父代政治面貌	0.12	0.32	0.00	1.00	0.21	0.41	0.00	1.00
子代收入	9.66	1.15	4.09	12.61	9.80	1.38	5.52	12.80
子代人力资本	2.21	0.58	0.00	2.94	2.44	0.31	1.79	2.94
子代年龄	3.29	0.20	2.99	3.83	3.30	0.20	2.99	3.78
子代性别	0.75	0.43	0.00	1.00	0.72	0.45	0.00	1.00
子代户口	0.27	0.44	0.00	1.00	0.59	0.49	0.00	1.00

注：表中父代金融资产、子代收入、子代年龄、子代人力资本都已进行过对数化处理，父代户口、父代政治面貌、子代性别和子代户口均为虚拟变量，定义为 0 和 1。

表 3-5 和表 3-6 分别是 2014 年和 2016 年样本家庭中流动与非流动人口家庭代际变量的描述性统计结果。和表 3-3 及表 3-4 的结果比较类似，其中父代金融资产的标准差仍然最大，非流动人口家庭分别达到 5.33 和 4.93，流动人口家庭分别达到 5.33 和 5.02，均远远大于父代户口和政治面貌的标准差，说明中国存在着比较明显的居民家庭间金融资产不平等现象。流动人口家庭父代政治面貌均值均大于非流动人口，说明流动人口中党员较非流动人口多。子代人力资本、年龄、性别、户口的统计结果也比较类似。其中非流动人口家庭子代收入的标准差最大，分别达到 0.98 和 0.99，最小值分别为 5.99 和 6.21，最大值分别为 12.35 和 13.34，反映了子代收入差距较大；流动人口家庭的子代收入差距也很大，最小值分别为 8.00 和 8.41，最大值分别为 11.53 和 13.26，差距稍低于非流动人口家庭的子代。从子代人力资本看，非流动人口家庭子代人力资本标准差大于流动人口家庭子代人力资本，不过两类家庭子代人力资本最小值均为 0，最大值均为 2.94。显然，这些数据说明流动人口家庭子代人力资本更高，受教育人群更集中。非流动人口家庭子代户口均值分别为 0.25 和 0.26，流动人口家庭子代户口均值分别为 0.61 和 0.59，说明流动人口家庭子代非农户口更多。

表 3-5　2014 年全国样本家庭中流动与非流动性人口家庭代际变量描述性统计结果对比

家庭流动性	非流动人口家庭				流动人口家庭			
变量	均值	标准差	最小值	最大值	均值	标准差	最小值	最大值
父代金融资产	5.86	5.33	0.00	15.89	6.56	5.33	0.00	14.60
父代户口	0.24	0.43	0.00	1.00	0.64	0.48	0.00	1.00
父代政治面貌	0.11	0.31	0.00	1.00	0.19	0.39	0.00	1.00
子代收入	9.94	0.98	5.99	12.35	10.20	0.68	8.00	11.53
子代人力资本	2.22	0.59	0.00	2.94	2.42	0.41	0	2.94
子代年龄	3.37	0.19	3.09	3.87	3.37	0.19	3.09	3.83
子代性别	0.75	0.43	0.00	1.00	0.73	0.45	0.00	1.00
子代户口	0.25	0.43	0.00	1.00	0.61	0.49	0.00	1.00

注：表中父代金融资产、子代收入、子代年龄、子代人力资本都已进行过对数化处理，父代户口、父代政治面貌、子代性别和子代户口均为虚拟变量，定义为 0 和 1。

表 3-6　2016 年全国样本家庭中流动与非流动性人口家庭代际变量描述性统计结果对比

家庭流动性	非流动人口家庭				流动人口家庭			
变量	均值	标准差	最小值	最大值	均值	标准差	最小值	最大值
父代金融资产	7.44	4.93	0.00	15.52	7.83	5.02	0.00	13.91
父代户口	0.25	0.44	0.00	1.00	0.62	0.49	0.00	1.00
父代政治面貌	0.12	0.33	0.00	1.00	0.21	0.41	0.00	1.00
子代收入	10.14	0.99	6.21	13.34	10.24	0.96	8.41	13.26
子代人力资本	2.22	0.58	0.00	2.94	2.40	0.44	0.00	2.94
子代年龄	3.44	0.17	3.18	3.91	3.44	0.18	3.18	3.87
子代性别	0.75	0.44	0.00	1.00	0.74	0.44	0.00	1.00
子代户口	0.26	0.44	0.00	1.00	0.59	0.49	0.00	1.00

注：表中父代金融资产、子代收入、子代年龄、子代人力资本都已进行过对数化处理，父代户口、父代政治面貌、子代性别和子代户口均为虚拟变量，定义为 0 和 1。

而从 2010 年、2012 年、2014 年和 2016 年的连续样本数据来看，非流动人口家庭持有的金融资产均值在 2010 年和 2014 年相对较低，2012 年最高，2016 年次之；流动人口家庭持有的金融资产均值表现相对平均，一直在 6.5 至 9 之间波动，2014 年最低，2012 年最高，但高低点差异不像非流动人口家庭那么大。可见，居民家庭金融资产持有情况在各年有其波动性。而子代收入上，非流动人口家庭和流动人口家庭则呈现逐年升高的趋势，分别从 2010 年的 8.94 和 9.56 上升到 2016 年的 10.14 和 10.24。

第二节　中国家庭金融调查数据

本书使用的中国家庭金融调查(CHFS)数据来自中国家庭金融调查与研究中心在全国范围内开展的抽样调查项目。该数据库调查样本覆盖全国 25 个省(自治区、直辖市)，80 个县，320 个村(居)委会，有效样本共 8438 户，数据具有代表性。数据库收集了如家庭人口特征、收入、消费、住房、金融资产、社保等居民家庭微观信息。可惜的是，中国家庭金融调查(CHFS)2014 年和 2016 年的数据未对外公开，因此本书只能使用 CHFS2012 样本数据进行实证。

本书在收集到的 CHFS2012 样本数据的基础上，剔除异常值及缺失值，保留年龄在 18～65 岁的样本，最后所得有效样本为 6354 个。本书将样本分为城镇常住人口、农村常住人口和流动人口家庭三大类，其中城镇常住人口为户口和所在地均在城镇同一地区，农村常住人口为户口和所在地均在乡村同一地区，流动人口为户口所在地与常住地不一致人群。最终得到样本数据中城镇常住人口居民家庭共 3679 户，农村常住人口家庭共 2312 户，流动人口居民家庭共 363 户。

一、变量的定义

本书主要讨论城、乡常住人口与流动人口家庭资产对居民消费的影响。下文涉及的研究变量为家庭住房资产和金融资产，控制变量包含户主的户口、性别、年龄、婚姻状况、政治面貌、学历和收入等，如表 3-7 所示。

户主个人属性特征方面。由于所得数据为 2012 年的数据，因此年龄则以 2012 减去户主的出生年份后的值来表示；学历是指所获得的最高受教育程度，分为没上过学、小学程度、初中、高中、中专/职高、大专/高职、大学本科、硕士研究生、博士研究生，赋值分别为 0、6、9、12、14、15、16、19、24；婚姻状况分未婚、已婚、同居、分居、离婚、丧偶这六种情况，按是否有异性共同居住来划分，未婚、丧偶、分居、离婚的无异性伴侣的赋值为0，已婚及同居者则赋值为1；政治面貌有中共党员、民主党派成员、共青团员、群众四类，将中共党员赋值为1，其余赋值为0；户口类型分为农业户口、非农业户口、统一居民户口、其他，将农业户口赋值为1，其余赋值为0；区域主要是指城乡常住人口、流动人口目前居住的地区，按地理位置划分为东部、中部、西部，依次赋值为1、2、3；家庭规模指一起居住至少6个月，并且现在居住着的家庭成员数量(上班、上学在外，周末回家的也计算在内)。

表3-7　变量选取及取值的设置

变量名称	说明
性别	女=0，男=1
年龄	2012－户主的出生年份
学历	未上过学=0，小学=6，初中=9，高中=12，中专=14，大专=15，本科=16，硕士=19，博士=24
婚姻	户主的婚姻状况，未婚、丧偶、分居、离婚=0，已婚、同居=1
政治面貌	中共党员=1，民主党派成员、共青团员、群众等=0
户口	农业户口=1，其余=0
地区	东部=1，中部=2，西部=3
家庭规模	一同居住的家庭成员数量
家庭收入	家庭收入总和
家庭消费	家庭消费总和
住房资产	家庭住房资产总和
金融资产	家庭金融资产总和

家庭收入指家庭成员收入总和，主要考虑工资薪金收入和转移性收入部分。工资薪金收入指经营个体或私营企业、开网店、务农、为家庭工商业或农业生产经营项目活动帮工、自由职业、打零工等获得的收入。

家庭消费总支出主要包括消费性支出和转移性支出。消费性支出包括家庭每月伙食费、日用品、交通费、通信费、文化娱乐的平均支出，换算到年；同时还包括家庭成员衣物、住房维修及扩建、暖气费、家电等耐用品、奢侈品等支出，还包含子女教育培训费用，交通工具支出，旅游支出，以及医疗、保健支出等。转移性支出则包含给予非家庭成员超过100元的现金或非现金。

住房资产指家庭拥有的所有住房的市场价值总和。金融资产包括现金、活期存款、定期存款、股票、基金、债券、期货、权证、银行理财产品、其他金融资产。

二、描述性统计

（一）全样本变量的描述性统计

表3-8给出了城镇常住人口、农村常住人口、流动人口这三类居民家庭户主特征、家庭属性特征、家庭收入、家庭金融性资产这几个方面相关的变量描述性统计分析结果。

表3-8　全样本变量描述性统计分析

变量	家庭	均值	最小值	最大值
户主性别	城镇	0.67	0	1
	农村	0.84	0	1
	流动	0.67	0	1
户主年龄/岁	城镇	46.25	18	65
	农村	49.82	19	65
	流动	36.12	19	65
户主学历/年	城镇	10.75	0	24
	农村	6.91	0	16
	流动	11.05	0	25
婚姻状况	城镇	0.87	0	1
	农村	0.92	0	1
	流动	0.73	0	1
政治面貌	城镇	0.17	0	1
	农村	0.07	0	1
	流动	0.08	0	1

（续表）

变量	家庭	均值	最小值	最大值
户口类型	城镇	0.30	0	1
	农村	0.91	0	1
	流动	0.63	0	1
地区	城镇	1.69	1	3
	农村	2.06	1	3
	流动	1.18	1	3
家庭规模/人	城镇	3.40	1	12
	农村	4.09	1	18
	流动	2.79	1	7
家庭年收入/元	城镇	44470.20	0	173900
	农村	24234.53	0	82732
	流动	57311.62	0	230500
家庭年消费/元	城镇	36197.50	0	1249827
	农村	19236.17	0	552845
	流动	45832.80	0	579997
住房资产/元	城镇	479634.80	0	9000000
	农村	119630.80	0	5500000
	流动	445784.81	0	7500000
金融资产/元	城镇	47054.31	0	3283000
	农村	13412.88	0	409000
	流动	58281.63	0	2050 000

从表 3-8 中可以看出，农村、城镇、流动人口的户主平均年龄分别为 49.82 岁、46.25

岁、36.12岁，依次递减。人口主要流动趋势是从农村流向城镇，城镇的就业岗位数量及劳动报酬水平均优于乡村。流动人口大多是上有父代需要赡养，或下有未能自力更生的子代待抚育，或为即将要承担家庭责任的人群而外出寻求更高的劳动报酬，这部分人群主要集中在25～45岁之间，在流动人口中的比重高达72.7%。年轻人外出，较为年长的父辈则留守在农村，平均年龄整体会较高；而城镇常住人口虽然也有年长者，但大量逐渐定居下来的年轻的流动人口不断补充，其平均年龄要较农村常住人口的平均年龄低。

城乡常住人口、流动人口的户主性别水平普遍高于0.5，说明户主性别是男性居多，且农村常住人口的户主性别平均水平高达0.84。虽然中国倡导男女平等，但从数据可以看出，女性在中国家庭中的地位仍旧低于男性，农村的“重男轻女”现象更为明显。

从户主的学历来看，农村常住人口户主的平均水平在6.9，即普遍为小学水平，学历最高的为本科，仅有10人，高中及以上的也只有3.6%；城镇常住人口的学历平均达到初中水平，最高学历为硕士，学历在本科及以上的占比达到10.3%，高于农村；而流动人口中，学历在本科及以上的占比高于城镇，达到16.8%。这可以解释为城镇、市聚集了高校资源，大部分高校毕业生更愿意选择毕业留在就读城市工作并定居，因而流动人口的学历水平较高。

从婚姻状况来看，农村常住人口、城镇常住人口、流动人口中已结婚人士比例也依次递减，可以看出流动人口中单身人士较多，后续与异性结婚而产生的流动人口流入地平均数为1.18，代表流动人口流入目的地多为东部地区。363个流动人口样本中流向东部地区的有88.98%，流向中部和西部的分别仅为3.58%和7.44%。东部地区经济相对发达，岗位多薪酬高，且医疗、教育、社会保障等各项基础设施相对较为完善，是流动人口的理想选择。

家庭年收入方面，流动人口的平均水平最高，达到57311.62元，是城镇常住人口的1.29倍，是农村常住人口的2.36倍。而农村常住人口的最高收入为82732元，仅为流动人口最高收入的36%。流动人口整体收入水平高于城乡常住人口，结合流动人口个人属性特征来看，流动人口所处年龄段承受较大的家庭责任，事业处于最盛的奋斗期，所得报酬也达高峰。

家庭消费方面，流动人口平均水平最高，为45832.8元。城镇常住人口位居其后，农村常住人口最少，分别为流动人口消费平均水平的约3/4和约2/5。流动人口消费水平高于城乡常住人口的平均水平，可能受其流入地影响。流动人口去向基本为东部经济较为发达的城市，这些城市食品、衣物、医疗等吃穿住行消费水平较高，且生活享受等娱乐设施较为丰富，同时流动人口未在城镇内定居就要支出相当大的一笔房屋租赁费用来解决住房问题。

至于居民的住房资产，城镇常住人口、流动人口、农村常住人口依次递减。城镇人口密度相对聚集，凝聚较好的生活设施条件，人口大量流入，像住房等刚需会随之提高。住房需求持续大于供给，势必会导致住房价格上涨，城镇常住居民的住房资产因此也会高于农村常住居民。同时随着流动人口逐渐在城镇定居下来，在城镇打拼所得积蓄为解决住房需求而转化为住房资产。同时，年轻的流动人口要在城镇定居买房，父辈势必会拿出积蓄进行资助。因而流动人口居民住房资产相对农村常住居民要高。而金融资产方面，居民的持有额整体要低于住房资产的持有，且不同消费群体间的资产持有额差距较大。流动人口的平均金融资产额为 58281.63，高出城镇常住人口约 1/4，是农村常住人口的约 4.3 倍。

（二）各项消费的平均年支出

表 3-9 详细给出了居民家庭消费的明细，消费囊括了居民的吃、穿、住、行，以及教育、健康、娱乐等，均为年平均值。

表 3-9　城乡常住人口和流动人口各项消费支出　　　　单位：元

支出项目	城镇常住人口	农村常住人口	流动人口
总支出	36206.1	20297.9	45450.9
伙食	16011.6	9245.4	19603.3
日用品	3821.5	1716.4	4712.8
交通	2243.1	1193.3	3194.3
通信	1808.7	1065.2	2519.6
文娱	554.4	55.4	1246.1
衣物	2050.7	868.2	2665.2
住房维修及扩建	2764.2	2585.1	1956.2

（续表）

支出项目	城镇常住人口	农村常住人口	流动人口
暖气	562.5	99.3	238.6
耐用品	909.3	532.8	1065.4
奢侈品	206.0	21.3	485.7
教育	3372.4	2212.6	3651.7
旅游	1583.5	622.0	3754.7
健康	318.2	80.9	357.2

按城、乡常住人口和流动人口来分，流动人口总消费支出高于城、乡常住居民，城镇居民高于农村居民。且细分下的各项消费支出，流动人口平均水平亦高居首位。吃穿住行方面的支出均属生存基本需求，流动人口群体在这方面具有较大的消费潜力，对流入地来说将带来可观的消费增长。

按消费项目细分来看，伙食占据主要地位，为总支出的45%左右，其中这一项目在农村常住人口的总消费中占比最高；城镇常住人口、流动人口的日用品支出也相对较高；交通及通信是与他人联系的必要工具，因而占比涨幅较小；三类人群对教育比较重视，支出约占总消费的十分之一；年轻的流动人口也注重生活享受，文娱、旅游项目支出也占了不小比重，约是城镇常住人口的2倍，农村常住人口的5倍；房屋维修及扩建，基于其本身必要的投入规模需求，这部分消费也占了一定比重；奢侈品及暖气项目在总支出中比重不大。

（三）各项细分下的金融资产年平均值

表3-10为细分的各项金融资产的年平均持有量，分别为城镇常住人口、农村常住人口、流动人口的统计值。

表3-10　金融资产描述统计　　　　单位：元

变量	城镇常住人口	农村常住人口	流动人口
现金	4172.9	2534.5	5746.6
存款	29903.5	10151.1	49318.1
股票	9545.8	594.8	10062.3

（续表）

变量	城镇常住人口	农村常住人口	流动人口
基金	1870.7	127.6	3000.8
银行理财产品	1070.5	0	1157.0
债券	308.9	0.3	275.5
其他	182.1	4.5	0
总计	46745.5	13412.5	69284.8

金融资产总额方面，流动人口处于较高水平，达到人均69284.8元，约为城镇常住人口的1.5倍，农村常住人口仅为其1/5。

现金是可立即用来支付的流动性最强的资产，它可以用来购买商品、货物、劳务或偿还债务。其以货币实物形态表现而不能产生利息收益，同时随着互联网技术提供便利的电子支付，居民对现金的实物需求正在逐渐弱化，因而除了日常开支及应付紧急支付需求，居民现金的持有额度相对不高。所以现金在金融资产总额中占比不会太大。

存款是金融资产总额的重要组成部分，占总额的六成以上。流动人口的存款占金融资产总额的71.2%，这一比重较高。一方面，中国储蓄率近年一直处于高水平状态。受中国传统思想影响，储备存款用于不时之需的“预防性”思维依旧占据主导地位；另一方面，流动人口外出务工，给家乡父代或子代给予资金支持也主要通过银行转账来实现跨区域无风险转移；同时，流动人口若想实现城镇定居，势必要准备可灵活支付的资金，存款成了最佳选择。

随着近年来金融知识的普及，越来越多的国民开始将资金转向股票、基金等金融理财工具，以求获得高于像银行存款这类稳定的低收益产品，表中流动人口股票持有额是存款的近五分之一，城镇常住人口这一比重高达1/3，农村常住人口也许金融知识相对缺乏及保守意识较强，占比仅为6%。

银行理财产品在金融理财工具中的占比比较靠后，其风险和收益高于存款，低于股票和基金。可以解释为所得收益不能较好地满足投资期望水平，同时又不具备存款的迅速变现能力，因而受社会关注度较低。表中，城镇常住人口与流动人口的银行理财产品持有量相近，农村常住人口对其没有太大关注。同时，居民也购买了少量债券以及上述理财产品以外的其他金融理财工具。

第三节 中国流动人口动态监测调查

中国流动人口动态监测调查(China migrants dynamic survey,CMDS)数据是国家卫生健康委自2009年起一年一度大规模全国性流动人口抽样调查得到的数据。内容涉及流动人口及家庭成员人口基本信息、流动范围和趋向、就业和社会保障、收支和居住、基本公共卫生服务、婚育和计划生育服务管理、子女流动和教育、心理文化等。本书由国家卫生健康委流动人口数据平台(http://www.chinaldrk.org.cn)提供了2015的CMDS数据库。可惜的是,该数据库并没有金融性资产数据和住房数据,只有消费和房租数据等,影响了该数据库在本书的使用。

2021年3月13日,《中华人民共和国国民经济和社会发展第十四个五年规划和2035年远景目标纲要》中提出支持"浙江高质量发展建设共同富裕示范区"。按照《中共中央国务院关于支持浙江高质量发展建设共同富裕示范区的意见》,浙江省提出了共同富裕示范区建设的两大发展目标:一是到2025年,要推动共同富裕的体制机制和政策框架基本建立,形成一批可复制可推广的成功经验。二是到2035年,要基本实现共同富裕。因此,本书提取了浙江省流动人口数据,共得到12466户样本。

表3-11为浙江省流动人口的描述性统计结果,从户主性别来看,均值为0.53,说明浙江省流动人口男性大于女性,而户主年龄在34岁左右,属于较为年轻的群体,学历均值为8.94,这意味着浙江流动人口大多数学历为初中文化水平,而最高值达到19,即为硕士学历,可以看出浙江省流动人口的文化素质差异较大。从婚姻状况来看,浙江省流动人口大都有伴侣而非单身。从户口类型来看,大多数流动人口是城镇而非农村户口,主要原因是城镇工作岗位多,薪酬高,并且各种基础设施、娱乐设施都更为完善,更适宜流动人口的工作和生活。从家庭规模来看,大多数流动人口家庭为独生子女家庭。90%的流动人口都参与了医保,说明浙江省的医疗保障非常完善,流动人口的平均居住的时常已经达到3.7年。从家庭年伙食、年房租、年收入和年消费来看,均值和最大值的差异均较大,说明流动人口之间收入和消费水平差距较大,这与流动人口的学历有密切的关系。

表 3-11　浙江省流动人口 CMDS 描述性统计分析

变量	均值	最小值	最大值
户主性别	0.53	0	1
户主年龄/岁	33.82	15	78
户主学历/年	8.94	0	19
婚姻状况	0.78	0	1
户口类型	0.95	0	3
子女个数	1.22	0	6
60 岁以上老年人口	0.80	0	2
参与医保	0.90	0	1
居住时长/年	3.70	0	31
家庭年伙食/元	16867.00	0	119988
家庭年房租/元	5266.73	0	180000
家庭年收入/元	81738.28	0	6000000
家庭年消费/元	35665.75	0	480000

第四章 城乡居民家庭收入的金融性资产代际传递的差异性研究

本章对城乡居民家庭收入的金融性资产代际传递的差异进行初步检验，然后在此基础上对居民家庭金融不平等状况进行研究，并对金融不平等条件下居民家庭的收入代际传递，以及流动人口家庭和非流动人口家庭的收入代际传递进行实证。

第一节 模型

对于收入代际传递的考察一般以检验代际收入弹性为主，而后进一步扩展到条件代际收入弹性等变量的检验。

一、基础收入代际传递模型

收入代际传递的基础模型是在仅包含一个单亲父代和一个子代的基础家庭中，家庭总收入即为父代收入，整个家庭的总效应则是收入、消费和投资等因素所构成的函数。基于此，Becker 和 Tomes(1979)提出基础的收入代际传递的效用最大化的线性规划模型并进行最优化处理，推导得到基础收入代际传递模型，如式(4.1)所示。

$$y_{1t}=\beta y_{0t}+\alpha\lambda\tau_{0i}+\alpha\omega_{1i}+\alpha\xi_{1i} \tag{4.1}$$

其中，y_{0t} 为单亲父代收入，在这里也是家庭总收入；y_{1t} 是子代收入。即单亲父代家庭中子代收入是父代收入、来自父代的子代个人禀赋、非个人禀赋影响因素和子代后天获得的个人禀赋这四个变量的函数。其中，父代收入的回归系数 β 即为代际收入弹性，β 数值越小，收入代际传递程度越低，收入代际流动性越高；反之则相反。

二、条件代际传递模型

基础收入代际传递模型进一步加入其他控制变量，新得到的父代收入的回归系数即为条件代际收入弹性。可以将条件代际收入弹性与原有的代际收入弹性进行比较分析，考察新增控制变量对收入代际传递的影响。条件代际传递模型如式(4.2)所示。

$$y_{1i}=\alpha+\beta_i y_{0i}+\sum a_j x_j+\varepsilon_i \tag{4.2}$$

其中 y_{1i} 为第 i 家庭中子代收入；y_{0i} 为第 i 家庭父代收入；β_i 为条件代际收入弹性；x_j 是第 j 个控制变量，如父代和子代性别、户口、受教育年限和政治面貌等影响因素；a_j 是第 j 个控制变量对应的回归系数。

三、面板条件收入代际传递模型

面板数据检验需要进行面板数据回归模型的选择，从而采用最合适的模型进行回归。基本步骤是将面板数据混合，用最小二乘法估计参数，得到 F 统计量，并对适用模型为混合回归还是固定效应做出判断，然后再根据 Hausman 检验的结果对进一步采用固定效应还是随机效应这两类模型进行选择。模型如式(4.3)所示。

$$y_{1i}=\alpha+\beta_k y_{0i}+\sum a_k x_k+b_k F_{i,k}+\varepsilon_i \tag{4.3}$$

式(4.3)除了应用面板数据进行考察之外，还加入了变量 $F_{i,k}$，用以考察城乡居民家庭的金融性资产(包括金融资产和房产)；对应的回归系数 b_k 可以用来检验居民家庭金融性资产对子代收入的贡献系数或者收入弹性。其他的变量与式(4.2)一致。

四、面板数据分位数回归模型

除了分析城乡居民家庭收入代际传递的差异性影响外，本书将面板条件收入代际传递模型进一步按分位数进行回归研究不同子代收入层次的居民家庭其代际传递影响的差异性。即把面板数据按子代收入的分位数(即子代收入在全部样本中所处的百分数位次，这里按子代收入的 0.10、0.25、0.50、0.75 和 0.90 五个分位分类)进行分层拟合。面板数据分位数回归模型如式(4.4)所示。

$$Q_{y_{it}}(\tau \mid x_{it},\alpha_i)=x'_{it}\beta(\tau_j)+\alpha_i \tag{4.4}$$

通过对不同子代收入分位数收入代际传递的有效影响因素进行对比，就能了解不同层次居民家庭收入代际传递影响的差异性。

五、结构方程模型

本书拟运用结构方程(SEM)模型进行建模。在 SEM 模型中,可以分为潜变量和显变量两种,其中潜变量也称为结构变量,一般是无法测量的变量;显变量也称为测度变量,一般是能够测量的变量,它通过与相应潜变量之间的关系间接表现。SEM 模型研究的主要内容就是潜变量与显变量之间的关系。对于复杂的结构方程模型,尤其潜变量之间的路径分析,本书以偏最小二乘法的"软模型"进行检验,分析金融性资产和其他变量通过哪一类传导路径影响中国城乡居民家庭的收入代际传递。

第二节 数据处理和描述性统计

一、数据来源

本部分使用的数据来自 CFPS(中国家庭追踪调查),CFPS 在全国范围内开展问卷调查(主要有社区、家庭、成人和少儿四类问卷),通过对全国范围内的居民家庭进行个人 ID 和家庭 ID 编号,从而进行逐年追踪调查。一是 CFPS2008 和 CFPS2009 这两组数据并不全面;二是在 2010 年后 CFPS 才开始对家庭和个人样本进行正式追踪调查。因此本书的面板数据来自 2012—2018 年的 CFPS 数据。剔除一些异常值(如极端值和总收入为 0)并对成年户主按年龄小于 60 周岁进行筛选,最终总样本量为 5876 户,其中城镇居民家庭共 3115 户,农村居民家庭共 2761 户。

二、数据整合与分类

涉及的主要变量包括父代的收入、居民家庭金融变量(家庭金融资产、家庭房地产价值)、父代特性(如政治面貌、受教育年限)、子代特性(如政治面貌、受教育年限、性别和户口属性等)和子代的收入。由于中国收入来源比较驳杂,婚嫁丧葬等份子钱和农村居民家庭的劳动收入都是统收统支的,往往很难均分到每位家庭成员身上。但在代际传递模型中,如果将这些收入都进行均分,会使代际弹性有极大的偏差。因此,通过对 CFPS 数据库进行搜索,选取了劳务报酬等现金收入以及实物折现收入之和来表示农村居民个人纯收入。而城镇居民个人收入则以个人工资性收入和个体私营收入之和来表示,其中的工资性收入,主要由税后工资收入、奖金收入以及其他津贴收入和实物折现收入所构成。农村居民通过耕种等劳作活动自产自销,而无工资性收入与私营收入;部分居民通过个体私营获得收入,而无工资性收入与劳动报酬收入。为防止收入缺失致使样本量不平衡,本章将子代的收入与父代的收入定位于工资性收入、个体私营收入和劳动报酬收入之和,是出于对各类数据比对后的考虑。家庭金融资产主要包括现金、储蓄存款、债券、股票、基金、银行理财产品、金融衍生产品、各类贵金属、外币资产和其他金融资产。同时,家庭房地产价值为居民家庭所持有的全部房产的总现值和通过房屋租赁获得的租金并减去所剩房贷余额。本书对收入和金融性资产价值进行了对数化处理。

此外,本书还通过父代特性(如政治面貌、受教育年限、户口属性等)和子代特性(如政治面貌、受教育年限、户口属性和性别等)这些变量来进行观察。其中父代和子代的政治面貌变量主要分为群众、中共党员和民主党派成员三类。当政治面貌为中共党员或民主党派成员时,变量定义为 1;当政治面貌为群众时,变量定义为 0。父代和子代的户口属性变量主要包括农村户口、城镇户口以及无户口这三类,当父代和子代户口为农村户口或无户口时,赋值为 0;当父代和子代户口为城镇户口时,赋值为 1。子代的性别变量分为男、女两类,男性赋值为 1,女性赋值为 0。子代的受教育年限包含 8 个不同教育程度,“0”为文盲和半文盲,“6”为受过小学程度的教育并已毕业,“9”为受过初中程度的教育并已毕业,“12”为受过高中程度的教育并已毕业,“15”为受过大专程度的教育并已毕业,“16”为受过本科阶段的教育并已毕业,“19”为受过硕士阶段的教育并已毕业,“22”为受过博士阶段的教育并已毕业。最后,为使数据样本质量可靠,实用性更强,本书剔除了 60 周岁以上的父代和未成年子代样本数据,以及收入总和为 0 的无效样本数据,并删除父代和子代收入中的少量极端值。对上述变量的统计分析如表 4-1 所示。

表 4-1 部分特征变量

变量	变量定义
户口	农村户口或无户口赋值为 0;城镇户口赋值为 1
政治面貌	群众赋值为 0;中共党员或民主党派成员赋值为 1
性别	女性赋值为 0;男性赋值为 1
人力资本投入（即平均受教育年限）	按学历进行折算，博士研究生及以上学历为 22 年、硕士研究生学历为 19 年、本科学历为 16 年、大专学历为 15 年、高中学历为 12 年、初中学历为 9 年、小学学历为 6 年、小学以下为 0 年

三、描述性统计

作者对城镇、农村以及总体居民的家庭金融变量、父代特性和子代特性的数据进行了描述性统计分析。本书的描述性统计主要是用来研究城乡居民之间主要变量的平均值和标准差。通过父代收入、居民家庭金融变量(家庭房地产价值、家庭金融资产)、父代特性(如受教育年限、政治面貌和户口属性等)以及子代特性(如性别、受教育年限、政治面貌和户口属性等)与子代收入的平均值和标准差等统计值来表示数据的集中性和波动性。对上述变量的统计分析如表 4-2 所示。

表 4-2 样本中城乡居民家庭父子两代部分特征值

类别	变量	总体	农村	城镇
父代	收入	10.856 (0.844)	10.719 (0.770)	10.977 (0.887)
	户口	0.419 (0.493)	0.127 (0.333)	0.678 (0.467)
	政治面貌	0.111 (0.314)	0.095 (0.294)	0.124 (0.330)
	受教育年限	6.505 (4.500)	5.951 (4.353)	6.996 (4.572)

（续表）

类别	变量	总体	农村	城镇
子代	收入	10.108 (0.904)	9.973 (0.925)	10.228 (0.867)
	性别	0.684 (0.491)	0.736 (0.497)	0.638 (0.481)
	户口	0.530 (0.499)	— —	1.000 (0.000)
	政治面貌	0.032 (0.176)	0.026 (0.158)	0.038 (0.190)
	受教育年限	9.432 (4.638)	8.605 (4.349)	10.165 (4.761)
家庭	住房价值	10.845 (4.053)	10.632 (3.443)	11.034 (4.517)
	金融资产	7.758 (4.116)	7.380 (3.869)	8.094 (4.297)

注：表中的值为变量平均值，平均值下方括号内为对应的标准差；父代收入、子代收入、家庭金融资产、家庭房地产价值都已进行对数化处理。

本书首先对城乡居民家庭的父子两代特征进行对比，对比特征时主要利用了父子两代的收入、户口、性别、政治面貌、受教育年限以及金融性资产数量等变量。从样本数据的收入上看，城镇居民的父代收入略高于农村居民，而子代收入则明显高于农村居民；从性别上看，子代中男性收入相对较多；从户口来看，子代户口基本随父代户口，仅有小部分子代从农村户口转为城镇户口；在人力资本投入（平均受教育年限）方面，无论是子代还是父代，城镇居民家庭的人力资本投入均高于农村居民家庭；从政治面貌来看，城镇居民中是中共党员或民主党派的人数要远多于农村居民。对于居民家庭的金融性资产持有量，城乡居民家庭之间在住房和金融资产方面有着较为显著的差异，其中农村居民家庭持有的金融性资产明显少于城镇居民家庭。

显然，结合表4-2的结果，城镇居民中是中共党员或民主党派的人数要远多于农村居民;而农村居民家庭持有的金融性资产明显少于城镇居民家庭。尤其是金融性资产中的住房资产,农村自建房很难按商品房的价格进行套现,大大影响了农村居民家庭的住房价值。正是如此,可以假设城乡居民之间房产、党派政治面貌和传统金融资产的差异通过影响收入代际传递从而加大了城乡居民的收入差距。

第三节 金融性资产对收入代际传递的传导路径分析

本书将2012—2018年的CFPS数据利用结构方程模型进行了传导路径分析,各期数据所得计算结果类似,其中2016年样本数据效果最好。因此本书以所提取的CFPS(中国家庭追踪调查)2016年样本数据为例进行金融性资产对收入代际传递的传导路径分析。在剔除一些异常值缺失值后,本书最终得到2016年CFPS总样本量为866户,其中城镇居民家庭共516户,农村居民家庭共350户。

研究过程主要分为三步。第一步,做出理论假设,进行信度和效度的检验;第二步,通过了第一步的检验后,计算路径系数和显著性水平,并且对路径上的数据进行分析;第三步,分析各变量之间的关系以及对它们之间是如何影响的进行经济学解释。各个路径假设如表4-3所示。

表4-3 传导路径假设

假设	路径
H1	子代党派→子代收入
H2	子代受教育年限→子代收入
H3	子代年龄→子代收入
H4	子代性别→子代收入
H5	子代户口→子代收入
H6	房产→父代收入
H7	父代党派→子代党派

（续表）

假设	路径
H8	父代受教育年限→子代受教育年限
H9	父代户口→子代户口
H10	父代收入→子代收入
H11	金融资产→父代收入

本书进行了信度和效度检验。得到的信度指标(composite reliability,CR)值和CA(cronbach's alpha)系数均大于0.7,以及效度指标因子载荷值和AVE(average variance extracted)值均大于0.5,因此模型通过信度和效度检验,具有较高的信度和效度。可以用结构方程建模,绘制估计结果的标准路径(见图4-1),得到各个路径的系数。同时计算路径系数及进行显著性检验(见表4-4),除H3、H5和H8外,其他假设都通过了显著性检验。

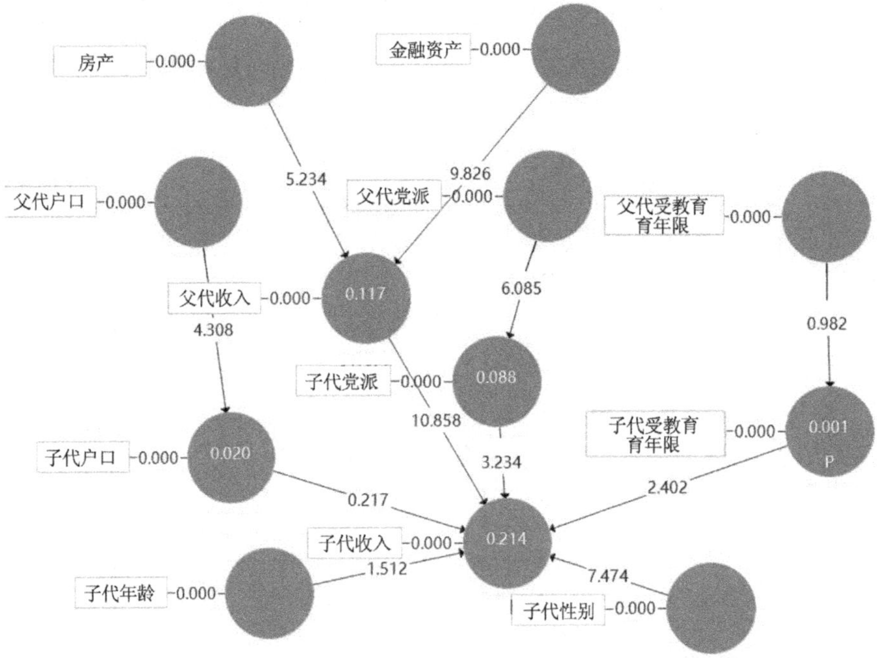

图4-1 传导路径图示

表 4-4　路径系数及显著性

假设	作用路径	路径系数	*T* 统计量	*P* 值	假设结论
H1	子代党派→子代收入	0.083***	3.234	0.001	成立
H2	子代受教育年限→子代收入	0.082**	2.402	0.017	成立
H3	子代年龄→子代收入	−0.049	1.512	0.131	不成立
H4	子代性别→子代收入	0.242***	7.474	0.000	成立
H5	子代户口→子代收入	0.006	0.217	0.829	不成立
H6	房产→父代收入	0.168***	5.234	0.000	成立
H7	父代党派→子代党派	0.296***	6.085	0.000	成立
H8	父代受教育年限→子代受教育年限	0.032	0.982	0.327	不成立
H9	父代户口→子代户口	0.143***	4.308	0.000	成立
H10	父代收入→子代收入	0.365***	10.858	0.000	成立
H11	金融资产→父代收入	0.295***	9.826	0.000	成立

注：** 和*** 和分别表示在 5%和 1%水平下显著。

根据上述通过以中间变量影响路径的直接分析，本书得到三条具体的影响路径总效应：第一条路径：房产→父代收入→子代收入；金融性资产中的房产主要通过影响父代收入来影响子代的收入，从而导致收入代际传递。第二条路径：父代党派→子代党派→子代收入；控制变量中父代党派通过影响子代党派来影响子代的收入，从而导致收入代际传递。第三条路径：金融资产→父代收入→子代收入；金融性资产中传统的金融资产也主要通过影响父代收入来影响子代的收入，从而导致收入代际传递，如表 4-5 所示。

表 4-5　中介变量具体传导路径

中介变量	路径	*T* 统计量	*P* 值	结论
父代收入	房产→父代收入→子代收入	4.617***	0.000	成立
子代党派	父代党派→子代党派→子代收入	2.837***	0.005	成立

（续表）

中介变量	路径	T 统计量	P 值	结论
子代户口	父代户口→子代户口→子代收入	0.196	0.844	不成立
子代受教育年限	父代受教育年限→子代受教育年限→子代收入	0.772	0.441	不成立
父代收入	金融资产→父代收入→子代收入	7.254***	0.000	成立

注：*** 表示在 1%水平下显著。

第四节　居民家庭金融性资产代际传递影响

本书首先通过对变量进行多重共线性检验，确保变量之间没有多重共线性的问题；其次通过检验选择合适的面板数据模型进行面板条件收入代际传递差异性影响检验，考察城乡居民金融性资产对收入代际弹性的影响；最后进一步按子代收入对居民家庭进行分层，对样本进行面板数据的分位数回归检验，考察在子代不同收入分位下金融性资产对收入代际传递的影响差异。

一、模型选择

在进行面板数据回归前，先进行多重共线性检验，结果表明最大的 VIF 项为总体的父代户口和子代户口，值为 1.49，远远小于 10，并且城镇、农村、总体的平均 VIF 仅为 1.08、1.04、1.16 远远小于 10，因此不需要考虑多重共线性的问题。同时，本书分别采用 Hausman 检验和 F 检验来选择最优的回归模型。Hausman 检验原假设随机效应模型优于固定效应模型，本书 Hausman 检验得到的 x 统计量 37.59 对应 P 值为 0.000。在 0.05 的置信水平下拒绝原假设，固定效应的条件收入代际传递模型优于随机效应的条件收入代际传递模型。然后本书进一步进行 F 检验，得到 F 统计量 1.51 对应 P 值为 0.000，在 0.05 的置信水平下拒绝原假设。因此应该使用混合的条件收入代际传递模型来进行实证。

二、居民家庭金融性资产变量对代际弹性的影响

金融性资产对居民家庭有负向影响，但对农村居民在 0.01 的置信水平下显著，而

对城镇居民的影响有所差异。在同时考虑金融性资产所有变量后，居民家庭总体的代际收入弹性系数为 0.453，城镇居民家庭的代际收入弹性系数为 0.370，农村居民家庭的代际收入弹性系数为 0.571，且均在 0.01 的置信水平下显著。也就是说，父代收入对子代收入均存在显著的正向影响。值得注意的是，城乡居民家庭收入代际传递具有明显的差异性影响：①农村居民家庭的收入代际传递程度明显高于城镇居民家庭，两者代际收入弹性系数分别为 0.571 和 0.370，农村居民家庭的代际收入弹性大大高于城镇居民家庭。②金融性资产对居民家庭的收入代际传递有负向影响，能够促进收入代际流动。住房价值对居民家庭收入代际传递的负向影响要高于金融资产。其中，住房价值对城镇居民家庭和农村居民家庭的收入代际传递有显著的负向影响。金融资产对居民家庭的收入代际传递同样具有负向影响，但对城镇居民家庭的收入代际传递影响不显著；在代际收入弹性的数值方面，住房价值对农村居民家庭和城镇居民家庭的收入代际传递的影响高于金融资产，对比代际收入弹性系数的绝对值，住房价值高于金融资产。③子代变量中性别和受教育年限对城镇居民家庭和农村居民家庭的子代收入均具有显著的正向影响，子代的政治面貌对城镇居民家庭和农村居民的家庭的子代收入也具有显著的正向影响，但子代政治面貌对城镇居民家庭的子代收入的影响的显著性更高。④常数项的系数值较高，而且均在 0.01 的置信水平下显著，显著程度相当大。显然仍有其他的变量影响居民家庭的收入代际传递水平，如表 4-6 所示。

表 4-6　居民家庭金融性资产和代际传递

变量	总体	农村	城镇
常数项	5.043*** (36.55)	3.887*** (17.78)	5.93*** (32.83)
金融资产	−0.012*** (−4.34)	−0.018*** (−4.33)	−0.004 (−1.26)
住房价值	−0.014*** (−5.15)	−0.019*** (−4.21)	−0.010*** (−3.22)

（续表）

变量		总体	农村	城镇
父代变量	收入	0.453*** (33.90)	0.571*** (27.32)	0.370*** (21.39)
	受教育年限	−0.004* (−1.76)	−0.000 (−0.08)	−0.006** (−1.98)
	政治面貌	0.023 (0.68)	0.064 (1.21)	0.002 (0.05)
	户口	0.088*** (3.40)	−0.025 (−0.53)	0.133*** (4.34)
子代变量	受教育年限	0.016*** (6.85)	0.016*** (4.30)	0.016*** (5.04)
	性别	0.239*** (11.06)	0.208*** (6.71)	0.274*** (9.20)
	政治面貌	0.260*** (4.32)	0.198** (2.01)	0.291*** (3.87)
	户口	0.101*** (3.94)	—	—

注：括号内数值为 T 统计量，***、** 和 * 分别表示在 1%、5%和 10%水平下显著。

不少变量均表现出对居民家庭收入代际传递的差异性。如金融资产表现出对城镇居民家庭的收入代际传递的影响不显著，对农村居民家庭的收入代际传递的影响显著。因此有理由推测金融性资产和父代及子代变量对不同收入层次居民家庭的收入代际传递的影响程度也不尽相同。由此本书进一步基于面板数据对居民家庭收入代际传递的影响进行分位数回归检验。

第五节 面板数据的分位数回归分析

本书将居民家庭按子代收入从低到高进行排序，选取了 0.10、0.25、0.50、0.75 和 0.90 共五个分位，同时进行面板数据分位数回归和全样本混合多元回归结果对比，以考察金融性资产及其他特征对不同收入分位子代的收入代际传递影响的差异。检验结果如表 4-7 所示。

表 4-7 面板数据分位数回归检验结果

变量		0.90 分位	0.75 分位	0.50 分位	0.25 分位	0.10 分位
常数项		6.9456*** (19.82)	5.8147*** (26.49)	5.0457*** (25.84)	3.9541*** (16.82)	3.0784*** (8.34)
金融性资产	金融资产	−0.0057 (−1.60)	−0.0081*** (−3.20)	−0.0115*** (−3.89)	−0.0068 (−1.58)	−0.0088 (−1.11)
	住房价值	−0.0017 (−0.42)	−0.0065*** (−3.37)	−0.0113*** (−3.99)	−0.0163*** (−4.27)	−0.0285*** (−4.02)
父代变量	收入	0.3747*** (11.05)	0.4630*** (22.57)	0.4985*** (26.07)	0.5429*** (24.10)	0.5584*** (17.05)
	受教育年限	−0.0039 (−1.13)	−0.0089*** (−3.57)	−0.0080** (−3.04)	−0.0086** (−2.43)	−0.0069 (−1.12)
	政治面貌	0.0308 (0.63)	0.0384* (1.71)	−0.0024 (0.07)	0.0124 (0.27)	0.1032 (1.58)
	户口	0.1488*** (4.61)	0.1289*** (6.16)	0.1059*** (3.81)	0.0619** (2.21)	0.0168 (0.24)

（续表）

变量		0.90 分位	0.75 分位	0.50 分位	0.25 分位	0.10 分位
子代变量	受教育年限	0.0047 (1.34)	0.0021 (0.77)	0.0075*** (2.45)	0.0192*** (4.29)	0.0339*** (3.72)
	性别	0.1911*** (5.74)	0.1547*** (5.48)	0.2294*** (10.98)	0.3064*** (9.96)	0.4638*** (7.16)
	政治面貌	0.2197*** (3.49)	0.2095*** (5.43)	0.2103*** (4.20)	0.2210*** (3.21)	0.3929** (2.32)
	户口	0.0693** (2.00)	0.0576** (3.06)	0.0501* (2.78)	0.1019*** (3.59)	0.1852** (2.46)

注：括号内数值为 T 统计量，***、** 和 * 分别表示在 1%、5% 和 10% 水平下显著。

金融性资产（即金融资产和住房价值）对子代收入具有负向影响，显著性明显。这再次说明金融性资产的持有能够降低收入代际传递，推动收入代际流动；父代变量中父代收入对居民家庭子代收入的正向影响最为明显，说明中国居民家庭的收入代际传递现象较为明显，显著性很强；子代变量中受教育年限、性别、政治面貌和户口均对子代收入具有正向影响，显著程度均较高。但各层次的居民家庭收入代际传递的表现不尽相同。其中，父代收入对各分位数上的子代收入都呈现较为显著的正向影响，0.10 分位与 0.25 分位的居民家庭的父代收入回归系数分别达到 0.5584 和 0.5429，正向影响相当高。同时，随着分位数的递增，父代收入的收入代际传递影响表现出下降趋势（见图 4-2）。因此，子代收入越低的居民家庭受到父代收入代际传递的影响越强，即低收入家庭收入代际传递的可能性相当高。子代性别和政治面貌对收入代际传递的影响呈“U 形”关系，即高收入分位和低收入分位的家庭收入代际传递的影响高。但“U 形”的右边更高，显示低收入居民家庭收入代际传递更明显。子代受教育年限对子代收入的影响也表现出“U 形”结构（见图 4-3），而且正向影响也较为显著。而且居民家庭对子代的教育投入同样对低收入子代家庭影响更明显。

金融性资产的分位数回归检验结果存在差异性。其中居民家庭金融资产对中间分位子代收入的居民家庭的收入代际传递负向影响最大，且在 0.01 的置信水平下显著。也就是说，存款和股票等金融资产对中间阶层的子代收入具有负向影响，但总体来看对各分位居民家庭的影响差异不高（见图 4-5）。但居民家庭住房价值对收入代际传递的负向影响则具有明显的趋势性，对低收入分位(0.10分位)子代收入的代际传递负向影响最高，在0.01的置信水平下显著，而且回归系数为－0.0285，大大高于金融资产的敏感度(见图4-4)。也就是说，住房价值对低收入子代的影响最强，有利于收入代际流动，缩小了不同收入阶层居民家庭间的收入差异。

子代户口对中低收入的子代也具有显著的正向影响，而且回归系数在0.10分位子代收入的居民家庭达到0.1852，并在0.01置信水平下显著。即城镇户口对子代收入代际传递具有很强的影响力，扩大了城乡间的收入差异。

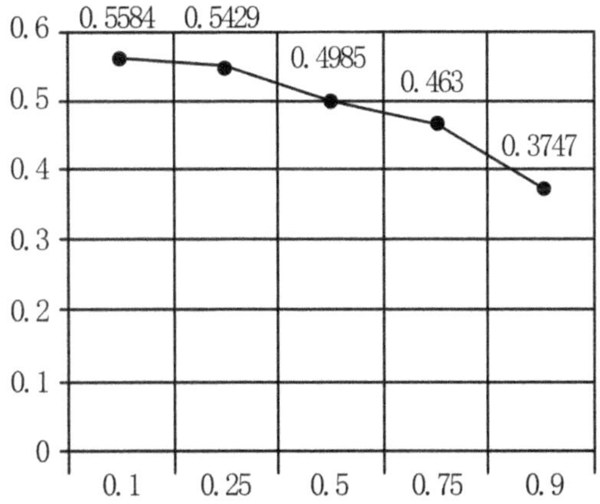

图4-2　各分位数收入代际弹性

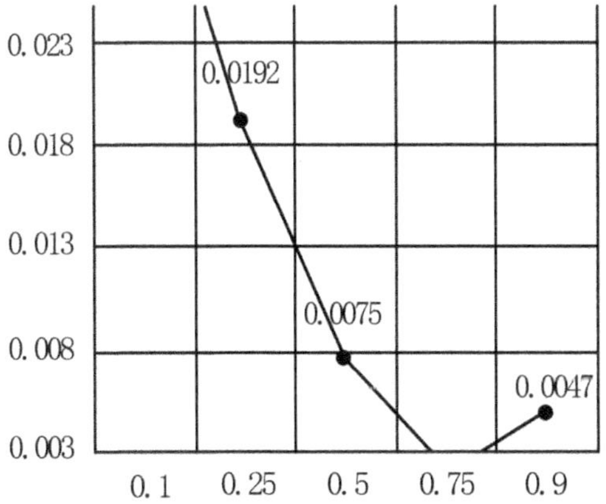

图4-3　各分位数家庭子代受教育年限回归系数

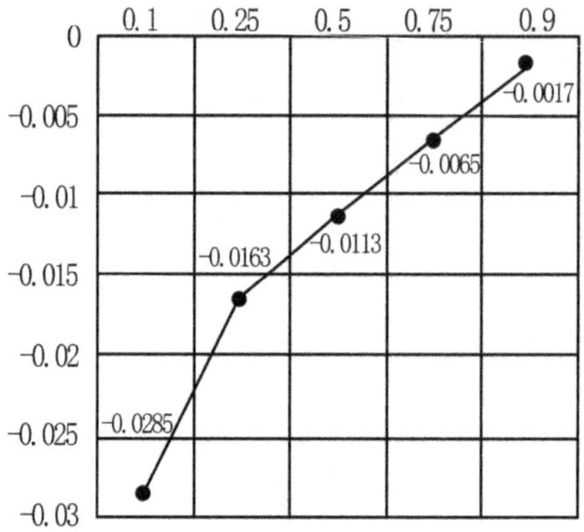

图 4-4　房地产价值回归系数

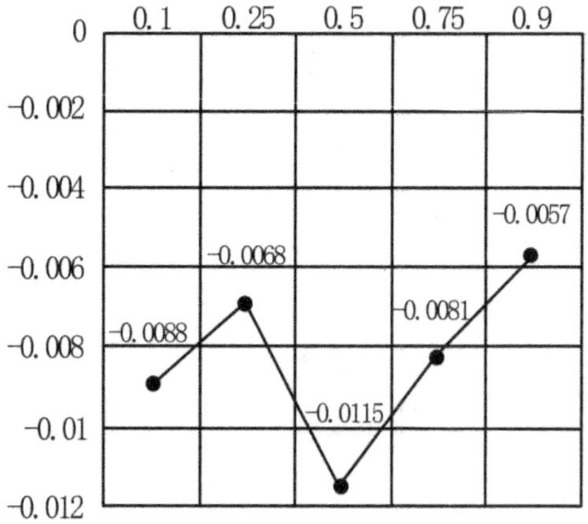

图 4-5　各分位数家庭金融资产回归系数

第六节　内生性检验

本书研究的是父代收入和子代收入的代际传递关系,所以主要考虑遗漏变量可能造成的内生性问题。即可能有一种没有加以控制的因素 A,而该因素影响了父代收入。一般而言,居民收入与年龄存在一定的联系。因此本书将父代年龄(其与父代收入强相关,并且没有被纳入模型中)作为外生变量,利用两阶段最小二乘估计(2SLS)回归方法来测算父代收入可能存在的内生性问题,如表4-8所示。

表4-8　内生性检验结果

变量		控制变量 第一阶段	控制变量 第二阶段	OLS回归 (稳健后)
常数项		9.7993*** (226.29)	4.502 (0.73)	5.0427*** (28.08)
金融性资产	金融资产	0.0470*** (17.07)	−0.0142 (−0.48)	−0.0116*** (−4.12)
	住房价值	0.0276*** (10.82)	−0.0150 (−0.86)	−0.0136*** (−5.16)
父代变量	收入		0.5076 (0.81)	0.4525*** (25.88)
	年龄	0.0003* (1.88)	—	—
	受教育年限	0.0186*** (7.76)	−0.0053 (−0.45)	−0.0043* (−1.74)
	政治面貌	0.0168 (0.49)	0.0222 (0.65)	0.0231 (0.72)
	户口	0.0863*** (3.53)	0.0832 (1.39)	0.0880*** (3.52)

(续表)

变量		控制变量 第一阶段	控制变量 第二阶段	OLS 回归 (稳健后)
子代变量	受教育年限	0.0146*** (6.13)	0.0155 (1.64)	0.0163*** (6.21)
	性别	0.0160 (0.79)	0.2376*** (8.29)	0.2386*** (9.00)
	政治面貌	0.0443 (0.71)	0.2574*** (4.57)	0.2598*** (4.57)
	户口	0.1197*** (5.14)	0.101*** (4.07)	0.1009*** (4.13)

注:括号内的数值为 T 统计量,***、** 和 * 分别代表在 1%、5%和 10%水平下显著。

一方面,表 4-8 的计算结果与表 4-7 和表 4-6 的结果基本一致;另一方面,检验结果得到 Shea partial 的参数值为 0.1351,F 统计量为 83.72。这说明工具变量的选取是合适的。同时内生性检验的结果 P 值为 0,因此可以认为不存在内生性问题。

第五章　关于居民家庭金融资产不平等的实证研究

由 Aiyagari(1994)模型可知，预防性储蓄是家庭在存在借贷约束的不完全市场中积累金融资产的动力，而个体异质性最终造成家庭金融资产代内分布的不平等。基于此，本章通过使用中国家庭追踪调查数据库 CFPS 的微观调查数据，从预防性储蓄动机和异质性的角度对中国居民家庭金融资产分布特征和配置情况进行了研究，以期验证家庭金融资产不平等是否符合中国家庭金融资产代内分布现状。

第一节　中国城乡家庭、不同分位阶层家庭金融资产代内分布特征

本书选取的是中国家庭追踪调查(CFPS)的微观调查数据。本书精选 2010 年、2012—2016 年的正式基准数据和追踪数据，共采集 860 个样本研究对象，采用倒推法进行实证分析。第一，先筛选 2016 年的总样本：剔除缺少相关数据的指标，如户口、年龄、受教育年限和家庭总财产等，然后将数据完整的同一户家庭的父代与子代按家庭关系进行匹配。值得关注的是，目前中国的居民家庭的结构特征还是以父亲的收入导向为主，所以本书父代样本中只提取了父亲的信息。另外，对于多位子女的家庭，为使得收入测算更准确，本书按鲁静婷(2017)的处理方法选取最接近父代稳定职业期的首位子女信息，并利用样本家庭户号把个人数据和家庭经济库的家庭数据进行配对。第二，利用 2016 年的家庭父子代样本编码筛选出 2014 年、2012 年、2010 年中存在的共同基线调查和追踪调查样本，匹配后总共获取 3440 个共同样本。

一、中国城乡家庭金融资产分布

本书分别对中国城乡家庭金融资产配置情况进行了统计，结果如表 5-1 所示。其中第一行为本书选出的样本家庭持有金融资产的总体分布情况，第二、三行分别为城乡家庭在总样本家庭中的分布特征，而最后两行则是对城乡样本家庭金融资产配置单独进行的统计。

从总样本家庭金融资产的分布情况来看，家庭持有的现金和存款总值远高于股票类金融产品以及家庭借出款，占比达到 72.87%，而股票类金融产品总值和借出款的比例分别为 16.29%、10.84%，这表明中国居民家庭金融资产储蓄中，主要以风险性较低的现金和存款为主，预防性储蓄是家庭持有金融资产的动机。

从总样本中城乡家庭金融资产的分布情况来看，城市家庭持有金融资产的总量在总样本家庭中所占的比例为 74.80%，是农村样本家庭金融资产持有量的近三倍，而具体到各项分类金融资产时可以看出，城市家庭所持有的现金和存款以及借出款都要高于农村家庭，尤其是风险性较高的股票类金融资产，总样本家庭该类别中将近 98%都存在于城市样本家庭中，差异非常明显。这意味着在经济环境、资本市场金融化程度以及生活习惯等存在差异的中国城市和农村中，城市家庭金融资产的总量以及各分项金融资产储备均远高于农村家庭。

从城乡样本家庭金融资产配置的单独统计来看，现金和存款均是城乡样本家庭持有金融资产的主要方式，其中城市样本家庭现金和存款总值在其金融资产总量中占比达到了 69.52%，农村样本家庭更是高达 82.86%，此外，在城市样本家庭中，股票类金融资产和家庭借出款在家庭金融资产总量中所占份额分别为 21.30%和 9.18%，而在农村样本家庭中，持有量排在第二位的是家庭借出款，比例达到 15.75%，对于风险性较高的股票类金融资产来说，农村样本家庭仅持有金融资产总量的 1.39%，远低于其他各项金融资产。由此可知，相比较于农村家庭金融资产的持有情况，中国城市家庭金融资产的配置结构更为多样化。

通过上述分析，本书得出的结论主要有以下两点：①无论是总样本家庭还是城乡样本家庭，现金和存款都是家庭持有金融资产的主要方式，这说明预防性储蓄是中国家庭储备金融资产的主要动机；②中国城市家庭金融资产总量以及各分项金融资产的持有量均远高于农村家庭，而就金融资产的结构而言，城市家庭的配置也表现得更为多样化，其中，风险性较高的股票类金融资产几乎全部存在于城市家庭中，这表明，中国城乡经济环境的异质性造成了家庭金融资产总量分布的不平等以及配置结构的差异。

表 5-1 城乡样本家庭金融资产的分布

	现金和存款总值	股票类金融产品总值	借出款	金融资产
总样本家庭/%	72.87	16.29	10.84	100
总样本中城市/%	52.00	15.93	6.87	74.80
总样本中农村/%	20.87	0.35	3.97	25.19
城市家庭/%	69.52	21.30	9.18	100
农村家庭/%	82.86	1.39	15.75	100

二、不同分位阶层家庭金融资产分布

为考察金融资产在不同经济水平下的家庭中的分布情况，本书将选出的样本家庭按金融资产总量由低到高进行了排序并等分为四个阶层，分别对不同分位阶层家庭中金融资产的分布情况进行了统计。此外，为研究中国富裕家庭的金融资产分布，本书还就金融资产总量排列前 10%、5%以及 1%的样本家庭进行金融资产持有情况分析。表 5-2 为统计结果，其中，前四列分别为四个分位阶层家庭金融资产分布的统计结果，后三列则为财富顶端家庭金融资产分布情况。

从金融资产持有总量来看，样本家庭金融资产不平等程度非常高，绝大多数的金融资产被极少部分的家庭持有，如表中第一行所示，金融资产总量排序较高的 25%分位家庭持有 89.95%的金融资产，而最低分位的样本家庭中没有金融资产；在财富顶端的家庭里，位列前 10%的家庭持有金融资产的总量在总样本家庭金融资产总量中占比达到 70.47%，前 5%的家庭金融资产持有量超过总样本家庭金融资产总量的一半，为 56.12%，而排序最高的 1%家庭持有的金融资产总量则接近全体样本金融资产总量的三分之一，是最低 75%家庭拥有的金融资产总量的三倍。

从金融资产的配置结构来看，现金和存款是存在金融资产储蓄的所有家庭中最主要的金融资产持有类别。自较低的第二分位家庭(即位列 25%～50%的样本家庭)开始，每个分位样本家庭持有的现金和存款在家庭金融资产总量中的比例逐渐减少，但持有金融资产总量最高的1%家庭持有的现金和存款总值在该分位家庭金融资产总量中所占的份额仍有57.98%;而对于风险性较高的股票类金融资产而言,其在低分位家庭中占比较低,如在25%至50%的家庭中所占份额仅有0.39%,在排序较高的50%、25%、10%、5%以及1%家庭中,股票类金融资产持有比例逐渐提高,分别为3.61%、17.86%、21.19%、24.27%以及32.04%;此外,家庭借出款在有金融资产储蓄的各分位家庭中持有量均在10%左右。

表5-2 不同分位阶层家庭金融资产的分布

分位阶层/%	0~25	25~50	50~75	75~100	90~100	95~100	99~100
金融资产/%	0	0.79	9.27	89.95	70.47	56.12	31.09
现金和存款/%	0	86.96	80.00	71.91	68.64	65.64	57.98
股票类金融产品/%	0	0.39	3.61	17.86	21.19	24.27	32.04
借出款/%	0	12.65	16.39	10.23	10.18	10.09	9.98

显然,一方面,在所有存在金融资产储蓄的家庭中均是以现金和存款这类风险性较低的金融资产为主,这同样说明预防性储蓄是家庭金融资产储备的主要动机;另一方面,金融资产在不同分位阶层的家庭中分布极不平等,将近90%的金融资产存在于排序较高的25%分位家庭中,财富最高的1%家庭持有的金融资产将近全部样本家庭金融资产总量的三分之一。此外,金融资产储蓄较低的家庭中配置结构较为单一,而随着财富的增加,家庭持有金融资产的配置也越来越多样化,其中对于风险性较高的股票类金融资产的持有也逐渐增多。这表明不同总资产水平的家庭金融资产总量和配置结构大有不同。

第二节 中国居民家庭金融资产代内分布不平等情况

由上文可知,金融资产总量和配置结构在总样本家庭、城乡家庭以及不同分位阶层的家庭中都表现为不平等的分布,那么不平等的程度具体如何?接下来本书将运用两种衡量资产不平等的方式对家庭金融资产及各分项类别进行测度。

一、金融资产不平等测度

本书选取的两种测度金融资产不平等的方式分别为：基尼系数以及变异系数。其中，基尼系数是由赫希曼发明的用以判断收入或财富分配平等程度的指标，基尼系数值介于 0 和 1 之间，值越小表明收入或财富分配越平均，值越大则意味着收入或财富越是趋向不平等。本书中对于金融资产基尼系数的计算使用来自张建华（2007）提出的简便易用公式：

$$G = 1 - \frac{1}{n}\left(2\sum_{i=1}^{n-1} W_i + 1\right) \tag{5.1}$$

计算步骤为：将样本家庭按金融资产（收入）总量由低到高进行排序并等分为 5 组（即 $n=5$），计算从第一组直到第 $n-1$ 组的累计金融资产（收入）总量占总样本家庭金融资产（收入）总量的百分比，即 $\sum_{i=1}^{n-1} W_i$，然后代入公式得出衡量金融资产（收入）分布不平等程度的基尼系数值 G。变异系数又称为“离散系数”，是用来衡量数据离散程度的指标，如果两组数据度量单位和均值相同，那么可以利用标准差来比较离散程度，如果单位或均值不同，那么可以通过变异系数（即标准差和均值的比值）来比较其变异程度，基于此，本书中通过计算家庭金融资产和家庭收入的变异系数，从而对两类家庭资产的离散程度进行比较。利用两种方法对家庭金融资产（包括各分项金融资产）以及家庭总收入不平等程度测量的结果如表 5-3 所示。

从总量来看，家庭总收入的基尼系数为 0.61，已经远超过国际制定的 0.4 的警戒线，这表明家庭收入分配两极化现象已经相当严重；家庭工资性收入的基尼系数为 0.64，变异系数为 2.32，都略高于家庭总收入，这从另一个角度印证了中国家庭收入以家庭工资性收入为主；此外，家庭金融资产比家庭总收入的基尼系数要高出 0.13，变异系数更是达到了家庭总收入的 2.36 倍，这说明相比较于家庭总收入，家庭金融资产不平等分布表现得更为明显，两极化现象更为严峻。

从金融资产的各项类别来看，家庭现金和存款的基尼系数与家庭金融资产总量的基尼系数相等，同为 0.74，而股票类金融资产以及家庭借出款的基尼系数都要高于现金和存款，为 0.8，这说明家庭持有的风险性金融资产以及借出款的不平等程度要比风险性低的金融资产不平等更为严重；在变异系数值方面，股票类金融资产和家庭借出款也远大于家庭现金和存款，这意味着相比于低风险性的金融资产，家庭风险性金融资产分布离散程度更高；家庭股票类金融资产变异系数高的主要原因是，在有金融资产储蓄的家庭中主要以现金和存款持有为主，而股票类风险性较高的金融资产占比较低，此外，金融资产储蓄高位家庭和低位家庭持有股票类金融资产的比例也相差较大，这就使得股票类金融资产标准差高的同时均值较低，从而导致变异系数值很高。

通过以上分析，本书得出了以下两点结论：①家庭收入两极化现象非常严重，基尼系数值已超过国际 0.4 的警戒线，而相比较于家庭总收入，家庭金融资产的不平等程度要表现得更加严峻。②在各类家庭金融资产中，股票类金融资产离散程度远远高于现金和存款的离散程度，即风险性高的股票类金融资产分布更为不平等。

表 5-3　家庭金融资产代内分布不平等的测算结果

	基尼系数	变异系数
家庭金融资产	0.74	4.38
现金和存款	0.74	3.61
股票类金融产品	0.8	11.03
借出款	0.8	11.68
家庭总收入	0.61	1.85
家庭工资性收入	0.64	2.32

二、居民家庭金融资产的社会流动性

通过以上分析可以认为家庭金融资产不平等现象在短期内不易改善而且有持续恶化的趋势，位于分位阶层两端的家庭对金融资产类别的选择和总量的持有均存在一定的固化现象。那么样本家庭持有金融资产总量的代内社会流动性如何？是否能够解释家庭金融资产不平等的持续性？本书从家庭金融资产的社会流动性角度进行分析。具体做法是根据参与基线调查的 273 个样本家庭在 2010 年和 2012 年调查结果中的金融资产不平等在两年内的变动情况分析样本家庭金融资产百分位排序的变化，来分析样本家庭在不同阶层间的变动情况和保持相对位置不变的家户样本在各阶层的分布情况，从而探究整体样本家庭金融资产的社会流动性。此处按家庭金融资产持有量进行排序后，将这些家庭分别分为四等分和五等分两组来研究家庭的相对位置在组别间的变动，使用两种分类方法是为了避免结果的随机性。

表 5-4 给出了 2012 年追踪家庭金融资产相对 2010 年基线调查数据百分比阶层的变化情况。变化幅度和方向一列中 0 表示样本家庭持有的金融资产在总样本中的百分位排序不变；－20％表示五等分分组中的家庭 2012 年持有的金融资产在总样本中的百分比位置比 2010 年下降了一个阶层，存在 4 种可能，即从最高的 80％～100％阶层下降到 60％～80％阶层，从 60％～80％阶层下降到 40％～60％阶层，从 40％～60％阶层下降到 20％～40％阶层，或者从 20％～40％阶层下降到最低的 0～20％阶层；20％则表示相应地上升了一个阶层，40％表示上升两个阶层，以此类推；－25％表示四等分分组中家庭金融资产的百分比位置下降一个阶层，有 3 种情况，即从 75％～100％阶层下降到 50％～75％阶层，从 50％～75％阶层下降到 25％～50％阶层和从 25％～50％阶层下降到 0～25％阶层；75％表示 2012 年的相对位置上升 3 个阶层，从 0～25％阶层跳跃至 75％～100％阶层，其余可类比。

从横向看，五等分分组中家庭金融资产相对位置保持不变的样本占总样本比例要比四等分分组中低 11.26 个百分点，相对位置下移和上移的样本占总样本比例比四等分分组中分别高出 6.50 和 4.77 个百分点，说明存在很大一部分家庭其金融资产持有量的相对位置虽有变化但变化幅度不大。从纵向看，两种分组方法下的家户数占总样本家户比例随着相对位置变化幅度的增加而下降。相对位置保持不变的样本占总样本比例最大，在五等分分组中为 28.33％，在四等分分组样本中占比达到 39.59％，比任何其他变化幅度下的样本占比都高。相对位置变化幅度最大的样本占总样本比例最低，而且相对位置下移幅度最大的样本数比上移幅度最大的样本数略多。五等分分组中家庭金融资产从最低阶层上移到最高阶层的只有 2 家，四等分分组中有 4 家，而从最高阶层下降到最低阶层的家数分别有 5 家和 7 家。变化幅度为一个阶层的样本较多，占比 37.20％，比五等分分组中相对位置保持不变的家户数多，比四等分分组中保持不变的家户数略少。变化幅度为两个阶层的样本占比约为 20％，处于中间水平。

通过以上分析可以认为在观察期内家庭金融资产百分位排序比较稳定，以相对位置保持不变和小幅变化为主；变化幅度越大，样本占比越低；从最低阶层上升到最高阶层比从最高阶层下移到最低阶层的可能性更小；总的来看，家庭金融资产的社会流动性不高。

表 5-4　家庭金融资产相对位置变动情况

五等分			四等分		
变化幅度和方向	家户数	占比/%	变化幅度和方向	家户数	占比/%
－80%	5	1.70			
－60%	14	4.78	－75%	7	2.39
－40%	28	9.56	－50%	26	8.87
－20%	60	20.48	－25%	55	18.77
0	83	28.33	0	116	39.59
20%	49	16.72	25%	54	18.43
40%	35	11.95	50%	31	10.58
60%	17	5.8	75%	4	1.37
80%	2	0.68			
总计	293	100	总计	293	100

表 5-5 进一步对相对位置保持不变的这部分家庭样本的分布情况进行了统计，可以据此初步判断各分位阶层在总体样本中的稳定性。在五等分分组的结果中，中间20%阶层样本的相对位置保持不变的家户比例最低，流动性最强；20%～40%和 60%～80%这两个阶层中这一比例略有增加；两极的稳定性最强，最低 20%阶层中有将近1/3 样本家庭的相对位置保持不变，最高 20%阶层中有 40.68%的家庭稳定在原来的排序水平；中间三组相对位置保持不变的家户总数不如分位阶层两端的样本数多，这进一步说明了最高和最低分位阶层家庭持有的金融资产总量不易发生变动。在四等分分组的结果中，家庭金融资产的低流动性在高分位阶层家庭表现得更为明显，最高25%阶层中有超过一半的组内家庭相对流动性保持不变；其他三组家庭流动性情况相当，25%～50%阶层家户数略少但没有明显差异。由此可见，家庭金融资产排序在中间位置的家户社会流动性较高，排在两端的家户持有的金融资产总量在全体样本中的排序不易发生变化，尤其是排序最高 25%阶层中有超过一半以上的样本保持原有相对位置不变。

表 5-5　家庭金融资产相对位置不变的家户分布

五等分			四等分		
位置	不变的家户数	组内占比/%	位置	不变的家户数	组内占比/%
0～20%	19	32.20%	0～25%	25	34.25%
20%～40%	14	23.73%	25%～50%	24	32.88%
40%～60%	12	20.34%	50%～75%	25	34.25%
60%～80%	14	23.73%	75%～100%	42	57.53%
80%～100%	24	40.68%			
总计	83		总计	116	

第三节　居民家庭货币资本不平等的代际传递研究

前文分别对总样本家庭、城乡家庭以及不同分位阶层家庭的金融资产分布进行了统计，证明了金融资产不平等分布符合中国家庭金融资产分布的现状，即预防性动机是家庭储蓄金融资产的主要动机，经济环境的异质性以及总资产量的差异会造成家庭金融资产总量以及持有结构最终的不平等，那么从长期来看，金融资产不平等是如何形成的呢？子代金融资产的积累会受到父代金融资产持有水平的影响，其中主要包含两种影响方式，一是子代人力资本的间接代际传递，人力资本的代际传递是指上一代在教育、知识以及技能等方面对下一代人的影响，父代金融资产持有水平会影响子代人力资本投资，而子代人力资本情况又会对子代收入产生影响，进而会改变子代家庭的总资产水平，然后通过消费和储蓄决策作用于子代家庭金融资产；二是父代货币资本的直接代际传递，货币资本的代际传递是指父代持有的货币资本会影响子代收入或金融资产水平，如父代会通过遗赠的方式将货币资本直接传递给子代，此外，父代金融资产配置情况、投资习惯等都会对子女持有金融资产产生影响。本书将以影响子代家庭总资产中工资性收入和家庭金融资产的代际因素为线索，重点分析货币资本的直接传递和通过人力资本的间接传递对子代家庭金融资产不平等的形成及未来变化趋势的影响。

一、样本和变量说明

本书首先剔除了2012年调查结果中家庭财产、个人收入、年龄和受教育年限等相关信息缺失及数值明显异常的样本。进而在信息完整的个体样本中将同一家户的父代和子代样本进行匹配，在配对结果的基础上剔除父代年龄大于70周岁，子代年龄小于18周岁的样本。然后将匹配得到的个体样本与家庭样本进行整合，最终得到753个家庭样本，其中有383个城市家庭和370个农村家庭，父代样本只考虑了父亲的个人信息，子代样本同时包括了儿子和女儿的个人信息。使用的数据来源于2012年CFPS数据库。以这753个居民家庭样本作为分析对象，涉及的变量主要有家庭金融资产、父代收入、子代收入、子代人力资本、子代年龄、家庭户口和父代政治地位。其中，家庭金融资产包括现金和储蓄、股票、基金、家庭借出款及其他金融资产。父代收入为父亲的工资性收入，子代收入为子女的工资性收入，此处使用工资性收入是因为其是个人及家庭的主要收入来源而且统计结果统一、可靠。虽然个体的人力资本因素包括智商、情商、习惯、性格以及在教育和培训中积累的知识、技能等，但这些都是很难具体量化而又有着巨大增值空间的家庭财富。因此，本书使用子代的受教育年数作为测度人力资本的替代指标——将文盲和半文盲的个体受教育年数定义为3，小学毕业的受教育年数为6，初中毕业的受教育年数是9，高中学历的受教育年数为12，专科毕业的受教育年数为15，拥有本科及以上学历的以实际受教育年数为准。子代年龄以周岁计，剔除子代年龄在18周岁以下的样本。家庭户口和父代政治地位作为控制变量考虑，并将其定义为虚拟变量。其中，户籍状况为非农户口的家庭定义为1，农业户口的家庭定义为0。父代政治地位以其政治面貌考量，政治面貌为党员的父代定义为1，政治面貌为群众和其他的定义为0。

二、居民家庭货币资本不平等的代际传递

总样本家庭货币资本的代际弹性系数分解结果如表5-6所示。表格中(1)～(3)列分别对应第2章中的式(2.16)、式(2.17)和式(2.18)。(1)、(3)列以子代工资性收入为反应变量，考察父代收入和人力资本投资对子代收入的直接和间接影响，(2)列以子代人力资本状况为因变量，考察父代货币资本对子代人力资本的影响。直接影响δ和间接影响$\lambda\gamma$的解释力分别是在控制其他变量的条件下，父代收入与子代收入间的直接

联系以及通过人力资本投资的间接联系对代际弹性系数的贡献。

从回归结果来看,父代收入正向作用于子代收入和子代人力资本,且都在1%的水平下显著。不考虑子代人力资本因素时,代际收入弹性系数为0.177,考虑子代人力资本因素时的父代收入对子代收入的直接影响系数为0.162,说明受教育程度对子代收入具有一定的正向影响力。模型(2)中,父代收入每增加一个单位,子代平均受教育程度可以增加0.042个单位,结果在1%水平下显著,因此在总样本层面上可以认为父代货币资本会显著影响子代人力资本状况。模型(3)的结果显示子代受教育程度每增加一个单位,其平均收入水平能够显著提高0.364,父代人力资本的投资结果确实能够有助于增加子代收入。据此可以计算出父代通过人力资本投资对子代收入的间接影响系数$\lambda\gamma$为0.015,它能够在8.667%的程度上解释父代收入对子代收入的代际传递,而父代收入对子代收入的直接影响对代际收入弹性系数的贡献度为91.333%。这说明从样本平均水平来看,父代对子代货币资本的优势传递要比通过人力资本投资给子代收入和金融资产的持有带来的间接影响更显著,但是人力资本本身对子代货币资本的影响是不容忽视的。换句话说,富裕家庭的子代仍将继续拥有更多的资源来保持家庭储备大量的金融资产,总资产水平较低的家庭只能配置少量金融资产,家庭金融资产不平等在中短期内仍将持续,但是在长期内可以通过改变子代人力资本状况提高子代收入,进而增加子代家庭金融资产持有量,改善家庭金融资产不平等情况。

控制变量中,子代年龄对子代收入的回归系数在1%水平下显著为正,但对人力资本回归结果不显著,说明年龄越大的子代能够获得的收入更多。这可能是因为个体积累的工作经验会随着年龄的增加而增长,从而使得子代获得的相应收入(或累积的金融资产)增加。子代性别对子代收入和子代人力资本状况都存在显著影响,但影响结果并不一致。男性子代获得的平均收入要比女性子代高,这与现实生活中的普遍现象一致,主要是由工作性质、社会家庭责任和观念决定的;但是女性子代的受教育程度要比男性高。家庭户口和父代的政治面貌只对子代的人力资本状况有着显著影响,而对子代收入的影响并不明确。非农户口的家庭相对农业户口家庭能够为子代提供更好的人力资本投资,这首先是由于非农户口家庭和农业户口家庭所处的社会环境决定的,农业户口家庭一般在农村地区,教育观念和设施不如城市地区先进,其次国内的户籍制度对子女的入学存在很大程度的限制。父代是共产党员的家庭一般家境条件较好而且父代自身的受教育程度较高,对子代教育更为重视且更有能力承担,所以来自党员家庭的子代受教育年数相对其他政治背景家庭的受教育水平平均要高出0.102。

表 5-6　总样本家庭货币资本的代际传递分解

变量	(1)	(2)	(3)
	子代收入	子代人力资本	子代收入
父代收入	0.177*** (0.029)	0.042*** (0.012)	0.162*** (0.029)
子代人力资本			0.364*** (0.089)
子代年龄	1.320*** (0.158)	0.045 (0.064)	1.303*** (0.157)
子代性别	0.249*** (0.063)	−0.109*** (0.026)	0.289*** (0.064)
家庭户口	0.016 (0.064)	0.229*** (0.026)	−0.067 (0.070)
父代政治面貌	−0.023 (0.079)	0.102*** (0.032)	−0.060 (0.079)
常数项	3.729*** (0.608)	1.795*** (0.247)	3.077*** (0.623)
直接影响 δ	0.162	解释力/%	91.333
间接影响 $\lambda\gamma$	0.015	解释力/%	8.667
F 统计量	26.72	35.74	25.50
Prob>F	0.0000	0.0000	0.0000

（续表）

变量	(1)	(2)	(3)
	子代收入	子代人力资本	子代收入
Adj R^2	0.1460	0.1877	0.1635
观测值	753	753	753

注：括号内为标准差，*** 、** 和 * 分别表示在 1%、5%和 10%水平下显著。

三、城乡居民家庭货币资本不平等的代际传递

城市家庭和农村家庭在金融资产持有总量和配置结构方面存在很大差异，城市家庭积累的金融资产比农村家庭更多也更丰富。本书通过比较城市家庭和农村家庭中父代对子代在货币资本和人力资本代际传递方面的差异来探究可能缩小城乡家庭金融资产不平等的方案。表 5-7 是反映城市家庭和农村家庭父代货币资本代际传递分解的结果。表中(1)～(3)列是城市家庭样本的回归结果，(4)～(6)列是农村家庭样本的回归结果。从代际收入弹性系数的估计结果看，式(2.16)中城市家庭父代收入和子代收入的代际弹性系数为 0.238，结果中农村家庭父代收入每增加一个单位，其子代收入能够增加 0.112 个单位，两者都在 1%水平下显著。这说明城市家庭和农村家庭的父代收入与子代收入之间都存在较强的相关性，尤其城市家庭父代货币资本对子代货币资本的边际影响幅度更大，代际传递在城市家庭中表现得更明显。表 5-7 中城市居民家庭持有的金融资产总量接近农村居民家庭的 3 倍，而金融资产的积累主要来源于工资性收入，从城市家庭的低代际收入流动性角度可以认为中国家庭金融资产不平等状况将在长期内持续存在。

从父代收入对子代收入的代际传递分解来看，父代货币资本的代际传递对城乡家庭代际收入弹性系数的解释力要比通过人力资本的间接影响大得多，人力资本的代际传递对城市家庭代际收入传递的解释力度比农村家庭的大。(2)列和(5)列结果中，城市家庭父代的收入每增加一个单位，其子代受教育年数会显著增加 0.067 个单位，而农村家庭父代收入对子代人力资本的影响方向也为正向但并不显著，这可能是因为现在高等教育学费较高，毕业后就业也比较困难，农村家庭子代的教育回报相对低，父代对子代人力资本投资的动力自然不强。(3)列和(6)列结果中，城乡家庭子代人力资本对工资性收入的回归系数分别为 0.446 和 0.264，估计结果都至少在 5%水平下显著，

说明城市家庭子代的教育回报 γ 比农村家庭子代的教育回报 γ 更高，这也可能是城市家庭更愿意增加子代人力资本投资的原因。由此可以计算城市家庭父代收入与子代收入间的直接关联系数为 0.208，农村家庭父代收入对子代收入的直接影响系数是 0.108，城乡家庭代际收入弹性系数可以由货币资本直接传递解释的部分占比分别为 87.490％和 96.834％；城市家庭父代通过人力资本投资对子代收入的间接影响系数为 0.03，农村家庭样本中这一系数为 0.004，人力资本这一间接因素在城乡家庭代际收入传递中的解释比例分别为 12.510％和 3.166％。因此，从代际货币资本直接传递的角度，城乡家庭子代的收入都与其父代的收入水平高度相关，但相比于城市家庭，在融资约束条件下的农村家庭的子代收入更可能与其父代的收入水平相当，子代家庭仍然只能满足现有消费水平而很难再进行预防性储蓄。从代际人力资本间接传递的角度，通过人力资本投资来改善子代的收入和子代家庭的金融资产状况更可能在城市家庭中发生，城市家庭的父代更愿意将额外增加的家庭收入用于子代的人力资本投资，这部分家庭的子代在增加收入和家庭金融资产配置方面都更有优势。因此，在城乡家庭金融资产不平等已经存在的情况下，城市家庭和农村家庭在金融资产持有量和配置方式上的差异在长期内都不易改善。

从控制变量的回归结果看，不考虑人力资本因素时，城乡家庭子代年龄对子代收入的回归系数分别为 1.401 和 1.263，考虑人力资本因素时，城乡家庭子代年龄对子代收入的回归系数分别为 1.357 和 1.266，结果都在 1％水平下显著；而无论是否考虑人力资本因素，子代年龄与子代人力资本的关系都不显著。说明城乡家庭子代的收入都会随着子代年龄的增长而增加，在城市家庭中这一增长幅度更明显。子代性别对子代收入和子代人力资本都存在显著影响。城市家庭男性子代的收入要比女性子代收入平均高出 0.242(不考虑子代人力资本因素)个单位和 0.289(考虑子代人力资本因素)个单位，农村家庭男性子代的收入相应地要比女性子代高 0.276 个单位和 0.302 个单位，以上结果均在 1％水平下显著，这说明男性相对女性的收入优势在农村家庭中表现得更明显。城市家庭女性子代的人力资本状况在 1％水平下比男性子代高 0.107 个单位，农村家庭女性子代的人力资本水平在 5％水平下比男性子代高 0.098 个单位，说明中国目前年轻女性的受教育水平整体要高于男性，尤其在城市家庭中更为明显。家庭户口和父代政治地位对城乡家庭子代的人力资本状况存在显著影响，对子代收入的影响基本不显著。城市家庭样本中非农户口家庭的子代平均受教育年数要比农业户口家庭的子代高 0.228 个单位，农村家庭样本中非农户口对教育的优势略有下降，相应的系数为 0.139;父代是中共党员的样本中,城市家庭和农村家庭的子代受教育程度都比其他政治背景下的子代略高,这同时与父代的政治经济地位及文化素养有关。

表 5-7　城乡家庭货币资本代际传递分解

	城市			农村		
	(1)	(2)	(3)	(4)	(5)	(6)
变量	子代收入	子代人力资本	子代收入	子代收入	子代人力资本	子代收入
父代收入	0.238*** (0.041)	0.067*** (0.015)	0.208*** (0.042)	0.112*** (0.041)	0.013 (0.018)	0.108*** (0.041)
子代人力资本			0.446*** (0.137)			0.264** (0.119)
子代年龄	1.401*** (0.230)	0.097 (0.085)	1.357*** (0.227)	1.263*** (0.219)	−0.011 (0.096)	1.266*** (0.218)
子代性别	0.242*** (0.085)	−0.107*** (0.032)	0.289*** (0.085)	0.276*** (0.0958)	−0.098** (0.042)	0.302*** (0.096)
家庭户口	−0.025 (0.083)	0.228*** (0.031)	−0.126 (0.088)	0.009 (0.136)	0.139** (0.060)	−0.0282 (0.136)
父代政治地位	−0.145 (0.104)	0.086** (0.039)	−0.184* (0.103)	0.114 (0.124)	0.094* (0.055)	0.090 (0.124)
常数项	2.949*** (0.897)	1.406*** (0.334)	2.322** (0.907)	4.457*** (0.836)	2.227*** (0.367)	3.869*** (0.872)
直接影响	0.208	87.490%		0.108	96.834%	

（续表）

	城市			农村		
	(1)	(2)	(3)	(4)	(5)	(6)
间接影响	0.030	12.510%		0.004	3.166%	
F 统计量	14.73	26.70	14.36	12.47	3.45	11.33
Prob>F	0.0000	0.0000	0.0000	0.0000	0.0047	0.0000
Adj R^2	0.1523	0.2517	0.1735	0.1346	0.0321	0.1438
观测值	383	383	383	370	370	370

注：括号内为标准差，*** 、** 和 * 分别表示在 1%、5%和 10%水平下显著。

四、各分位阶层家庭货币资本不平等的代际传递

高低分位阶层家庭金融资产的社会流动性较低，在 2010 年基线调查和 2012 年追踪调查中保持家庭金融资产排序相对位置不变的样本占比都是最高的；中间阶层家庭持有金融资产的社会流动性最高，但在阶层间的变化幅度不大；这使得代内金融资产的不平等状况尤其是两极分化现象在短期内不易被改变。本部分根据家庭金融资产总量将样本从低到高排序，分别考察高、中、低阶层家庭样本货币资本的代际流动性及父代货币资本和人力资本的代际传递对子代收入和子代家庭金融资产的影响。表 5-8 给出了各分位阶层家庭的实证结果，其中 Bottom 25%、Mid 50%和 Top 25%分别表示最低 25%分位阶层、中间 50%分位阶层和最高 25%分位阶层家庭样本的回归结果①。

从父代收入和子代收入的代际联系来看，中间阶层的代际收入流动性最高，高低两极分位阶层的代际流动性较差。不考虑子代人力资本因素时，3 个分位阶层样本的

① 考虑到样本量的限制，此处只对最高 25%、最低 25%和中间 50%阶层的家庭样本进行分析，而没有对极富的 1%、10%家庭样本进行检验。

代际收入弹性系数分别为0.162、0.107和0.202，且均在1%水平下显著；考虑子代人力资本因素时，3个分位阶层样本代际收入的直接影响系数分别为0.162、0.098和0.190，结果仍在1%水平下显著。由此可见，无论是否考虑子代人力资本因素，中间阶层样本的代际收入流动性都是最强的，而最高和最低阶层样本中父代对子代的收入进而对子代家庭的金融资产持有状况都存在较强的正向影响。因此，高阶层家庭的子代仍旧维持着较高的收入水平和金融资产积累，借贷约束下的低阶层家庭子代持有的所有资产很可能仍然只能维持现有消费水平，中间阶层家庭持有的金融资产变化幅度不大，金融资产不平等尤其两极分化现象将在长期内存在。

从父代收入对子代收入的代际传递分解来看，父代对子代货币资本的代际传递以货币资本的直接影响为主，尤其是在Bottom 25%阶层样本中的解释力最大，而通过人力资本投资对子代收入（或子代金融资产）产生的间接影响在中高阶层样本家庭中相对明显。Bottom 25%分位样本中，父代收入对子代收入的直接影响为1%水平下显著的0.162，父代收入对子代人力资本的影响以及子代人力资本对子代收入的影响都不显著。由此计算的父代收入对子代收入的直接影响对代际收入弹性系数的解释力达到了99.683%，而可以通过子代人力资本投资间接解释的部分只有0.310%，这说明教育对这部分家庭样本子代货币资产的影响极小，子代很难通过提高式(2.18)中的人力资本投资水平来增加收入和金融资产的积累，其货币资本基本会与父代保持在相似的分位水平。从表5-8中可以看出，Bottom 25%家庭持有的金融资产总量只占总样本的0.61%，从父代和子代货币资本和人力资本的代际传递关系来看这一比重在长期内可能也很难提高。Mid 50%样本中，考虑子代人力资本因素后，父代与子代的代际联系由0.107到0.098，显著性水平由1%下降到5%；父代收入对子代的人力资本影响方向为正但不显著，子代受教育程度每增加一个单位，子代收入在1%水平下显著增加0.322个单位。此时，父代与子代间的代际收入弹性系数有8.455%可以由父代对子代的人力资本投资来解释，远高于低阶层家庭样本中人力资本对代际传递的贡献，处于中间阶层的样本家庭可以通过增强子代人力资本投资力度来改善子代收入和金融资产状况。表5-8中25%～75%分位阶层家庭样本持有的金融资产总量大约为15%，增加这部分家庭的金融资产持有量能够有效改善整体金融资产不平等状况。Top 25%分位样本中，加入子代人力资本因素后，父代收入与子代收入的代际弹性由0.202

降低到0.190，父代收入对子代人力资本的影响仍然为不显著的正向，子代人力资本对子代收入的回归系数为0.654，在1%水平下显著。对式(2.16)的代际弹性系数进行分解，其中93.720%可以由父代货币资本优势传递直接解释，6.280%可以由父代货币资本对子代人力资本的投资回报间接解释，可以由货币资本传递直接解释的比例比中间阶层家庭高。货币资本的代际优势传递在各分位阶层家庭中都显著存在，尤其低阶层家庭收入的代际联系极强，这将使得父代家庭总资产低于临界值的子代仍然无法在满足消费的同时储备金融资产；中间阶层货币资本的代际传递可以由人力资本间接解释的比例最高，可以通过改善人力资本投资来增加这部分家庭的金融资产总量，从而缩小与高阶层家庭金融资产的差距，但家庭金融资产两极分化现象不会得到缓解。

从控制变量的回归结果看，子代年龄对子代收入的影响基本与前文的结果一致，每一组样本家庭的子代收入都会随着年龄的增加显著提高，控制人力资本因素后以Top 25%组子代年龄对收入的影响幅度最大，子代年龄每增加一个单位，子代收入在1%显著性水平下提高1.321个单位。性别对子代收入的影响在各分位阶层家庭中开始出现分化，中低阶层家庭样本中男性子代的收入仍然显著高于女性子代，与之前的实证结果一致，但在高阶层家庭样本中性别对子代收入的影响表现为不显著的反向关系。男性子代的平均受教育程度在各阶层样本中都仍然要低于女性子代，这一结果在中高阶层家庭样本中在1%水平下显著而在最低25%分位阶层家庭样本中不显著。根据(2)列、(5)列和(8)列结果，家庭户口和父代政治地位对三组样本子代的受教育程度都存在不同水平下的显著影响，非农户口家庭和父代政治背景是共产党员的子代受教育水平要明显高于农业户口家庭和父代非党员的子代。家庭户口对子代人力资本的影响程度随家庭金融资产分位阶层的提高而加深，父代政治面貌对子代人力资本的影响在最低25%分位阶层家庭中表现得最明显，在最高25%分位阶层家庭中的作用最小。从其他回归方程中可以看出父代政治地位对子代收入的作用不显著，家庭户口对子代收入的影响只在低分位阶层家庭样本中显著，低分位阶层样本中农业户口家庭子代的收入比非农户口家庭子代的收入更高。

表 5-8　各分位阶层家庭货币资本代际传递分解

变量	Bottom 25%			Mid 50%			Top 25%		
	(1)	(2)	(3)	(4)	(5)	(6)	(7)	(8)	(9)
	子代收入	子代人力资本	子代收入	子代收入	子代人力资本	子代收入	子代收入	子代人力资本	子代收入
父代收入	0.162*** (0.048)	0.036 (0.022)	0.162*** (0.049)	0.107*** (0.040)	0.028 (0.018)	0.098*** (0.040)	0.202*** (0.072)	0.019 (0.022)	0.190*** (0.071)
子代人力资本			0.014 (0.160)			0.322*** (0.114)			0.654*** (0.235)
子代年龄	1.063*** (0.309)	0.020 (0.143)	1.063*** (0.310)	1.235*** (0.209)	0.0914 (0.095)	1.206*** (0.207)	1.186*** (0.362)	−0.208* (0.112)	1.321*** (0.359)
子代性别	0.414*** (0.113)	−0.070 (0.052)	0.415*** (0.114)	0.405*** (0.086)	−0.125*** (0.039)	0.445*** (0.087)	−0.176 (0.139)	−0.122*** (0.043)	−0.097 (0.139)
家庭户口	−0.419*** (0.125)	0.146** (0.058)	−0.421*** (0.127)	0.044 (0.089)	0.215*** (0.040)	−0.025 (0.091)	0.171 (0.135)	0.261*** (0.042)	0.000 (0.146)
父代政治面貌	−0.088 (0.147)	0.137** (0.068)	−0.090 (0.149)	−0.046 (0.111)	0.102** (0.050)	−0.079 (0.111)	0.040 (0.160)	0.089* (0.050)	−0.018 (0.159)

(续表)

变量	Bottom 25%			Mid 50%			Top 25%		
	(1)	(2)	(3)	(4)	(5)	(6)	(7)	(8)	(9)
	子代收入	子代人力资本	子代收入	子代收入	子代人力资本	子代收入	子代收入	子代人力资本	子代收入
常数项	4.621*** (1.087)	1.866*** (0.504)	4.595*** (1.130)	4.505*** (0.821)	1.782*** (0.371)	3.932*** (0.839)	4.263*** (1.578)	2.919*** (0.489)	2.354 (1.694)
直接影响/解释力	0.162	99.683%		0.098	91.545%		0.190	93.720%	
间接影响/解释力	0.001	0.310%		0.009	8.455%		0.012	6.280%	
F 统计量	11.15	4.05	9.24	16.45	12.95	15.29	5.25	14.20	5.83
Prob> F	0.0000	0.0016	0.0000	0.0000	0.0000	0.0000	0.0002	0.0000	0.0000
Adj R^2	0.2134	0.0754	0.2091	0.1704	0.1371	0.1857	0.1020	0.2609	0.1342
观测值	188	188	188	377	377	377	188	188	188

注:括号内为标准差,***、** 和 * 分别表示在1%、5%和10%水平下显著。

第四节　基于面板数据的居民家庭金融资产不平等代际传递研究

本书进一步从代际传递的角度出发，在代际弹性系数分解法的基础上，通过将CFPS数据库2010年至2016年财产相关数据整理合并形成面板数据，对中国居民家庭金融资产不平等在长期内的形成机制进行实证研究。

一、面板数据回归模型的选择

为了确保回归结果的准确性，本书分别用混合回归模型、固定效应模型以及随机效应模型进行了参数估计，并通过 F 检验和 Hausman 检验对回归模型做了选择。表5-9中a，b，c三列分别是式(2.16)、式(2.17)以及式(2.18)对应模型选择的结果。

F 检验的原假设为混合回归是可以接受的，即不存在个体效应。由表5-9可知，不存在子代人力资本变量的情况下(即表中a列)，父代金融资产对子代收入回归的 F 检验值为2.39，P 值为0.0000，故应该拒绝原假设，即固定效应模型优于混合回归模型。Hausman检验的原假设为随机效应模型比固定效应模型更有效率，而由表中统计量 X^2 值为191.60、P 值为0.0000可知，原假设被拒绝，固定效应模型更优，因此，在此回归中，本书将选择固定效应模型对实证结果进行解释。由对表5-9中a列对应回归模型的判断可知，另两个回归，即父代金融资产对子代人力资本的回归以及存在子代人力资本变量的情况下，父代金融资产对子代收入的回归均为固定效应模型最优，应选择用固定效应模型对所有回归结果做出解释。

二、总样本家庭金融资产不平等的代际传递

表5-10为总样本家庭金融资产不平等代际传递的回归结果。表中，第1列数据和第3列数据以子代个人收入作为被解释变量，对应于实证模型中的式(2.16)和式(2.18)，考察了金融资产的直接传递和人力资本的间接传递两种财富转移路径对子代收入(金融资产积累)的影响；第2列数据则是以子代人力资本作为被解释变量，与式

(2.17)对应,考察了父代金融资产对子代人力资本投资的影响。

从回归结果来看,父代金融资产对子代收入和子代人力资本会产生正向的影响,并都在1%水平下显著。其中,父代金融资产对子代收入直接影响的代际弹性系数如表中第1列数据所示,为0.030,而在加入子代人力资本变量后,代际弹性系数减小为第3列数据中的0.029,这说明,子代人力资本因素在家庭金融资产代际传递的过程中确实会起到一部分中介的作用。

由表5-10中第2列数据可知,父代金融资产对子代人力资本投资的正向影响系数为0.002,具体表示为父代金融资产每增加1%,子代人力资本将增加0.002%,第3列数据的结果则显示当子代人力资本增加1%时,子代收入会增加0.527%,由此可计算出,父代金融资产在对子代收入产生作用的过程中,通过人力资本因素间接影响的系数为0.001。因此,人力资本因素可以解释父代金融资产对子代收入影响的3.333%,而父代金融资产的直接传递则可以在96.667%的程度上解释父代金融资产对子代收入的影响。这说明子代收入受父代金融资产的影响主要是通过金融资产的直接传递进行的,然而,由前文分析可知,人力资本因素也确实会对子代收入产生正向作用,其在居民家庭金融资产代际传递的过程中不能被忽视。因而,本书认为子代家庭金融资产的积累会受到父代金融资产持有水平的显著影响,金融资产不平等的分布将进行代际传递,即富裕家庭的子代仍会保有更多的金融资产,而贫困家庭的子女则因父代持有较少的金融资产而无法拥有更多的资本用于金融资产的储蓄,但通过提高人力资本投资,可以在一定程度上增加子代家庭金融资产持有量,并有助于使其分布不平等的状况得到改善。

在控制变量中,子代年龄在1%水平下对子代收入和子代人力资本均存在显著的正向影响,这说明子代年龄越大,子代收入水平也会越高,本书认为这可能是由于年龄较大的子代拥有的工作经验较多,积累的人脉相对于年轻的子代来说也较广,因此收入(金融资产的持有量)也会比较高。除此之外,其他的控制变量,即父代政治面貌、家庭户口以及子代性别均不会对子代收入和子代人力资本产生显著性影响,这意味着在当前阶段父代信息以及性别在对子代家庭产生作用的过程中已被弱化,父代特征以及性别不同的子代在获取收入或积累金融资产的过程中面临着更加公平的竞争。

表 5-9　面板数据回归模型选择结果

变量	a			b			c		
	混合回归	固定效应	随机效应	混合回归	固定效应	随机效应	混合回归	固定效应	随机效应
父代金融资产	0.045*** (0.006)	0.030*** (0.007)	0.044*** (0.006)	0.014*** (0.002)	0.002*** (0.001)	0.002*** (0.001)	0.037*** (0.006)	0.029*** (0.007)	0.038*** (0.006)
子代人力资本							0.471*** (0.074)	0.527 ** (0.228)	0.552*** (0.066)
家庭户口	0.378*** (0.062)	0.185 (0.179)	0.383*** (0.072)	0.382*** (0.030)	0.008 (0.016)	0.069*** (0.015)	0.215*** (0.064)	0.187 (0.178)	0.201*** (0.073)
父代政治面貌	0.047 (0.087)	0.281 (0.237)	0.046 (0.099)	0.133*** (0.032)	0.011 (0.020)	0.035* (0.019)	−0.013 (0.085)	0.273 (0.249)	−0.022 (0.096)
子代年龄	1.448*** (0.000)	6.657*** (0.338)	2.137*** (0.167)	−0.397*** (0.081)	0.239*** (0.024)	0.184*** (0.024)	1.601*** (0.171)	6.492*** (0.344)	2.214*** (0.163)
子代性别	0.367*** (0.073)		0.304*** (0.084)	−0.064 (0.039)	0.041 (0.078)	−0.126*** (0.036)	0.428*** (0.072)		0.381*** (0.081)
_cons	4.060*** (0.554)	−12.771*** (1.108)	1.786*** (0.543)	3.379*** (0.257)	1.396*** (0.098)	1.681*** (0.084)	2.547*** (0.615)	−13.407*** (1.139)	0.339 (0.563)
F 统计量	50.38	118.37	319.75	83.51	24.37	126.87	47.24	96.15	397.12
Prob> *F*	0.0000	0.0000	0.0000	0.0000	0.0000	0.0000	0.0000	0.0000	0.0000
R -squared	0.1349	0.3082	0.2382	0.1636	0.0452	0.0358	0.1680	0.3116	0.2634
F test that all u_i=0	*F* (817,1063) =2.39 Prob>*F* =0.0000			*F* (859,2575)=75.59 Prob>*F* =0.0000			*F* (817,1062)=2.29 Prob>*F* =0.0000		
Hausman 检验	chi2(5)=188.58　Prob>chi2=0.0000			chi2(6)=185.83　Prob>chi2=0.0000			chi2(6)=164.84　Prob>chi2=0.0000		

注：括号内为标准差，***、** 和 * 分别表示在 1%、5%和 10%水平下显著。

表 5-10 总样本家庭金融资产不平等的代际传递结果

变量	子代收入	子代人力资本	子代收入
父代金融资产	0.030*** (0.007)	0.002*** (0.001)	0.029*** (0.007)
子代人力资本			0.527** (0.228)
父代政治面貌	0.281 (0.237)	0.011 (0.020)	0.255 (0.237)
家庭户口	0.185 (0.179)	0.008 (0.016)	0.187 (0.178)
子代年龄	6.657*** (0.338)	0.239*** (0.024)	6.492*** (0.344)
子代性别		0.041 (0.078)	
_cons	−12.771*** (1.108)	1.396*** (0.098)	−13.407*** (1.139)
F 统计量	118.37	24.37	96.15
Prob> F	0.0000	0.0000	0.0000
R^2	0.3082	0.0452	0.3116

注:括号内为标准差,***、** 和 * 分别表示在 1%、5%和 10%水平下显著。子代性别对子代收入产生影响时,因共线性被自动剔除。

三、城乡家庭金融资产不平等的代际传递

由城乡家庭金融资产代内分布的统计性结果可知，金融资产在城乡家庭之间分布呈不平等的状态，相比较于农村家庭，城市家庭持有金融资产总量要更多，配置结构也表现得更为多样化。基于此，本部分将从两种代际传递角度，实证分析在长期内城乡样本家庭金融资产不平等形成的原因，以此来找到改善中国城乡居民家庭金融资产不平等分布的方法。表5-11给出了城乡样本家庭金融资产代际传递的回归结果，表中第1、4列数据分别表示不考虑人力资本因素的情况下，城乡样本家庭父代金融资产持有水平对子代收入的影响，第2、3列数据以及第5、6列则分别反映了城乡样本家庭代际弹性系数分解结果。从居民家庭金融资产代际传递的总效应来看，表中第1、4列数据显示，城乡样本家庭父代金融资产对子代收入的代际弹性系数为0.020以及0.037，并分别在5%和1%水平下显著，这说明城乡家庭子代收入(金融资产的积累)会受到父代金融资产持有水平的影响，即城乡家庭金融资产不平等分布会进行代际传递，且农村家庭金融资产代际流动性相对更低。

从城乡样本家庭金融资产的代际弹性系数分解情况来看，在城市样本家庭中，不考虑子代人力资本因素的情况下，父代金融资产对子代收入在5%水平下显著正向影响，代际弹性系数为0.020，而父代金融资产持有量对子代人力资本投资以及子代人力资本变量对子代收入的影响都不显著，由此可计算出金融资产的直接转移对父子代间金融资产代际传递的解释力为98.04%，而通过子代人力资本投资来对子代收入产生影响，进而改变子代家庭金融资产这条路径对代际弹性系数的贡献度仅为1.96%。在农村样本家庭中，不考虑子代人力资本因素时，父代金融资产对子代收入的直接影响系数为0.037，并在1%水平下显著。此外，父代金融资产对子代人力资本以及子代人力资本因素对子代收入的影响系数分别为1%水平下的0.003以及5%水平下的0.720。通过计算可得，农村样本家庭中金融资产代际弹性系数值的94.59%可由父代金融资产的直接转移做出解释，人力资本投资则可以解释父代金融资产对子代收入影响的5.41%。因此，通过对上文回归结果的分析可知，在城市和农村样本家庭中，父代金融资产对子代收入的影响主要是通过金融资产的直接传递实现的，而另一种传递方式，即父代通过作用于子代人力资本，进而对子代金融资产产生影响在农村家庭金融资产代际传递的过程中贡献度相对较高，这意味着，在长期内，城乡子代家庭金融资产的分布会受到父代持有金融资产的影响，但可以通过提高子代的人力资本，增加子代

收入，尤其是农村子代的收入，进而有助于积累更多的金融资产，改善城乡家庭金融资产不平等的分布。

表 5-11　城乡家庭金融资产不平等的代际传递结果

变量	城市			农村		
	子代收入	子代人力资本	子代收入	子代收入	子代人力资本	子代收入
父代金融资产	0.020** (0.010)	0.001 (0.000)	0.020** (0.010)	0.037*** (0.010)	0.003*** (0.001)	0.035*** (0.010)
子代人力资本			0.392 (0.543)			0.720** (0.013)
家庭户口	0.329 (0.228)	0.002 (0.011)	0.327 (0.228)	0.031 (0.275)	0.016 (0.025)	0.038 (0.273)
父代政治面貌	0.299 (0.452)	0.013 (0.017)	0.286 (0.399)	0.287 (0.303)	0.014 (0.028)	0.242 (0.302)
子代年龄	6.763*** (0.455)	0.209*** (0.018)	6.669*** (0.000)	6.557*** (0.517)	0.250*** (0.038)	6.278*** (0.527)
子代性别		0.107 (0.067)			0.014 (0.109)	
_cons	−13.023*** (1.492)	1.651*** (0.073)	−13.665*** (0.000)	−12.563*** (1.699)	1.224*** (0.153)	−13.147*** (1.706)
F 统计量	64.19	28.43	51.41	51.51	13.07	42.88

（续表）

变量	城市			农村		
	子代收入	子代人力资本	子代收入	子代收入	子代人力资本	子代收入
Prob > F	0.0000	0.0000	0.0000	0.0000	0.0000	0.0000
R^2	0.3327	0.1111	0.3334	0.2858	0.045	0.2944

注：括号内为标准差，***、** 和 * 分别表示在 1%、5%和 10%水平下显著。子代性别对子代收入产生影响时，因共线性被自动剔除。

在控制变量中，无论是城市样本家庭还是农村样本家庭，子代年龄均会在 1%水平下显著正向作用于子代收入和子代人力资本，这说明子代年龄越大，人力资本水平以及获得的收入也会越高；而其他的控制变量，即家庭户口、父代政治面貌以及子代性别，和总样本家庭回归结果相同，对子代收入都不会产生显著性影响，这从侧面反映出现阶段中国父代特性以及子代性别在子代家庭取得收入或积累金融资产的过程中已明显被弱化，这些外力因素作用的降低将会使不同子代家庭在面对竞争时得到更加公平公正的对待。

四、不同分位阶层家庭金融资产的代际传递

本书对不同分位阶层家庭金融资产的代内分布进行了统计性分析，结果显示，当前阶段居民家庭金融资产分布两极分化非常严重，仅财富顶端 1%分位的家庭持有金融资产总量就达到总样本家庭金融资产总量的约三分之一，是 75%分位之下的家庭金融资产持有总量的将近三倍。基于此，本节通过将样本家庭按金融资产持有量由低到高进行排序，分别从金融资产直接传递和人力资本间接传递两个角度对不同分位阶层家庭金融资产不平等在长期内的形成机制进行了实证分析。表 5-12 即为高、中、低三个分位阶层家庭金融资产的代际传递回归结果。

从代际传递的结果来看，不同分位阶层样本家庭父代金融资产对子代收入（金融资产的积累）的影响均主要是由金融资产的直接传递造成的。在最低分位阶层的家庭中，不考虑子代人力资本因素时，子代收入受到父代金融资产的直接影响系数为 0.029，并在 1%水平下显著，而把人力资本变量纳入模型以后，父代金融资产对子代收入直接作用的系数降低为 1%水平下的 0.028，此外，父代金融资产对子代人力资本投

资的影响系数为5%水平下的0.002,人力资本变量对子代收入的影响则并不显著,由此可计算出,金融资产的直接传递对父子代间金融资产代际弹性系数的解释力为96.55%,子代人力资本投资则可以解释代际弹性系数的3.45%。在中间50%分位阶层的样本家庭中,在人力资本因素存在和不存在两种情况下,父代金融资产对子代收入的直接传递系数分别为0.045和0.043,但都没有表现出显著性,而父代金融资产对子代人力资本投资和人力资本变量对子代收入的影响系数分别为0.001以及2.751,其中子代收入会受到子代人力资本水平的显著性影响,由此同样计算可得,金融资产的直接传递对中间阶层家庭代际弹性系数的贡献度为95.56%,人力资本投资的贡献度则为4.44%。除此之外,在最高25%分位的样本家庭中,将子代人力资本因素纳入模型后,父代金融资产对子代收入的直接影响系数由0.075降低为0.071,两个模型中父代金融资产对子代收入影响均不存在显著性,而人力资本的间接传递系数为0.003,其中,父代金融资产会在10%水平下显著正向作用于子代人力资本,而子代人力资本水平虽会对子代收入产生正向影响,却并没有表现出显著性,此时,父代金融资产对子代收入的代际弹性系数94.67%由父代金融资产的直接传递来解释,另有5.33%则是通过子代人力资本投资间接传递来产生作用。通过上述分析可知,低分位样本家庭子代金融资产的积累会受到父代金融资产的显著影响,中高阶层样本家庭中父代持有金融资产量虽会正向作用于子代家庭,但并不显著,这说明中国居民家庭金融资产两极化分布现象有缓解的机会,但较贫困的家庭子代在父代金融资产持有状况的影响下只能保有较低的金融资产水平,因此想要使金融资产两极化分布得到有效的改善也并不容易。

在控制变量中,对于不同分位阶层家庭来说,子代年龄均会在1%水平下对子代收入和子代人力资本产生强烈的正向影响。而家庭户口、父代政治面貌以及子代性别这些控制变量同总样本家庭和城乡样本家庭的回归结果一致,仍然不会对子代人力资本水平和子代收入产生显著的正向影响,这也同时意味着对子代放松户口限制或者改变父代的政治面貌并不会缩小子代家庭收入差距。

第五节　流动与非流动人口家庭金融资产不平等的代际传递

表5-13～表5-16是2010年、2012年、2014年至2016年全国样本中流动人口家庭和非流动人口家庭的代际传递的回归结果,其中每个表中(1)、(4)列分别表示在不考虑子代人力资本因素的情况下,父代金融资产的持有水平对非流动人口家庭和流动人口家庭子代积累金融资产的影响。

表 5-12 不同分位阶层家庭金融资产的代际传递结果

变量	Bottom 25%			Mid 50%			Top 25%		
	子代收入	子代人力资本	子代收入	子代收入	子代人力资本	子代收入	子代收入	子代人力资本	子代收入
父代金融资产	0.029*** (0.007)	0.002** (0.001)	0.028*** (0.007)	0.045 (0.103)	0.001 (0.001)	0.043 (0.354)	0.075 (0.177)	0.017* (0.011)	0.071 (0.181)
子代人力资本			0.350 (0.246)			2.751*** (0.763)			0.169 (1.295)
家庭户口	0.151 (0.227)	0.004 (0.021)	0.155 (0.226)	0.245 (0.316)	0.019 (0.022)	0.208 (0.310)	0.270 (0.760)	−0.003 (0.057)	0.269 (0.766)
父代政治面貌	0.235 (0.264)	0.014 (0.025)	0.217 (0.264)	0.811 (0.664)	−0.001 (0.033)	0.740 (0.651)	−0.361 (1.080)	0.016 (0.086)	−0.356 (1.090)
子代年龄	6.590*** (0.424)	0.249*** (0.032)	6.474*** (0.432)	7.040*** (0.613)	0.222*** (0.036)	6.254*** (0.640)	4.786*** (1.593)	0.284*** (0.088)	4.841*** (1.660)
子代性别		0.054 (0.149)			0.038 (0.075)				
_cons	−12.507*** (1.393)	1.305*** (0.159)	−12.896*** (1.419)	−14.324*** (1.989)	1.534*** (0.128)	−18.080*** (2.211)	−7.027 (5.047)	1.814*** (0.253)	−6.741 (5.538)
F 统计量	76.47	15.70	61.67	39.01	8.46	35.06	3.11	2.59	2.45
Prob>F	0.0000	0.0000	0.0000	0.0000	0.0000	0.0000	0.0216	0.0405	0.0439
R^2	0.3050	0.0430	0.3070	0.3429	0.0568	0.3704	0.1734	0.0819	0.1746

注:括号内为标准差,***、** 和 * 分别表示在1%、5%和10%水平下显著。子代性别对子代收入产生影响时,因共线性被自动剔除。

表 5-13　2010 年全国样本家庭中流动与非流动人口家庭金融资产不平等的代际传递结果

变量	非流动人口家庭			流动人口家庭		
	(1)	(2)	(3)	(4)	(5)	(6)
	子代收入	子代人力资本	子代收入	子代收入	子代人力资本	子代收入
父代金融资产	0.036*** (0.011)	0.015*** (0.004)	0.029*** (0.011)	0.129** (0.022)	0.036 (0.041)	0.129* (0.032)
子代人力资本			0.414*** (0.096)			−0.008 (0.373)
家庭户口	0.466*** (0.120)	0.408*** (0.042)	0.292** (0.125)	1.475*** (0.194)	0.352 (0.311)	1.476** (0.245)
父代政治面貌	0.161 (0.159)	0.177*** (0.058)	0.085 (0.158)	0.269 (0.194)	0.092 (0.342)	0.269 (0.237)
子代年龄	1.640*** (0.267)	−0.492*** (0.089)	1.735*** (0.265)	4.083*** (0.459)	−0.121 (0.762)	4.086** (0.578)
子代性别	0.498*** (0.138)	−0.038 (0.045)	0.527*** (0.136)	0.975** (0.247)	−0.013 (0.387)	0.973* (0.331)
_cons	2.853*** (0.865)	3.594*** (0.285)	1.720* (0.892)	−6.144** (1.620)	2.269 (2.812)	−6.136* (2.022)
F 统计量	18.42	35.28	18.88	35.45	0.73	19.70

(续表)

变量	非流动人口家庭			流动人口家庭		
	(1)	(2)	(3)	(4)	(5)	(6)
	子代收入	子代人力资本	子代收入	子代收入	子代人力资本	子代收入
Prob $>F$	0.0000	0.0000	0.0000	0.0072	0.6342	0.0491
R^2	0.1256	0.1730	0.1504	0.9834	0.4210	0.9834

注:括号内为标准差,*** 、** 和 * 分别表示在 1%、5%和 10%水平下显著。

表 5-14　2012 年全国样本家庭中流动与非流动人口家庭金融资产不平等的代际传递结果

变量	非流动人口家庭			流动人口家庭		
	(1)	(2)	(3)	(4)	(5)	(6)
	子代收入	子代人力资本	子代收入	子代收入	子代人力资本	子代收入
父代金融资产	0.046*** (0.017)	0.011 (0.007)	0.040** (0.106)	0.055 (0.040)	0.017*** (0.007)	0.034 (0.041)
子代人力资本			0.480*** (0.106)			1.163** (0.564)
家庭户口	0.284** (0.110)	0.381*** (0.046)	0.132 (0.113)	0.191 (0.313)	0.278*** (0.047)	−0.088 (0.335)
父代政治面貌	0.109 (0.150)	0.117* (0.063)	0.057 (0.148)	−0.135 (0.347)	0.126** (0.057)	−0.292 (0.349)
子代年龄	1.019*** (0.259)	−0.437*** (0.101)	1.215*** (0.257)	2.840*** (0.769)	−0.317*** (0.117)	3.182*** (0.772)
子代性别	0.426*** (0.123)	−0.063 (0.047)	0.494*** (0.122)	0.641* (0.356)	−0.038 (0.052)	0.692* (0.350)
_cons	5.481*** (0.839)	3.484*** (0.331)	3.797*** (0.903)	−0.711 (2.619)	3.167*** (0.391)	−4.354 (3.117)

（续表）

变量	非流动人口家庭			流动人口家庭		
	(1)	(2)	(3)	(4)	(5)	(6)
	子代收入	子代人力资本	子代收入	子代收入	子代人力资本	子代收入
F 统计量	10.01	23.10	12.07	3.84	14.73	4.04
Prob $>F$	0.0000	0.0000	0.0000	0.0036	0.0000	0.0014
R^2	0.0934	0.1365	0.1299	0.1937	0.3863	0.2349

注：括号内为标准差，***、** 和 * 分别表示在 1%、5%和 10%水平下显著。

表 5-15　2014 年全国样本家庭中流动与非流动人口家庭金融资产不平等的代际传递结果

变量	非流动人口家庭			流动人口家庭		
	(1)	(2)	(3)	(4)	(5)	(6)
	子代收入	子代人力资本	子代收入	子代收入	子代人力资本	子代收入
父代金融资产	0.007 (0.010)	0.007* (0.004)	0.004 (0.010)	0.016 (0.013)	0.017*** (0.007)	0.015 (0.013)
子代人力资本			0.242** (0.107)			0.184 (0.197)
家庭户口	0.260** (0.111)	0.385*** (0.049)	0.185 (0.115)	0.328** (0.151)	0.278*** (0.047)	0.283* (0.159)
父代政治面貌	0.200 (0.164)	0.090 (0.067)	0.179 (0.164)	0.268 (0.179)	0.126** (0.057)	0.220 (0.186)

（续表）

变量	非流动人口家庭			流动人口家庭		
	(1)	(2)	(3)	(4)	(5)	(6)
	子代收入	子代人力资本	子代收入	子代收入	子代人力资本	子代收入
子代年龄	0.996*** (0.283)	−0.579*** (0.113)	1.162*** (0.291)	−0.169 (0.392)	−0.317*** (0.117)	−0.094 (0.400)
子代性别	0.439*** (0.121)	−0.088* (0.049)	0.475*** (0.121)	0.390** (0.163)	−0.038 (0.052)	0.413** (0.165)
_cons	6.118*** (0.933)	4.085*** (0.377)	5.014*** (1.048)	10.110*** (1.292)	3.167*** (0.391)	9.439*** (1.479)
F 统计量	8.08	23.38	7.66	2.65	14.73	2.35
Prob $>F$	0.0000	0.0000	0.0000	0.0287	0.0000	0.0385
R^2	0.1040	0.1447	0.1169	0.1374	0.3863	0.1465

注：括号内为标准差，***、** 和 * 分别表示在 1%、5%和 10%水平下显著。

表 5-16　2016 年全国样本家庭中流动与非流动人口家庭金融资产不平等的代际传递结果

变量	非流动人口家庭			流动人口家庭		
	(1)	(2)	(3)	(4)	(5)	(6)
	子代收入	子代人力资本	子代收入	子代收入	子代人力资本	子代收入
父代金融资产	0.021 (0.016)	0.024*** (0.004)	0.018 (0.017)	0.050 (0.038)	0.003 (0.007)	0.049 (0.038)

（续表）

变量	非流动人口家庭			流动人口家庭		
	(1)	(2)	(3)	(4)	(5)	(6)
	子代收入	子代人力资本	子代收入	子代收入	子代人力资本	子代收入
子代人力资本			0.186 (0.195)			0.191 (0.405)
家庭户口	0.418** (0.167)	0.349*** (0.047)	0.374** (0.173)	−0.099 (0.395)	0.327*** (0.065)	−0.189 (0.443)
父代政治面貌	−0.051 (0.302)	0.098 (0.061)	−0.066 (0.303)	−0.487 (0.475)	0.161** (0.077)	−0.482 (0.480)
子代年龄	−0.572 (0.498)	−0.640*** (0.119)	−0.450 (0.515)	−0.380 (0.921)	−0.333* (0.184)	−0.270 (0.960)
子代性别	0.534*** (0.183)	−0.085* (0.048)	0.564*** (0.185)	0.183 (0.379)	−0.001 (0.077)	0.192 (0.384)
_cons	11.389*** (1.631)	4.210*** (0.405)	10.552*** (1.853)	11.103*** (3.207)	3.298*** (0.620)	10.332*** (3.633)
F 统计量	3.10	31.49	2.73	0.67	7.20	0.58
Prob $>F$	0.0106	0.0000	0.0148	0.6490	0.0000	0.7416
R^2	0.0889	0.1889	0.0941	0.0873	0.1836	0.0932

注：括号内为标准差，***、** 和 * 分别表示在 1%、5% 和 10% 水平下显著。

从代际传递的回归结果来看，在子代人力资本因素存在和不存在两种情况下，非流动人口家庭的子代收入（金融资产水平）均会受到父代金融资产持有量的影响，存在正相关的关系，并且2010年和2012年很显著，2014年和2016年显著性变弱。而对于流动人口家庭，在子代人力资本因素存在的情况下，子代收入与父代金融资产的关联有效性较弱；但在子代人力资本因素不存在的情况下，子代收入会受到父代金融资产水平影响，而且呈现出正相关关系，但有效性同样不高，只在2010年在没有子代人力资本和有子代人力资本的情况下分别在5%和10%的水平下显著。这说明样本中非流动人口家庭金融资产不平等呈现出明显的代际性，而流动人口家庭则没有呈现出明显的代际性。

子代人力资本变量对非流动人口家庭和流动人口家庭子代收入有一定的正向影响，同时对非流动人口家庭的影响显著性更高，对于流动人口家庭显著性不高。即对非流动人口家庭而言，子代的人力资本（受教育水平）会直接影响子代的收入水平，且呈正相关关系，即受教育水平越高，子代收入越高。

在控制变量中，家庭户口对非流动人口家庭和流动人口家庭的子代收入和子代人力资本投资影响明显，尤其是非流动人口家庭，主要在5%和1%水平下显著，正向作用的有效性很强。而且家庭户口在子代人力资本投入存在的情况下对子代收入的影响显著性下降。对流动人口家庭而言，家庭户口对子代人力资本投入的正向推动作用显著性很强，在5%水平下显著，但对子代收入的作用不明显。这说明拥有城镇户口的居民家庭比起农村户口的居民家庭能够为子女提供更多的人力资本投资。同时家庭户口对非流动人口家庭的子代收入有正向影响，但对流动人口家庭作用不明显。

子代年龄因素对非流动人口家庭和流动人口家庭子代收入大多产生正向影响，在不考虑子代人力资本的情况下较为显著。这说明年龄较大的子代获得的收入也会更高，这对非流动人口家庭和流动人口家庭来说没有较大的差异。本书认为这是由于年龄较大的子代工作经验较为丰富、积累的人脉相对于年轻的子代来说也较广，因此收入（金融资产的持有量）也会比较高。同时年龄较大的子代相对人力资本投入较小，因此与子代人力资本呈负向的显著关系。

子代性别对样本家庭中非流动人口家庭子代收入的影响均表现为在1%水平下的正相关影响。这说明对于非流动人口家庭，男性子代有更高的收入。样本家庭中子代男女收入呈现出明显的性别差异，收入不平等的现象在1%水平下显著。而对于流动人口家庭来说，子代收入的性别差异相对较小，但同样有一定的收入不平等现象，而且这种不平等在10%水平下显著。

此外，其他的控制变量，如父代政治面貌对非流动人口家庭和流动人口家庭的子代人力资本投资存在一定的正向影响，并在5%的水平下显著。值得注意的是，常数项的系数很大，而且基本在1%水平下显著，即显著性很强。这说明在金融不平等考察的变量以外，仍存在其他影响子代收入和子代人力资本投资的重要因素。

第六节　内生性检验

内生性问题是指回归模型中一个或几个解释变量与随机扰动项相关的问题，通常模型内生性问题主要由以下原因造成：①解释变量和被解释变量存在一个相互影响的过程。②遗漏变量。在实际问题中，被解释变量常会受到许多解释变量的影响，但碍于模型并不能把所有变量纳入其中，这就会造成一些解释变量被归入随机扰动项中，此时，如果某些遗漏变量与其他解释变量相关，则会引发内生性问题。③测量误差。解释变量或被解释变量存在测量误差时，会使其与真实值之间存在偏差，在偏差被带入模型后，可能会引起内生性问题。本书研究的是父代金融资产和子代收入以及子代人力资本的关系，因此主要考虑遗漏变量可能造成的内生性问题。参考其他相关文献，父代金融资产可能是内生性变量，接下来，本书将使用父代年龄（其与父代金融资产强相关，并且没有被纳入模型中）作为工具变量对模型进行内生性检验。

表5-17即为内生性检验结果。Hausman检验的原假设为所有解释变量均为外生变量。由表5-17中(1)列所示，在子代人力资本因素不存在的情况下，Hausman检验的P值为0.8543，因此接受原假设，即说明父代金融资产为外生变量或表示可能的遗漏变量引发的内生性问题对本书的分析结论并不会产生影响。此外，由表中(2)、(3)列的结果可知，Hausman检验的P值分别为0.9997以及0.9236，这意味着父代金融资产对子代人力资本投资以及在子代人力资本因素存在时，父代金融资产对子代收入的回归模型中均不存在内生性问题。

表5-17　内生性检验结果

变量	(1)		(2)		(3)	
	子代收入	子代收入	子代人力资本	子代人力资本	子代收入	子代收入
父代金融资产	0.030***	−0.923	0.002***	0.037	0.029***	−0.897
	(0.007)	(0.823)	(0.001)	(0.102)	(0.007)	(0.781)

（续表）

变量	(1)		(2)		(3)	
	子代收入	子代收入	子代人力资本	子代人力资本	子代收入	子代收入
子代人力资本					0.527** (0.228)	2.842 (2.180)
家庭户口	0.185 (0.179)	1.566 (1.427)	0.008 (0.016)	−0.017 (0.076)	0.187 (0.178)	1.530 (1.365)
父代政治面貌	0.281 (0.236)	1.346 (1.389)	0.011 (0.020)	0.000 (0.045)	0.255 (0.237)	1.172 (1.273)
子代年龄	6.657*** (0.338)	16.393* (8.531)	0.239*** (0.024)	−0.022 (0.751)	6.492*** (0.344)	15.166** (7.456)
子代性别			0.041 (0.078)	0.105 (0.223)		
_cons	−12.771*** (1.108)	−39.246* (23.357)	1.396*** (0.098)	1.990 (1.710)	−13.407*** (1.139)	−41.769* (0.087)
F 统计量	118.37		24.37	51.51	96.15	42.88
Prob> *F*	0.0000		0.0000	0.0000	0.0000	0.0000
R^2	0.3082		0.0452	0.2858	0.3116	0.2944
Wald chi2		10669.04		473828.68		11328.95
Prob>chi2		0.0000		0.0000		0.0000
Hausman 内生性检验	chi2(4)=1.34 Prob>chi2=0.8543		chi2(5)=0.12 Prob>chi2=0.9997		chi2(5)=1.41 Prob>chi2=0.9236	

注：括号内为标准差，***、** 和 * 分别表示在1%、5%和10%水平下显著。子代性别对子代收入产生影响时，因共线性被自动剔除。

第六章　资产财富效应对中国居民家庭消费的结构性差异影响研究

资产财富效应又被称为庇古效应或实际余额效应。即居民家庭持有的某种资产价值增加，引起该居民家庭消费增加的现象(新帕尔格雷夫经济学大辞典，1996)。

中国居民家庭资产近年来不断增加，理论上居民资产或者说财富的增加往往能够带动居民家庭消费的增加，然而中国居民家庭资产与其消费的增长并不同步。《中国家庭财富调查报告(2018)》和《2018 年安联全球财富报告》统计显示，2017 年中国居民家庭人均财富为 194332 元，与 2016 年相比增长幅度达到 14.94%。其中住房资产净值占家庭财富的 66.35%，环比增长 15.56%；而金融资产占家庭财富的比重达到了 16.26%，环比增长 14%。但对比中国居民家庭的人均消费支出的环比增长，其增长率只有 7.60%。不仅如此，据国家统计局统计数据，2018 年网上非实物消费额累计同比增速从 2 月份的 47.99%降到了 10 月份的 20.86%。除此之外，截至 2019 年 3 月，中国社会消费品零售总额累计同比增长 8.30%，同比增长率下降了 1.50 个百分点。可见，中国居民消费存在一定的增长率下降的迹象，与居民家庭资产增长的现象并不完全匹配。

党的十八大报告指出，推进经济结构战略性调整，要牢牢把握扩大内需这一战略基点，加快建立扩大消费需求长效机制，释放居民消费潜力，保持投资合理增长，扩大国内市场规模。2017 年 10 月底召开的党的十九大也提到要拓宽居民劳动收入和财产性收入渠道，完善促进消费的体制机制以增强消费对经济发展的基础性作用。2018 年 9 月，中央深改委先后审议通过了《关于完善促进消费体制机制进一步激发居民消费潜力的若干意见》和《完善促进消费体制机制实施方案(2018－2020 年)》，强调完善促进消费体制机制，提升居民消费能力，切实增强消费对经济发展的基础性作用。但是国内外现有研究成果存在一定的局限性。第一，现有研究成果多是集中于住房或者股票的资产财富效应研究，缺少对其他金融资产的研究，仅有张强和李远航(2010)，周德才等(2016)，张明和涂先进(2018)等研究了债券、借贷等资产财富效应。第二，现有研究成果多集中于单一资产的财富效应研究，缺少对居民家庭资产的结构性差异影响研究。仅有周春喜等(2014)、刘也等(2016)、杜延军(2016)和张占军等(2017)涉及住房资产和金融资产的财富效应比较研究。第三，目前大多数相关研究成果主要基于宏观调查数据，缺少基于微观数据来研究居民家庭的资产财富效应的消费影响。仅有黄静和屠梅曾(2009)、张大永和曹红(2012)、解垩(2012)等国内学者利用微观数据进行探析研究。正因为如此，本书基于 2012 年中国家庭金融调查(CHFS2012)数据，考察中国居民家庭资产财富效应的结构性差异影响。一方面本书将居民家庭的消费细分为耐用品消费、非耐用品消费，资产细分为住房资产、金融资产等，并同时考虑居民家庭的收入水平，结合生命周期—持久收入假说(LC-PIH)模型对中国居民家庭资产财富效应的结构性差异影响进行了实证分析；另一方面本书以年龄层、收入、地区对样本数据进一步进行分组检验，考察不同组别资产财富效应对消费的结构性差异影响。

第一节　模型、方法和数据

一、理论假说

Hall(1978)结合 Kenyes(1936)、Duesenberry(1949)、Modigliani(1955)和 Friedman(1957)分别提出的绝对收入假说、相对收入假说、永久收入假说和生命周期假说，提出生命周期—持久收入模型(LC-PIH)，将资产财富作为消费的重要影响因素，并考虑了理论预期，认为对收入、未来财富的预期将影响消费者的当期消费。模型表述见式(6.1)和式(6.2)。

$$C_T = \alpha A + \beta Y_t^p C_T \tag{6.1}$$

$$Y_t^p = \Phi Y_t + (1-\Phi) Y_{t-1} Y_t^p \tag{6.2}$$

其中，α 为财富的边际消费倾向，β 为收入的边际消费倾向，Y_t^p 为持久收入，Φ 为权数，Y_t 为当期收入，Y_{t-1} 为上期收入。持久收入是消费者能够预计到的、较为固定的长期收入。用加权平均方法计算持久收入，权数大小由时间的久远性决定，离现在越近权数越大。

Hall 提出的 LC-PIH 模型，不仅考虑了社会因素以及生命周期，同时弥补了 Modigliani(1955)和 Friedman(1957)在未来不确定因素对消费可能产生潜在影响这一方面的不足。因此，本书基于 LC-PIH 模型，研究资产财富效应对居民家庭消费的影响。模型如式(6.3)所示。

$$\ln C = \alpha_0 + \alpha_1 \sum w_i \tag{6.3}$$

其中，w_i 为影响消费的各类因素。

二、变量选择与模型设计

本书基于 Hall 的 LC-PIH 模型，对检验变量进行选择，对实证模型进行具体设计。其中，消费变量分为总消费、耐用品消费和非耐用品消费；资产变量分为住房资产和非住房资产。

(一)变量选择

本书对选择的变量进行说明。被解释变量包括总消费、耐用品消费和非耐用品消费。其中，总消费为居民家庭衣食住行类消费性总支出；耐用品消费以汽车、冰箱等设备的消费为主；非耐用品消费以食品、日用品、交通、医疗、教育等消费为主。解释变量包括收入水平、住房资产以及非住房资产。其中，收入水平又包括了居民家庭总收入和劳动收入；住房资产则由居民家庭拥有住房价值、自有住房所有权以及住房拥有量三个方面来度量；非住房资产则分为金融资产和非金融资产。本书对非住房资产中的金融资产和非金融资产又进一步划分，金融资产按风险水平可分为风险资产和无风险资产。风险资产包括股票、基金、金融衍生品(认购权证、指数期货、商品期货、银行理财产品等)；无风险资产包括现金、金融机构的存款、政府债券。非金融资产部分包括固定资产，指拥有的使用期限超过 1 年的房屋、建筑物、机器、机械、运输工具以及其他与生产、经营有关的设备、器具、工具等。通过对资产变量的细分，可以考察不同资产的财富效应对消费影响的差异。控制变量则包括收入水平、性别、年龄、民族、政治面貌、学历等。同时，家庭消费、收入水平、资产、负债等之间存在异方差及非线性，因此对原值取对数后进行分析。

(二)模型设计

结合选择的变量，根据 LC-PIH 模型式(6.3)，具体考察居民家庭的住房资产和非住房资产财富效应对居民家庭消费的影响。

为检验住房资产的财富效应，选择住房价值、自有住房所有权、住房拥有量三个变量建立模型，如式(6.4)、式(6.5)和式(6.6)所示。

$$\ln C = \alpha_0 + \alpha_1 \ln Y + \alpha_2 \ln ly + \alpha_3 \text{house} + \alpha_4 \ln \text{fa} + \alpha_5 \ln \text{nfa} + \sum \alpha_{5i} Z_i + \varepsilon \quad (6.4)$$

$$\ln C = \alpha_0 + \alpha_1 \ln Y + \alpha_2 \ln ly + \alpha_3 \text{d\_house} + \alpha_4 \ln \text{wh} + \sum \alpha_{5i} Z_i + \varepsilon \quad (6.5)$$

$$\ln C = \alpha_0 + \alpha_1 \ln Y + \alpha_2 \ln ly + \alpha_3 \text{n\_house} + \alpha_4 \ln \text{wh} + \sum \alpha_{5i} Z_i + \varepsilon \quad (6.6)$$

其中，居民家庭一年的消费为 C，收入为 Y，劳动收入为 ly。住房价值用 house 表示；住房所有权用 d_house 表示，居民家庭拥有自有住房即住房所有权等于 1，否则等于 0；住房拥有量用 n_house 表示。wh 为非住房资产。Z_i 表示户主性别、年龄、民族、政治面貌、学历等控制变量。

为检验非住房资产的财富效应，划分金融资产 ln fa 和非金融资产 ln nfa，模型见式(6.7)；金融资产则可以进一步划分为风险资产 ln risk 和无风险资产 ln riskless，模型如式(6.8)所示。

$$\ln C = \alpha_0 + \alpha_1 \ln Y + \alpha_2 \ln ly + \alpha_3 \text{house} + \alpha_4 \ln \text{fa} + \alpha_5 \ln \text{nfa} + \sum \alpha_{6i} Z_i + \varepsilon \quad (6.7)$$

$$\ln C = \alpha_0 + \alpha_1 \ln Y + \alpha_2 \ln ly + \alpha_3 \text{house} + \alpha_4 \ln \text{risk} + \alpha_5 \ln \text{riskless} + \alpha_6 \ln \text{nfa} + \sum \alpha_{7i} Z_i + \varepsilon \quad (6.8)$$

三、数据样本

本书研究的实证数据取自西南财经大学中国家庭金融调查数据与研究中心所进行的中国家庭金融调查(CHFS)数据，分成两个部分。一部分是用 2012 年调查样本，该调查数据涵盖 25 个省(自治区、直辖市)，80 个县的 8000 多户家庭，利用科学的随机抽样方法对样本户进行采集，从而确保样本的公平性、准确性和普遍性。数据主要包含了中国家庭的基本信息、资产、财富、收入与消费、负债等情况。在收集到的数据的基础上，我们剔除了一些异常值和数据不全的家庭数据，此外，因为目前中国的低收入家庭主要收入源于政府补助及社会捐赠，缺乏普遍性，于是本书在研究中删除了收入最低的 5%的家庭并一起删除了收入最高的 100 户家庭；就业与退休等社会状况也会导致一定的异质性消费情况，为避免此种情况的发生，本书借鉴了 Bostic 等(2009)的方法，删除了户主年龄在 18 岁以下及 65 岁以上的数据，使得样本中户主的年龄控制在 18～65 岁，处理后有效样本数据共 6683 个。

另一部分是利用2014年、2016年和2018年调查样本形成面板数据。数据样本所在的25个省(自治区、直辖市)7000户家庭,覆盖了中国人口区域的94.5%,可视为全国代表性样本。调查问卷包含了受访家庭的基本信息、收入支出、资产负债等情况。在剔除异常值、不健全数据的基础上,本书借鉴Bostic等(2009)的方法,保留户主年龄在18~65岁之间的数据,最后得到有效样本数为190169个。

其中,家庭金融资产根据活期存款、定期存款、股票、债券、基金、衍生品、金融理财产品、非人民币资产、黄金、现金、借出款的金额相加计算得出;家庭总资产包括非金融资产和金融资产,非金融资产根据生产经营项目、房产与土地、车辆、其他非金融资产相加计算得出;家庭总负债根据房产负债、车辆负债、工商业贷款余额、非人民币资产贷款余额、其他欠款余额、衍生品贷款余额、基金贷款余额、债券贷款余额、股票贷款余额、其他理财品贷款余额、信用卡欠款、教育负债及其他非金融资产欠款相加计算得出。

四、样本人口结构与资产状况分析

从所得2012年居民家庭样本来看(见表6-1),户主平均年龄约为46岁;户主的学习时间大致是10年,学历处在高中或者中专水平;家庭平均人口数约为3,三口之家的样本数在总样本中占比达到33.11%,反映了中国计划生育政策使得城市家庭规模较小;户主为男性的家庭的占比超过了一半,达到73.43%,说明中国目前的家庭模式多是以男性为主导,女性的家庭位置偏低。在样本中,全国家庭平均年收入为46220.99元;全国城市家庭平均年收入55690.99元;全国家庭资产平均市场价值为545370.92元,金融资产很少,仅为49232.66元,只有总资产的约十分之一。一方面,也许是因为中国的房产价值较高;另一方面,也可能是家庭中金融资产的参与度较低。城市家庭与农村家庭相比,可以发现城市家庭的家庭收入、家庭总资产、金融资产都较高,标准差也较大,说明城市家庭的贫富差距更大;与家庭资产对比后发现,中国家庭的平均负债额只有37422.42元,负债水平不高,该现象可以用中国居民拥有较强的预防性储蓄动机,负债的意愿性较低来解释。

表 6-1　2012 年样本变量描述性统计

变量		均值	标准差	最大值	最小值
年龄/岁		46.22	10.80	65	18
受教育年限/年		9.64	3.94	23	0
家庭人口/人		3.61	1.45	10	1
家庭收入/元	全国	46220.99	50801.53	375622.88	780
	城市家庭	55690.99	56002.15	375622.88	780
	农村家庭	30959.44	36179.35	362100	792
家庭总资产/元	全国	545370.92	987719.67	15799600	0
	城市家庭	723364.34	1145509.03	15799600	0
	农村家庭	258522.59	547763.75	10195000	24
家庭金融资产/元	全国	49232.66	169641.83	6008000	0
	城市家庭	67390.06	207756.27	6008000	0
	农村家庭	19970.80	64936.52	1343000	0
家庭总负债/元	全国	37422.42	229779.93	10765000	0
	城市家庭	49987.02	287301.44	10765000	0
	农村家庭	17173.72	64917.93	1312500	0

第二节　中国居民家庭资产分布

为更深层次地掌握家庭资产水平的相关信息，本书进一步对中国家庭的资产配置状况进行了描述性统计检验，如表 6-2 所示。

其中，中国居民家庭平均总资产为 545370.92 元，但是依旧有超过一半的家庭的总资产低于平均值。另外，95.54%的中国家庭拥有现金，57.47%的家庭有存款且存款的占比超过了金融资产的一半，据此可知家庭持有的资产多集中于风险小的存款和房产。相比较而言，可转让证券（股票、债券、基金等）的风险较高，当中国城镇家庭持有相对较多的现金、存款、首套房产时，才会继续投资这些风险较高的资产，家庭持有可转让证券的比例较低，说明中国居民家庭的资产结构以储蓄存款、现金及房产为主，而股票、债券等风险资产目前未成为中国居民家庭资产配置的主要选择。

表 6-2　2012 年中国居民家庭资产情况

资产的种类	占金融资产的比重/%	占总资产的比重/%	家庭持有的比例/%	标准差/元	均值/元	最大值/元	最小值/元
活期存款	29.34		52.81	70518.05	14443.46	3000000	0
定期存款	24.53		16.89	62047.64	12079.08	2000000	0
存款	53.87		57.47	98182.36	26522.54	3150000	0
股票账户资产总值	19.73		8.50	68977.08	9715.29	2010000	0
债券资产总值	0.64		0.57	9092.16	315.33	500000	0
基金市值	3.7		4.55	14848.83	1812.83	500000	0
现金	8.69		95.54	19592.46	4278.34	1000000	0
金融资产	100	9.03	96.81	169641.83	49232.66	6008000	0

（续表）

资产的种类	占金融资产的比重/%	占总资产的比重/%	家庭持有的比例/%	标准差/元	均值/元	最大值/元	最小值/元
房产价值		76.53	90.93	817875.14	417374.88	11100000	0
总资产		100	100	987719.67	545370.92	15799600	0

房产是中国城市家庭主要的投资选择，超过 90%的家庭至少持有一套房产，是除了现金(95.54%)外，持有比例最高的一项资产，远远超过了其他的金融资产及固定资产。且房产价值占总资产的比例最高，达到 76.53%。一个原因是中国在 2014 年之前，存在房地产泡沫，房价一直处于很高的水平，直至 2014 年，房价才有了一定程度的降低；另一个原因是，受中国传统文化里的“家”观念影响，投资渠道少、风险高等因素，都使得住房成为多数家庭最好的投资保值工具。据此可发现，住房是中国家庭最主要的资产。

同时，本书对 2012 年调查样本中的居民家庭资产与消费现况进行分析。本书将家庭金融资产按风险高低分类，包括风险资产和无风险资产，本书将现金、储蓄存款、债券之和作为无风险资产，将股票、期货、基金、外汇及其他理财产品等作为风险资产。可见，中国居民家庭平均总资产为 549649.3 元，大部分居民家庭的总资产低于平均值；从居民家庭各资产持有量来看，居民家庭持有的资产越多，居民家庭的资产配置就越多样化。从数据来看，中国居民家庭的平均住房资产占平均总资产的 75.9%，住房资产仍是中国居民家庭的主要资产。而对于金融资产部分，中国居民家庭平均无风险资产持有占比 57.6%，表明中国居民家庭更愿意持有现金、存款、政府债券等无风险资产，风险资产(股票、基金、金融衍生品等)则是在持有较多的住房资产和无风险资产后才会考虑投资(见表 6-3)。

表 6-3　2012 年资产与消费指标的描述性统计分析　　单位：元

<table>
<tr><th colspan="4">类型</th><th>极小值</th><th>极大值</th><th>均值</th><th>标准差</th></tr>
<tr><td rowspan="4">总资产</td><td colspan="3">住房资产</td><td>0.0</td><td>11100000.0</td><td>417374.9</td><td>817875.1</td></tr>
<tr><td rowspan="3">非住房资产</td><td rowspan="2">金融资产</td><td>风险资产</td><td>0.0</td><td>6000000.0</td><td>22710.1</td><td>116228.3</td></tr>
<tr><td>无风险资产</td><td>0.0</td><td>3153000.0</td><td>30800.9</td><td>102160.8</td></tr>
<tr><td colspan="2">其他资产</td><td>0.0</td><td>8637600.0</td><td>78763.4</td><td>258371.6</td></tr>
</table>

（续表）

类型		极小值	极大值	均值	标准差
劳动收入		0.0	260000.0	12686.2	24538.0
家庭总收入		780.0	375623.0	46221.0	50801.5
消费	非耐用品	0.0	563637.0	10798.7	23153.5
	耐用品	0.0	136364.0	832.5	3679.3

注:金融资产均值＝风险资产均值＋无风险资产均值＝22710.1＋30800.9＝53511.0 元；

非住房资产均值＝金融资产均值＋其他资产均值＝53511.0＋78763.4＝132274.4 元；

平均总资产＝住房资产均值＋非住房资产均值＝417374.9＋132274.4＝549649.3 元；

平均住房资产占平均总资产比例＝住房资产均值/平均总资产＝417374.9/549649.3＝75.9%；

无风险资产持有占比＝无风险资产均值/金融资产均值＝30800.9/53511.0＝57.6%。

然后本书进一步对比 2014－2018 年样本数据。中国居民家庭平均总资产为 755447.5 元，相比 2012 年有大幅增长，但仍有大部分居民家庭的总资产低于平均值；从居民家庭各资产持有量来看，居民家庭持有的资产越多，居民家庭的资产配置就越多样化。从数据来看，中国居民家庭的平均住房资产占平均总资产的 79.6%，住房资产仍是中国居民家庭的主要资产，相比 2012 年样本数据有所上升。而对于金融资产部分，中国居民家庭平均无风险资产持有占比 35.2%，相比 2012 年样本已经大大下降（见表 6-4）。

表 6-4　2014—2018 年资产与消费指标的描述性统计分析　　单位:元

类型				极小值	极大值	均值	标准差
总资产	住房资产			0.0	21200000.0	601420.1	1334744.0
	非住房资产	金融资产	风险资产	0.0	141000000.0	81051.2	1096897.0
			无风险资产	0.0	18200000.0	43937.6	189432.7
		其他资产		0.0	18700000.0	29038.6	245290.4
劳动收入				0.0	6300000.0	14726.6	34589.2
家庭总收入				－1500000	12900000.0	34668.3	316290.6

（续表）

类型		极小值	极大值	均值	标准差
消费	非耐用品	0.0	4463600.0	75178.6	99976.3
	耐用品	0.0	1348000.0	3102.6	19278.2

注：金融资产均值＝风险资产均值＋无风险资产均值＝81051.2＋43937.6＝124988.8元；
非住房资产均值＝金融资产均值＋其他资产均值＝124988.8＋29038.6＝154027.4元；
平均总资产＝住房资产均值＋非住房资产均值＝601420.1＋154027.4＝755447.5元；
平均住房资产占平均总资产比例＝住房资产均值/平均总资产＝601420.1/755447.5＝79.6%；
无风险资产持有占比＝无风险资产均值/金融资产均值＝43937.6/124988.8＝35.2%。

第三节　资产财富效应的传导路径

从LC-PIH模型来看，共有两种传导路径。一是居民家庭收入增加使得资产财富增加，从而扩大消费；二是居民家庭资产财富增加使得收入增加，从而扩大消费。

一、传导路径的两种思路

第一种思路：收入→资产→消费。居民家庭收入的增加使得各类风险资产和无风险资产增加，各类风险资产和无风险资产的增加使得居民家庭扩大消费。路径传导假设如表6-5所示，其中"→"表示传导方向。

表6-5　收入资产消费传导路径

假设	路径
H1	住房拥有量→消费
H2	住房资产→消费
H3	其他资产→消费
H4	家庭总收入→住房拥有量
H5	家庭总收入→住房资产
H6	家庭总收入→其他资产
H7	家庭总收入→无风险资产
H8	家庭总收入→自有住房所有权

（续表）

假设	路径
H9	家庭总收入→风险资产
H10	无风险资产→消费
H11	自有住房所有权→消费
H12	风险资产→消费

第二种思路：资产→收入→消费。居民家庭各类资产的增加导致家庭收入的增加，收入增加使得居民家庭扩大消费。路径传导假设如表 6-6 所示，其中“→”表示传导方向。

表 6-6　资产收入消费传导路径

假设	路径
H1	住房价值→家庭总收入
H2	住房拥有量→家庭总收入
H3	其他资产→家庭总收入
H4	家庭总收入→消费
H5	无风险资产→家庭总收入
H6	自有住房所有权→家庭总收入
H7	风险资产→家庭总收入

二、传导路径的实证

本书主要采用反映型测量模型，利用结构方程模型对 2014 年、2016 年、2018 年中国家庭金融调查(CHFS)各期数据进行了传导路径分析。由于 2016 年上半年 A 股上涨行情明显，这里以提取的 2018 年样本数据为例对资产财富效应对消费的传导路径进行分析[①]。在剔除一些异常值、缺失值后，本书最终得到 2018 年 CHFS 总样本量为 84393 户。在 LC-PIH 模型分析以及资产财富效应传导路径的模型设计基础上，本书

① 2014 年和 2016 年的样本数据分析结果类似，差异不大。

进一步做了两部分的工作。一是计算路径系数和显著性水平，并且对路径上的数据进行分析；二是分析各变量之间的关系以及它们之间是如何影响的，并进行经济学解释。

在结构方程模型检验上，本书利用信度检验和效度检验进行考察。信度检验，即检验指标数据在测量模型中的可信度（或者叫稳定性），从检验结果来判断样本数据是否可靠。信度检验会利用样本数据进行多次重复测量，并观察每次结构是否具有一致性。检验值越高，结果的可信度越高。CR（composite reliability）值和 CA（cronbach's alpha）系数两项为信度检验的两个指标。效度检验，即检验潜变量下各个显变量间的关联程度。通常情况下，检验结果的值越高，其效度越好。结果中的因子载荷值和 AVE（average variance extracted）值为效度检验的主要指标。

（一）收入→资产→消费

通过信度和效度检验，本书发现变量 CR 值均大于 0.7，CA 系数均大于 0.7，AVE 值均大于 0.5，因此模型通过信度检验和效度检验，具有较高的信度和效度。然后本书进行路径系数测算和显著性检验（见表 6-7），绘制估计结果的标准路径图（见图 6-1），得到各个路径的系数。所有假设都通过了显著性检验。

不难发现，根据 LC-PIH 模型设计的表 6-7 中各假设的路径相对应的系数显著性很强，均在 1%的显著性水平下显著。家庭收入对风险资产的影响非常大，对无风险资产、其他资产和住房资产的影响也较大。显然，家庭收入的提高有利于居民家庭对资产的投资，尤其是风险资产。同时，无风险资产、风险资产、住房资产和其他资产均具有资产财富效应，对消费有显著的正向影响。住房拥有量对居民家庭消费虽然有正向影响，但影响作用相对较小。即居民家庭拥有住房越多，对提高消费的影响不是特别大。自有住房所有权的影响路径更是说明了这一点，家庭收入的提高对自有住房所有权具有反向影响，而自有住房所有权对居民家庭的消费也具有负向影响。显然，居民家庭为了拥有自有住房，在一定程度上限制了消费，对消费有“挤出”作用。总体而言，资产作为中介变量时，风险资产、无风险资产和其他资产均具有正向的显著财富效应。住房资产虽然具有一定的正向财富效应，但居民家庭为了拥有自有住房所有权在一定程度上牺牲了消费支出。

表 6-7　路径系数及其显著性(一)

假设	路径	路径系数	T 统计量	P 值	结论
H1	住房拥有量→消费	0.077***	20.365	0.000	成立
H2	住房资产→消费	0.147***	38.290	0.000	成立
H3	其他资产→消费	0.145***	46.904	0.000	成立
H4	家庭总收入→住房拥有量	0.137***	33.113	0.000	成立
H5	家庭总收入→住房资产	0.158***	50.056	0.000	成立
H6	家庭总收入→其他资产	0.192***	46.742	0.000	成立
H7	家庭总收入→无风险资产	0.215***	62.576	0.000	成立
H8	家庭总收入→自有住房所有权	−0.072***	18.129	0.000	成立
H9	家庭总收入→风险资产	0.716***	315.190	0.000	成立
H10	无风险资产→消费	0.175***	45.558	0.000	成立
H11	自有住房所有权→消费	−0.054***	14.402	0.000	成立
H12	风险资产→消费	0.167***	47.035	0.000	成立

注： ***、** 和 * 分别表示在 1%、5%和 10%水平下显著。

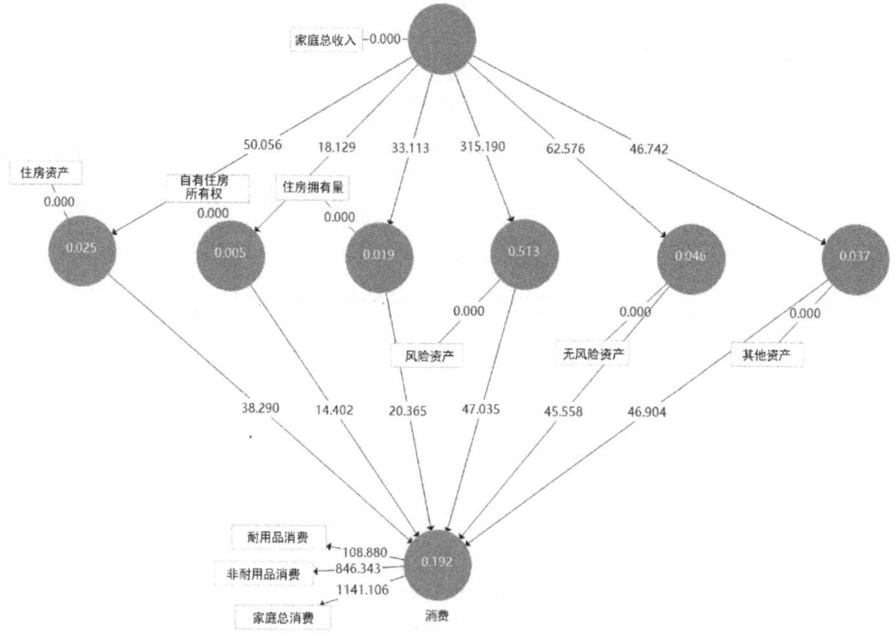

图 6-1　收入→资产→消费传导路径及其系数

根据上述通过以中介变量影响路径的直接分析，本书可以得到具体的总影响路径（见表 6-8），共有六条。第一条路径：家庭总收入→住房拥有量→消费；第二条路径：家庭总收入→住房资产→消费；第三条路径：家庭总收入→其他资产→消费；第四条路径：家庭总收入→无风险资产→消费；第五条路径：家庭总收入→自有住房所有权→消费；第六条路径：家庭总收入→风险资产→消费。不难发现，各条总影响路径的系数均非常显著。其中以风险资产为中介变量的资产财富效应总影响路径的影响作用最大。显然有必要发挥资本市场的作用，让股票投资者形成财富效应，这样有利于刺激居民家庭的消费增长。而由于家庭收入对自有住房所有权的影响为负向，自有住房所有权对消费的影响也为负向，虽然以自有住房所有权为中介变量的财富效应总影响路径的作用为正向，但作用很小。

表 6-8　总影响路径的系数及显著性(一)

中介变量	路径	路径系数	T 统计量	P 值	结论
住房拥有量	家庭总收入→住房拥有量→消费	0.011***	16.062	0.000	成立
住房资产	家庭总收入→住房资产→消费	0.023***	29.971	0.000	成立
其他资产	家庭总收入→其他资产→消费	0.028***	32.625	0.000	成立
无风险资产	家庭总收入→无风险资产→消费	0.038***	36.137	0.000	成立
自有住房所有权	家庭总收入→自有住房所有权→消费	0.004***	10.965	0.000	成立
风险资产	家庭总收入→风险资产→消费	0.119***	45.776	0.000	成立

注：***、** 和 * 分别表示在 1%、5%和 10%水平下显著。

（二）资产→收入→消费

资产影响收入最终影响消费的财富效应传导路径的检验与前者相似，本书首先进行信度检验和效度检验，同样发现各变量 CR 值均大于 0.7，CA 系数均大于 0.7，AVE 值均大于 0.5，因此模型通过信度检验和效度检验，具有较高的信度和效度。

其次，本书进行路径系数及其显著性测算（见表 6-9），并绘制对应的标准路径图（见图 6-2）。不难发现，各系数的显著程度都很高，表 6-6 中所有假设都通过了显著性检验。

其中风险资产对家庭收入的影响最大，无风险资产、其他资产和住房资产对家庭收入也有显著正向影响，但影响作用较小。自有住房所有权对居民家庭总收入具有负向显著影响，不过影响作用相对较小。而家庭收入直接影响消费，即居民家庭收入的提高有利于增加居民家庭的消费支出。也就是说，以家庭收入为中介变量，除了自有住房所有权以外，资产普遍具有财富效应，其中风险资产的财富效应非常强，有必要发挥资本市场尤其是股票市场的作用，提高居民的财产性收入，这样有利于刺激居民家庭消费。

表 6-9　路径系数及其显著性(二)

假设	路径	路径系数	T 统计量	P 值	结论
H1	住房价值→家庭总收入	0.018***	6.917	0.000	成立
H2	住房拥有量→家庭总收入	0.027***	8.096	0.000	成立
H3	其他资产→家庭总收入	0.010***	3.462	0.001	成立
H4	家庭总收入→消费	0.249***	74.900	0.000	成立
H5	无风险资产→家庭总收入	0.030***	11.206	0.000	成立
H6	自有住房所有权→家庭总收入	−0.023***	7.664	0.000	成立
H7	风险资产→家庭总收入	0.697***	263.446	0.000	成立

注：*** 、** 和 * 分别表示在1%、5%和10%水平下显著。

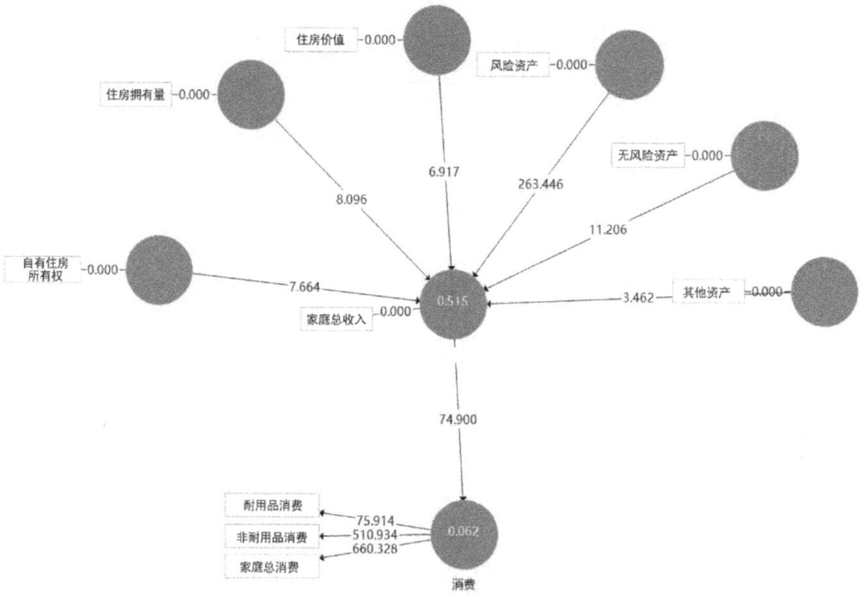

图 6-2　资产→收入→消费传导路径及其系数

最后本书对以家庭收入为中介变量的资产财富效应总影响路径进行分析。根据上述通过以中介变量影响路径的直接分析，可以得到具体的总影响路径，共六条。第一条路径：住房价值→家庭总收入→消费；第二条路径：住房拥有量→家庭总收入→消费；第三条路径：其他资产→家庭总收入→消费；第四条路径：无风险资产→家庭总收入→消费；第五条路径：自有住房所有权→家庭总收入→消费；第六条路径：风险资产→家庭总收入→消费。

如表 6-10 所示，六条总影响路径的系数都十分显著。不难发现，以家庭收入为中介变量时同样是风险资产对消费的影响作用最大，显著性也最高；其次是无风险资产和住房资产，但它们的资产财富效应已经比较小了。而自有住房所有权对消费的资产财富效应为负。正因为如此，有必要支持和鼓励居民家庭扩大金融资产的财产性收入来源。而居民家庭自有住房所有权对居民家庭消费有负向影响，有必要对房地产进行调控。

表 6-10　总影响路径的系数及显著性(二)

中介变量	路径	路径系数	T 统计量	P 值	结论
家庭总收入	住房价值→家庭总收入→消费	0.005***	6.883	0.000	成立
家庭总收入	住房拥有量→家庭总收入→消费	0.007***	7.976	0.000	成立
家庭总收入	其他资产→家庭总收入→消费	0.003***	3.433	0.001	成立
家庭总收入	无风险资产→家庭总收入→消费	0.007***	10.976	0.000	成立
家庭总收入	自有住房所有权→家庭总收入→消费	−0.006***	7.591	0.000	成立
家庭总收入	风险资产→家庭总收入→消费	0.173***	70.029	0.000	成立

注：***、** 和 * 分别表示在 1%、5%和 10%水平下显著。

第四节　2012 年样本居民家庭资产选择及消费特点对比

本书从不同财富、不同生命周期阶段、不同地区和不同收入等方面对居民家庭资产选择和消费进行比较。

一、不同财富中国居民家庭资产与消费现状特点对比

财富与家庭金融资产组合及消费之间关系明显，本书首先将样本按照家庭总资产数额由小到大排列，然后将排列之后的样本平均分为四组，每组家庭占总样本的25%，并重点观察了资产最多的10%的家庭；最后将各类资产整理、归纳、计算，分别求出每组中各类资产在全部家庭资产总值中的份额。

如表6-11所示，财富与资产选择有显著关系。当财富增加时，总资产中的金融资产也会增加，其占比会扩大。最低四分位数的财富组别中，家庭金融资产在总资产中的份额只有0.26%，而最高四分位数的财富组别中，家庭金融资产在总资产中的份额为6.56%。中国家庭财富层次不同，其对资产选择也不同：财富水平低的家庭资产主要集中在现金和储蓄等风险较低的资产上，而财富水平高的家庭，对股票等风险较高的资产有较高的需求。当家庭财富增加时，储蓄存款、现金、股票等金融资产的比例也都随之增加，最高财富家庭金融资产结构与其他家庭差异明显，股票等风险资产的持有比例明显高于其他各层次的家庭。此外，资产最多的10%的家庭金融资产占家庭金融资产总额的48.24%，接近一半的数额；住房资产占家庭总资产的比例也达到41.33%。与其他财富层次相比，可以发现中国贫富差距较大，资产严重不均。

表6-11　不同财富分位的家庭资产选择及其消费状况　　单位：%

类型	0～25%		26%～50%		51%～75%		76%～100%		最高10%	
资产	占金融资产总额比	占总资产比	占金融资产总额比	占总资产比	占金融资产总额比	占总资产比	占金融资产总额比	占总资产比	占金融资产总额比	占总资产比
储蓄存款	1.81	0.16	5.09	0.46	10.94	0.99	36.03	3.25	22.16	2.00
现金	0.73	0.07	1.23	0.11	1.79	0.16	4.9	0.4	2.69	0.24
股票	0.06	0.005	0.35	0.03	1.65	0.15	17.67	1.5	14.10	1.27
金融资产	2.85	0.26	7.50	0.68	17.02	1.54	72.63	6.56	48.24	4.36
住房资产	—	0.91	—	5.07	—	11.64	—	58.91	—	41.33

（续表）

类型	0～25%	26%～50%	51%～75%	76%～100%	最高 10%
消费	占家庭总消费比				
耐用品消费	0.65	0.99	1.82	3.69	1.78
非耐用品消费	10.67	16.03	23.01	43.12	23.61

而从消费的角度来分析，可以发现无论是耐用品消费还是非耐用品消费，消费比重都随着家庭财富的增长而增长，财富多的家庭消费也会较多。而将家庭耐用品消费与非耐用品消费的金额对比，非耐用品的金额较大，这可能是因为非耐用品消费中包括食物、衣物等生活必需品，虽然价格低，但家庭购买次数相对会多一些，而耐用品虽然单价较高，但购买次数会少一些。

二、生命周期不同阶段的资产选择及消费特点分析

在探究中国家庭资产选择及消费的情况时，都会将年龄阶段作为必要的研究点，随着人年龄变化，收入、承担的责任、面对的义务以及对投资的风险承受能力都会不断变化，所以家庭会在分析自身的具体情形后再构建与自己需求相符合的资产组合。表 6-12 将中国家庭分为四个年龄阶段，讨论每一年龄阶段家庭资产的持有情况及消费状况。

根据表 6-12，可以发现在上述所列家庭资产中投资股票的家庭随年龄呈现“倒 U 形”，18～30 岁年龄阶段的家庭投资股票的比例最低，31～40 岁年龄阶段的家庭投资股票的比例最高，40 岁以上逐渐减少；而与之相反的是储蓄存款的持有，18～30 岁年龄阶段的家庭持有的存款最多，31～40 岁年龄阶段的家庭持有的存款最少，之后逐渐上升，但也没有 18～30 岁年龄阶段的高。这与 Campbell(2006)的观点相类似，创业初期的青年人面临较多的资金约束，会将资金更多地投资于风险较低的资产，而对像股票这类风险稍高的资产的投资则会相对较少。

表 6-12　不同年龄阶段的资产选择与消费状况　　单位：%

年龄/岁	18～30		31～40		41～50		51～65	
资产	占金融资产比	占总资产比	占金融资产比	占总资产比	占金融资产比	占总资产比	占金融资产比	占总资产比
现金	8.80	0.85	8.49	0.84	9.64	0.85	7.92	0.66
储蓄存款	63.50	6.13	49.87	4.93	54.48	4.83	53.57	4.48
股票	9.77	0.94	24.10	2.38	21.05	1.86	17.99	1.50
金融资产	100	9.66	100	9.88	100	8.86	100	8.36
住房资产	—	72.94	—	74.15	—	75.62	—	80.19
无风险资产	72.30	6.99	58.35	5.76	64.11	5.68	61.49	5.14
风险资产	27.70	2.68	41.65	4.11	35.89	3.18	38.51	3.22
消费	占家庭总消费比							
耐用品消费	8.99		7.20		5.66		8.46	
非耐用品消费	91.01		92.80		94.24		91.54	

在上述四个阶段中，家庭处于不同的阶段，其资产选择与消费也呈现不同特点。18～30 岁为青年期：此时面临着毕业工作及结婚成家的转变，较多家庭没有过高的收入，消费支出相对提高，尤其是耐用品的支出与其他年龄阶段相比最高，此时家庭会注重资产的积累，储蓄存款在金融资产中的占比达 63.50%，风险资产相对较少；31～40 岁为家庭形成期：从结婚到小孩出生、长大至少年阶段，此时组建了家庭并努力使自己的家庭变好，经济收入有所提高，生活步入正轨，有了一定的资产储蓄，此时投资的风

险资产最多，比重达41.65%；41～50岁为家庭成长期：从小孩高中到大学毕业，这一阶段，工作达到巅峰，家庭收入和持有的资产都有很大的增加，但消费支出尤其是教育支出较高，此时非耐用品消费水平达到最高，这一时期风险金融资产有些许下降；51～65岁为家庭成熟期：此时子女多已参加工作有了自己的收入，家长退休有一定的养老金作保障，此时家庭的投资能力最强，能够承受一定的风险，所以风险资产的投资有些许回升，注重休闲、旅游等享受型消费支出。

三、东、中、西部及东北地区家庭之间的资产选择与消费状况

"七五"计划将中国分成三个地区，即东部、中部和西部地区，东部是经济发展水平处于前沿的省（自治区、直辖市），最早实行沿海开放政策，中部是经济发展水平稍低的地区，而西部是与其他地区相比，经济发展水平最低的地区。此外，本书将东北三省也纳入考虑范围。

家庭所在的地区不一样，家庭资产选择与消费情况也会有所差异。根据表6-13，东部地区持有风险资产的比重显著高于其他三个地区，股票的比重是最高的，而西部地区的无风险资产的比重与其他三个地区相比显著提高，因此西部地区家庭储蓄资产的比重是最高的。因此，可以说明在经济发展水平较高的地区家庭更倾向于持有收益较高、风险较高的资产，在经济欠发达地区的家庭更倾向于持有风险性较小的资产。虽然目前各种金融产品迅速发展，但在这四个区域内储蓄仍是占比最大的一项资产，占金融资产的比例都超过了50%，说明中国居民家庭存在十分强烈的储蓄动机。与其他三个地区相比，东部地区住房财富占比最高，占总资产的比例超过了80%，这有一部分原因在于经济发展水平较高的地区的房价也较高，从而拥有住房家庭的住房资产也就较高。

表6-13　不同地区之间的资产选择与消费状况　　单位：%

地区	东部地区		中部地区		西部地区		东北三省	
资产	占金融资产比	占总资产比	占金融资产比	占总资产比	占金融资产比	占总资产比	占金融资产比	占总资产比
现金	7.07	0.61	11.86	1.26	12.10	1.04	12.96	1.39
储蓄存款	51.44	4.42	58.02	6.16	61.99	5.31	59.19	6.34

（续表）

地区	东部地区		中部地区		西部地区		东北三省	
资产	占金融资产比	占总资产比	占金融资产比	占总资产比	占金融资产比	占总资产比	占金融资产比	占总资产比
股票	23.14	1.99	13.48	1.43	9.63	0.82	12.34	1.32
金融资产	100	8.58	100	10.61	100	8.86	100	10.71
住房资产	—	80.61	—	66.67	—	60.52	—	71.81
无风险资产	58.51	5.02	69.88	7.41	74.09	6.34	72.15	7.72
风险资产	41.49	3.56	30.12	3.20	25.91	2.22	27.85	2.98
消费	占家庭总消费比							
耐用品消费	7.09		7.60		9.76		3.64	
非耐用品消费	92.91		92.40		90.24		96.36	

在消费支出方面，经济发达的东部地区非耐用品消费的占比相对较高一些，可能是经济发达地区的消费水平较高，因此食品、衣物等生活必需品的价格与经济落后地区相比也会较高一些。

四、低收入、中等收入、高收入家庭之间的资产选择与消费状况

根据家庭的总收入水平，大致按照30％、40％、30％的比例将其分为低收入、中等收入及高收入组。资产选择与消费状况见表6-14。

表 6-14　不同收入水平家庭的资产选择与消费状况　　单位：%

家庭	低收入家庭		中等收入家庭		高收入家庭	
资产	占金融资产比	占总资产比	占金融资产比	占总资产比重	占金融资产比	占总资产比
现金	14.44	0.79	12.16	0.95	6.67	0.70
储蓄存款	60.20	3.31	57.10	4.47	51.86	5.44
股票	13.51	0.74	15.28	1.20	22.18	2.33
金融资产	100	5.50	100	7.82	100	10.49
住房资产	—	74.80	—	76.75	—	76.85
无风险资产	74.63	4.10	69.27	5.42	58.53	6.14
风险资产	25.37	1.39	30.73	2.40	41.47	4.35
消费	占家庭总消费比					
耐用品消费	6.41		7.07		7.46	
非耐用品消费	93.59		92.93		92.54	

根据表 6-14，可以发现家庭收入水平不一样，资产分布状况与消费状况也会有相应的区别。低收入家庭会更倾向于选择现金、储蓄存款等风险较低的资产，高收入水平的家庭会将资金投资于股票等风险较高的资产。此外，家庭的住房资产占总资产的比例也随收入水平的增高而上升。在消费方面，家庭的收入水平越高，耐用品消费在总消费中的占比也会更大。

第五节　2012年样本居民家庭资产选择差异性

本书从市场参与和资产配置程度两个方面来考察中国居民家庭的资产选择差异情况。

一、变量设定

首先本书讨论会造成家庭资产选择变化的主要因素，主要研究变量包括资产、负债及相关的人口结构特征变量(包括人口数、年龄、性别、受教育程度、婚姻状况、健康状况等)，主观因素变量(风险态度、幸福感等)和地区特征变量。表6-15是有关控制变量的相关说明。

表6-15　控制变量的相关说明

变量名	变量符号	变量说明
家庭成员数	pop	居民家庭成员数量
年龄	age、age^2	age和age^2，分别表示家庭年龄和年龄的平方。加入age^2是为了研究年龄与资产、负债之间的非线性关系
性别	gender	这个指标是性别虚拟变量，为男性取值为1，为女性取值为0
受教育程度	edu	受教育程度分为没上过学、小学、初中、高中、中专、大专、本科、硕士、博士九种类型，分别用edu=0、6、9、12、12、15、16、19、23表示
民族	ethnic	为汉族时取值为1，否则为0
政治面貌	party	为党员时取值为1，否则为0
健康状况	health	非常健康、较健康取值为1，其他为0
婚姻状况	marriage	数据中的婚姻状况有已婚、未婚、离婚、丧偶、同居、分居等六种，marriage=1,0分别表示处于已婚和其他两种状况
是否为本地人口	local	local=1表明是本地人口，local=0表明是外来人口
是否为农村户口	hukou	hukou=1表明是农村户口，hukou=0表明是城市户口
幸福感	happiness	非常幸福、幸福取值为1，其他为0
风险态度	riskattitude	能承受较高风险取值为1，其他为0

二、模型设定

(一)Probit 模型:家庭资产持有情况的决定因素

对于家庭是否拥有资产的决定因素,本书使用标准 Probit 模型进行实证分析。Probit 模型的形式如式(6.9)所示。

$$\begin{cases} Y_i^* = \beta_0 + \beta_1 \text{characteristic} + \beta_2 \text{riskattitude} + \beta_3 \text{happiness} + \\ \qquad \beta_4 \text{income} + \beta_5 \text{house} + \beta_6 \text{assets} + \beta_7 \text{debts} + u \\ Y_i = 1 \qquad Y_i^* > 0 \\ Y_i = 0 \qquad Y_i^* \leqslant 0 \end{cases} \tag{6.9}$$

其中,$u \sim N(0, \sigma^2)$;Y_i 是哑变量,表示参与资产的可能性,等于 1 表明家庭参与资产,等于 0 表示没有参与;characteristic 表示会造成资产选择变化的家庭人口结构方面的因素,包括家庭人口、户主性别、婚姻状况、政治面貌、民族、宗教信仰、健康状况、户口类型等。Y_i^1 表示家庭持有金融资产,Y_i^2 表示家庭持有住房资产。

(二)Tobit 模型:家庭资产持有额的决定因素

在得到 Probit 模型研究结果后,本书将探究家庭资产持有额的决定因素。样本中存在较多家庭的资产持有额为 0,被解释变量是截断的,因此回归利用 Tobit 模型,其形式如式(6.10)所示。

$$\begin{cases} y_i^* = \beta_0 + \beta_1 \text{characteristic} + \beta_2 \text{riskattitude} + \beta_3 \text{happiness} + \beta_4 \text{income} + \\ \qquad \beta_5 \text{house} + \beta_6 \text{assets} + \beta_7 \text{debts} + u \\ y_i = \max(0, y_i^*) \end{cases} \tag{6.10}$$

相似于 Probit 模型,y_i^* 表示家庭资产的意愿拥有额,存在区别的地方在于,此时 y_i 表示家庭资产的真实持有量。当 $y_i^* > 0$ 时,家庭资产/负债的真实持有额就为 y_i^*,即 $y_i = y_i^*$;当 $y_i^* \leqslant 0$ 时,家庭不想拥有资产/负债,此时其资产/负债持有量是 0,$y_i = 0$。

三、资产的参与度分析

(一)金融资产的参与度分析

首先根据回归结果分析金融资产的参与度。表 6-16 结果显示家庭人口数、户主性别、民族、婚姻状况、幸福感对家庭金融类资产的持有的影响都不显著。而受教育程度与存款和股票等金融资产的持有有着明显的正向关系，表明家庭学历越高，则持有金融资产的可能性越高。从相关意义上说，学历的高低反映了家庭的人力资本和其理财观念，学历更高的家庭人力资本更多，意味着会拥有更高的未来的劳动收入，此外，学历高的人具有更强的学习能力和意识，对金融市场的了解及金融知识的掌握程度也会更高，会更倾向于购买类似股票的风险较高的金融资产。农村户口的家庭拥有金融资产的可能性则较低，这与国内外的实证结果一致。家庭成员的健康状况与家庭持有储蓄的可能性呈显著的正相关关系，而与股票的持有关系并不明显，这一结论与吴卫星(2011)所得出的结论一致。年龄对家庭资产参与决策表现出非线性影响，家庭持有股票的可能性随着年龄增长先增后减，说明中国城市青年家庭更偏向于投资风险资产。收入的高低对存款及股票的参与决定存在明显的正向影响。

住房对储蓄存款和股票存在明显的挤出效应，说明家庭若持有住房，将会减少家庭投资金融资产的可能性。负债总额与储蓄的持有呈现明显的负相关的关系，一个家庭持有的负债越多，其储蓄的可能性就越小；负债对股票的影响不太明显。而家庭资产总额与家庭持有存款、股票的可能性有着明显的正向关系。

(二)住房资产的参与度分析

如表 6-16 所示，家庭人口数对住房持有的影响是正向的，表明家庭人口规模越大，家庭越倾向于拥有房产；性别与家庭住房资产的持有也有着明显的关系，若家庭户主为男性，家庭更倾向于持有住房资产；家庭成员的健康状况对住房的影响也是正向的，一个家庭的成员越健康，相对的资产也就会增加，继而购房的可能性增加；家庭持有房产的可能性随着年龄增长先增后减，说明中国城市青年家庭更偏向于购买房产；收入水平对家庭是否持有住房存在正向影响，收入愈高，购房还贷的压力会愈小。民族、政治面貌、风险态度对住房的持有没有明显影响。幸福感和婚姻状况对住房的持有存在一定的正向影响，因为中国目前大部分居民都存在着结婚买房的观念；然而受教育水平对住房的持有产生了明显的负向影响。

表 6-16　家庭资产选择的决定因素：Probit 回归结果

变量	(1)	(2)	(3)	(4)
	储蓄存款	股票	住房资产	金融资产
pop	−0.014 (0.012)	−0.037 (0.023)	0.130*** (0.021)	0.005 (0.024)
gender	−0.035 (0.039)	−0.079 (0.059)	0.092* (0.051)	0.009 (0.074)
ethnic	−0.056 (0.062)	−0.055 (0.099)	−0.009 (0.091)	0.166 (0.106)
party	0.044 (0.054)	−0.011 (0.069)	0.044 (0.071)	−0.127 (0.109)
edu	0.042*** (0.006)	0.064*** (0.009)	−0.016* (0.008)	0.019* (0.011)
hukou	−0.251*** (0.041)	−0.691*** (0.073)	0.346*** (0.056)	−0.232*** (0.079)
local	−0.257*** (0.066)	0.002 (0.108)	0.643*** (0.073)	−0.012 (0.131)
marriage	0.0543 (0.058)	0.0787 (0.095)	0.178** (0.070)	−0.020 (0.111)
health	0.094*** (0.036)	0.010 (0.056)	0.130*** (0.053)	0.212*** (0.075)
riskattitude	0.027 (0.049)	0.415*** (0.063)	0.080 (0.069)	−0.115 (0.093)
happiness	0.033 (0.034)	0.0774 (0.059)	0.226*** (0.048)	0.103 (0.065)
age	−0.019 (0.013)	0.062*** (0.021)	0.046*** (0.016)	−0.045 (0.029)

（续表）

变量	(1)	(2)	(3)	(4)
	储蓄存款	股票	住房资产	金融资产
age^2	0.000 (0.000)	−0.001* (0.000)	−0.000 (0.000)	0.000 (0.000)
income	0.035*** (0.006)	0.035*** (0.005)	0.030*** (0.007)	0.012 (0.015)
debts	−0.006*** (0.001)	−0.002 (0.001)	0.004 (0.004)	−0.002 (0.001)
assets	0.016*** (0.003)	0.004*** (0.001)		0.022*** (0.008)
house	−0.016*** (0.003)	−0.002* (0.001)		−0.022*** (0.008)
fa			−0.001 (0.002)	
constant	0.331 (0.282)	−3.582*** (0.472)	−1.586*** (0.356)	2.572*** (0.656)

注：***、** 和 * 分别表示在1%、5%和10%水平下显著，括号内为标准差。

四、家庭资产配置程度影响因素分析

从表6-17的回归结果中可以看出，家庭人口数、民族、政治面貌、婚姻状况对存款、股票等金融资产的影响并不显著，但是家庭人口数、婚姻状况对住房的投资有明显的正向影响，这可能是因为家庭人口数的多少影响了住房的大小，从而影响了房产价值。而结婚后，买房成家的家庭意识就更强烈，也会进一步影响房产价值。户主受教育程度与家庭金融资产呈正相关关系，这可能是因为户主的受教育程度与工资薪酬有一定的相关度且学历越高金融理财意识也就越强，因此学历越高，存款和股票就越多，而对住房则呈现明显负向影响。农业户口家庭的金融资产持有相较于非农业户口会少一些；本地家庭的房产会更多，储蓄等资产会较少。家庭户主的身体健康情况也会对储蓄和住房资产产生正向影响，这表明家庭户主越健康，用于医疗方面的资产会越少，进而会将更多的资金用于金融资产以及住房资产的购买上。家庭金融资产中的高风险品种股票随着户主年龄的增加先增后减，住房价值也随着户主年龄的增加先增后减，可能有两个理由可以解释该种情况：①中国老年人与青年人在消费观念、习惯上有很明显的不同点，当前中国老年人较为节俭，对住房、耐用消费品的要求比青年人低。②老年人会更多地考虑生病或者给子女留下遗产等问题，会更细心地考虑未来可能的种种情况，所以会将财富以风险性较低的方法持有。在目前证券市场波动幅度大的情况下，储蓄等低风险性资产比股票更安全。户主能承受风险的程度对家庭风险资产的选择也存在明显的正向影响，能承受的风险越高，家庭会投资的股票越多。

住房对储蓄存款和股票具有明显的挤出效应，家庭拥有越多的住房资产，拥有的储蓄、股票等金融资产就会越少，类似的，金融资产对住房资产也存在挤出效应；此外，家庭资产水平越高，持有的金融资产和住房资产也会越多，而负债则对资产持有的程度存在负向影响。

根据对家庭总资产的影响因素的分析，可以发现家庭收入、住房资产及金融资产都对家庭总资产有显著的正向影响。

表 6-17　家庭资产额的决定因素：Tobit 回归结果

自变量	因变量				
	储蓄存款	股票	金融资产	住房资产	总资产
pop	−0.009 (0.017)	−0.266 (0.187)	−0.005 (0.006)	0.296*** (0.056)	−0.005 (0.015)
gender	0.005 (0.052)	−0.780* (0.459)	0.008 (0.020)	0.187 (0.160)	0.050 (0.042)
ethnic	−0.036 (0.081)	−0.304 (0.787)	0.016 (0.030)	0.305 (0.244)	−0.105 (0.066)
party	0.063 (0.069)	−0.165 (0.533)	0.004 (0.027)	0.042 (0.236)	0.250*** (0.080)

（续表）

自变量	因变量				
	储蓄存款	股票	金融资产	住房资产	总资产
edu	0.065*** (0.008)	0.494*** (0.090)	0.024*** (0.003)	−0.0613*** (0.0227)	0.011* (0.006)
hukou	−0.279*** (0.054)	−5.451*** (0.786)	−0.110*** (0.021)	0.850*** (0.172)	0.174*** (0.046)
local	−0.400*** (0.085)	−0.033 (0.757)	−0.124*** (0.033)	2.076*** (0.253)	0.089 (0.060)
marriage	0.092 (0.078)	0.573 (0.722)	0.040 (0.029)	0.611*** (0.216)	0.009 (0.054)
health	0.149*** (0.048)	0.155 (0.435)	0.088*** (0.018)	0.333** (0.154)	0.017 (0.046)
riskattitude	0.035 (0.064)	3.289*** (0.594)	0.033 (0.025)	−0.148 (0.203)	−0.080 (0.059)
happiness	0.123*** (0.046)	0.575 (0.443)	0.076*** (0.017)	0.571*** (0.0143)	0.084** (0.039)
age	−0.011 (0.017)	0.463*** (0.163)	−0.003 (0.006)	0.178*** (0.050)	−0.022* (0.013)
age^2	0.000 (0.000)	−0.005*** (0.002)	0.000 (0.000)	−0.002*** (0.001)	0.000 (0.000)
income	0.063*** (0.006)	0.273*** (0.045)	0.037*** (0.003)	−0.033 (0.020)	0.042*** (0.008)

（续表）

自变量	因变量				
	储蓄存款	股票	金融资产	住房资产	总资产
debts1	−0.011*** (0.002)	−0.012 (0.008)	−0.004*** (0.001)	−0.008 (0.007)	0.002 (0.003)
assets1	0.017*** (0.001)	0.033*** (0.005)	0.015*** (0.001)	0.131*** (0.007)	
house1	−0.015*** (0.001)	−0.018*** (0.006)	−0.014*** (0.001)		1.264*** (0.095)
fa1				−0.158*** (0.011)	1.248*** (0.111)
constant	−0.218 (0.372)	−2.777*** (0.577)	0.368*** (0.142)	−6.616*** (1.161)	0.705** (0.275)

注：***、** 和 * 分别表示在1%、5%和10%水平下显著，括号内为标准差。

第六节　2012年居民家庭资产财富效应对消费的结构性差异影响

一、住房资产财富效应检验

首先，检验住房资产的财富效应，将居民家庭消费指标作为因变量，主要考虑家庭总消费、耐用品消费、非耐用品消费这三项；其次，将住房资产、家庭总收入、非住房资产作为自变量，同时控制户主性别、年龄、民族、政治面貌、学历等家庭人口统计变量；最后，对住房资产对居民家庭消费的影响进行探究。对上述三项消费指标进行回归的结果见表6-18。本书同时进行多重共线性VIF检验，结果均小于1.5，说明不存在共线性，检验结果有效。

表 6-18 住房资产财富效应检验(一)

类别	住房价值财富效应			住房所有权财富效应			住房拥有量财富效应		
因变量	总消费	耐用品消费	非耐用品消费	总消费	耐用品消费	非耐用品消费	总消费	耐用品消费	非耐用品消费
常数	0.111 (0.26)	−2.442*** (−3.32)	0.117 (0.27)	0.005 (0.01)	−2.611*** (−3.55)	0.025 (0.06)	0.066 (0.15)	−2.507*** (−3.40)	0.072 (0.16)
住房价值	0.024*** (3.99)	0.038*** (3.57)	0.021*** (3.38)						
自有住房所有权				0.109 (1.33)	0.435*** (3.06)	0.067 (0.79)			
住房拥有量							0.070* (1.80)	0.115* (1.70)	0.054 (1.36)
非住房资产	0.269*** (18.96)	0.240*** (9.78)	0.260*** (17.83)	0.278*** (19.93)	0.250*** (10.34)	0.269*** (18.72)	0.276*** (19.55)	0.251*** (10.27)	0.267*** (18.37)
家庭总收入	0.273*** (11.15)	0.190*** (4.49)	0.261*** (10.35)	0.282*** (11.56)	0.201*** (4.76)	0.269*** (10.71)	0.279*** (11.38)	0.199*** (4.69)	0.266*** (10.56)
家庭人数	0.138*** (8.27)	−0.034 (−1.18)	0.150*** (8.78)	0.141*** (8.45)	−0.033 (−1.14)	0.154*** (8.96)	0.140*** (8.38)	−0.031 (−1.07)	0.153*** (8.89)
性别	−0.163*** (−3.20)	0.112 (1.26)	−0.200*** (−3.82)	−0.167*** (−3.26)	0.102 (1.16)	−0.203*** (−3.86)	−0.166*** (−3.25)	0.108 (1.22)	−0.203*** (−3.85)
民族	0.0720 (0.92)	−0.443*** (−3.28)	0.0997 (1.24)	0.0748 (0.96)	−0.440*** (−3.25)	0.102 (1.27)	0.0771 (0.99)	−0.435*** (−3.21)	0.104 (1.29)
学历	0.058*** (7.83)	−0.000 (−0.01)	0.060*** (7.93)	0.058*** (7.81)	0.001 (0.10)	0.060*** (7.90)	0.058*** (7.78)	−0.001 (−0.04)	0.060*** (7.89)
婚姻状况	0.131* (1.74)	0.152 (1.16)	0.140* (1.79)	0.144* (1.90)	0.157 (1.19)	0.152* (1.95)	0.148* (1.95)	0.177 (1.35)	0.154** (1.98)

（续表）

类别	住房价值财富效应			住房所有权财富效应			住房拥有量财富效应		
因变量	总消费	耐用品消费	非耐用品消费	总消费	耐用品消费	非耐用品消费	总消费	耐用品消费	非耐用品消费
政治面貌	0.009 (0.13)	−0.055 (−0.48)	0.042 (0.61)	0.007 (0.10)	−0.058 (−0.50)	0.0406 (0.59)	0.007 (0.10)	−0.059 (−0.50)	0.041 (0.59)
本地人口	−0.401*** (−4.86)	−0.202 (−1.42)	−0.373*** (−4.39)	−0.378*** (−4.57)	−0.204 (−1.42)	−0.350*** (−4.10)	−0.375*** (−4.55)	−0.163 (−1.14)	−0.349*** (−4.12)
年龄	0.114*** (7.09)	−0.010 (−0.33)	0.117*** (7.07)	0.116*** (7.15)	−0.011 (−0.39)	0.119*** (7.14)	0.117*** (7.22)	−0.006 (−0.21)	0.119*** (7.18)
年龄平方	−0.002*** (−9.16)	−0.000 (−0.19)	−0.002*** (−9.16)	−0.002*** (−9.19)	−0.000 (−0.12)	−0.002*** (−9.20)	−0.002*** (−9.26)	−0.000 (−0.27)	−0.002*** (−9.24)
农村户口	−0.287*** (−5.43)	0.312*** (3.41)	−0.329*** (−6.05)	−0.303*** (−5.71)	0.277*** (3.03)	−0.342*** (−6.27)	−0.299*** (−5.66)	0.294*** (3.21)	−0.340*** (−6.24)

注： ***、** 和 * 分别表示在1%、5%和10%水平下显著，括号内为 T 统计值。

自有住房所有权的系数大于0，同时对于家庭的耐用品消费的回归系数在1%水平下显著，而对总消费和非耐用品消费的回归系数不显著。可见拥有自有住房的居民家庭耐用品消费水平要高于没有自有住房的家庭，而是否拥有自有住房对总消费和非耐用品消费的影响却不明显。住房拥有量的系数大于0，同时对应因变量家庭总消费和耐用品消费的回归系数在10%水平下显著，对非耐用品消费的回归系数不显著。这说明住房拥有量对家庭总消费和耐用品消费具有一定的正向影响，而对非耐用品消费的影响却不明显。住房价值系数为正，而且均在1%水平下显著，说明居民家庭的住房价值越高，家庭的总消费、耐用品消费、非耐用品消费的水平越高，即住房资产具有明显的财富效应。非住房资产对消费也具有明显的资产财富效应，其系数大于0，而且均在1%水平下显著。居民家庭的人口特征对居民家庭的消费水平也有显著影响。由表6-18可知，家庭总收入的系数均在1%水平下显著，并且均大于0，这说明居民家庭收入具有明确的财富效应。收入的增加使得居民家庭的可支配收入提高，居民家庭就有更强的消费能力从而增加消费支出。

此外，居民家庭人口统计变量如家庭人数、学历、婚姻状况、是否本地人口、户主年龄和农村户口等对居民家庭消费也具有一定的影响。不过需要注意的是家庭人数、户主学历、户主年龄在总消费和非耐用品消费上表现出较为显著的财富效应，但在耐用品消费上却表现出挤出效应。事实上，家庭人数增多，在人均消费支出保持不变的情况下，居民家庭总的消费支出势必增加，而且非耐用品消费的增加更明显。而家庭人数增多，居民家庭单位数减少，平均每个家庭对耐用品的消费量是有限的，反而使得耐用品的总消费降低。而学历越高、年龄越大，对总消费和非耐用品消费具有正向的财富效应，但对耐用品的消费却表现出负向的挤出效应。有意思的是，本书同时对年龄的平方数也进行了检验，结果发现年龄平方数的系数显示年龄平方数反而是对消费存在挤出效应。显然这说明年龄这一影响因素总体上对住房资产的财富效应有正向推动，但实际上两者具有一定的非线性关系，低年龄户主家庭和高年龄户主家庭的住房对消费的影响主要体现出财富效应，而中间年龄组的户主家庭的住房资产财富效应可能稍低。因此可以对年龄分组进一步实证。

同时，农村居民家庭对总消费和非耐用品消费具有明显的挤出效应。一方面，农村的物价水平相比较低，更多的家庭在日常消费中可能自给自足，所以农村居民家庭的消费水平偏低；另一方面，农村住房资产往往是不能流动的，或者兑现能力较差，无法体现财富和资产的增值能力，其财富效应也就并不理想。农村居民家庭自建房还消耗了大量的资金，使得消费能力下降，对消费形成了挤出效应。不过农村居民家庭对耐用品消费具有明显的财富效应。户主的性别同样如此，对总消费和非耐用品消费表现为挤出效应，对耐用品消费具有明显的财富效应。婚姻状况具有财富效应，但相对显著性稍低。本地人口的消费水平相对较低，对消费形成挤出效应。

此外，表 6-19 的数据显示非住房资产的财富效应要明显高于住房资产，不仅系数更大，而且显著性更高，均在 1%水平下显著。考虑到非住房资产包含金融资产、其他资产，对消费的影响可能会因不同资产的财富效应而有显著差异，因而可以将非住房资产细分后进一步进行检验。常数项检验的显著性也很强，而且对总消费和非耐用品消费具有财富效应，对耐用品消费则表现为挤出效应。因此，很可能仍存在推动总消费和非耐用品消费、降低耐用品消费的其他影响因素。

二、非住房资产财富效应检验

为检验非住房资产中的不同资产财富效应的差异，进一步对非住房资产进行细分

(见表 6-19)。本书对非住房资产中的现金、储蓄存款、股票等金融资产单独进行检验,同时将金融资产进一步分为风险资产、无风险资产,将非住房资产分为金融资产、非金融资产进行考察。本书同样对实证结果进行了多重共线性 VIF 检验,检验结果均小于 1.5,说明多重共线性不明显,结果有效。

表 6-19　非住房资产财富效应检验(一)

类别	金融资产财富效应			风险资产与无风险资产财富效应			金融资产与非金融资产财富效应		
因变量	总消费	耐用品消费	非耐用品消费	总消费	耐用品消费	非耐用品消费	总消费	耐用品消费	非耐用品消费
常数	1.706*** (6.61)	−2.355*** (−5.25)	1.721*** (6.48)	1.827*** (7.14)	−2.544*** (−5.72)	1.845*** (7.01)	1.657*** (6.53)	−2.739*** (−6.20)	1.669*** (6.39)
金融资产							0.123*** (13.03)	0.081*** (4.91)	0.125*** (12.90)
现金	0.100*** (8.78)	0.014 (0.71)	0.101*** (8.63)						
储蓄	0.035*** (7.07)	0.034*** (4.01)	0.036*** (7.13)						
股票	0.018** (2.33)	0.061*** (4.56)	0.018** (2.22)						
风险资产				0.099*** (9.74)	0.058*** (3.28)	0.099*** (9.49)			
无风险资产				0.032*** (6.45)	0.034*** (3.92)	0.033*** (6.51)			
非金融资产	0.169*** (13.02)	0.167*** (7.39)	0.159*** (11.91)	0.172*** (13.39)	0.178*** (7.94)	0.161*** (12.17)	0.175*** (3.65)	0.183*** (8.23)	0.163*** (12.41)
家庭总收入	0.260*** (10.66)	0.177*** (4.17)	0.246*** (9.82)	0.259*** (10.63)	0.188*** (4.44)	0.244*** (9.74)	0.262*** (10.75)	0.197*** (4.65)	0.246*** (9.84)
家庭人数	0.144*** (8.68)	−0.030 (1.04)	0.157*** (9.24)	0.149*** (9.04)	−0.026 (−0.90)	0.163*** (9.56)	0.149*** (9.04)	−0.027 (−0.95)	0.163*** (9.56)
性别	−0.176*** (−3.48)	0.116 (1.31)	−0.213*** (−4.09)	−0.179*** (−3.52)	0.095 (1.08)	−0.215*** (−4.12)	−0.183*** (−3.61)	0.091 (1.03)	−0.220*** (−4.22)

（续表）

类别	金融资产财富效应			风险资产与无风险资产财富效应			金融资产与非金融资产财富效应		
因变量	总消费	耐用品消费	非耐用品消费	总消费	耐用品消费	非耐用品消费	总消费	耐用品消费	非耐用品消费
民族	0.067 (0.87)	−0.430*** (−3.19)	0.094 (1.18)	0.065 (0.84)	−0.434*** (−3.21)	0.092 (1.14)	0.049 (0.62)	−0.446*** (−3.29)	0.075 (0.93)
学历	0.062*** (8.51)	0.003 (0.20)	0.064*** (8.58)	0.060*** (8.29)	0.004 (0.31)	0.063*** (8.38)	0.061*** (8.36)	0.005 (0.42)	0.063*** (8.44)
婚姻状况	0.132* (1.76)	0.125 (0.96)	0.141* (1.82)	0.157** (2.10)	0.149 (1.14)	0.164** (2.12)	0.154** (2.05)	0.148 (1.13)	0.160** (2.08)
政治面貌	−0.038 (−0.58)	−0.103 (−0.89)	−0.004 (−0.06)	−0.035 (−0.52)	−0.096 (−0.83)	−0.001 (−0.01)	−0.030 (−0.46)	−0.092 (−0.79)	0.004 (0.06)
本地人口	−0.426*** (−5.21)	0.263* (−1.85)	−0.395*** (−4.69)	−0.390*** (−4.80)	−0.209 (−1.48)	−0.363*** (−4.35)	−0.394*** (−4.85)	−0.224 (−1.59)	−0.367*** (−4.40)
年龄18～30岁	0.556*** (6.04)	0.259 (1.62)	0.589*** (6.21)	0.523*** (5.72)	0.158 (1.00)	0.561*** (5.96)	0.520*** (5.69)	0.156 (0.98)	0.558*** (5.93)
年龄31～50岁	0.763*** (15.21)	0.146* (1.67)	0.799*** (15.49)	0.748*** (14.94)	0.118 (1.35)	0.786*** (15.25)	0.755*** (15.09)	0.120 (1.38)	0.793*** (15.40)
农村户口	−0.254*** (−4.74)	0.369*** (3.96)	−0.292*** (−5.30)	−0.251*** (−4.70)	0.329*** (3.54)	−0.287*** (−5.24)	−0.258*** (−4.84)	0.314*** (3.39)	−0.295*** (−5.37)

注： ***、** 和 * 分别表示在1%、5%和10%水平下显著，括号内为 T 统计值。

金融资产财富效应的检验结果显示，现金对总消费和非耐用品消费具有显著的正向影响，储蓄和股票对三个消费变量在不同显著性水平下均有正向影响，财富效应十分显著。其中，现金对居民家庭总消费和非耐用品消费的财富效应最强，分别达到储蓄的2倍多和股票的5倍多。在耐用品消费方面，储蓄和股票的财富效应更强，而且表现十分显著。可见，金融资产的财富效应还与其流动性特征有着密切联系。流动性强的金融资产对非耐用品消费的财富效应更强；而流动性弱的金融资产对耐用品消费的财富效应更强。值得一提的是，现金、储蓄和股票在非耐用品消费上的财富效应是层层递减的关系，在耐用品消费上却是层层递进的关系。可见，投资股票的居民家庭其资产可能较多，非耐用品消费占其家庭财富的比重不高。

本书进一步把金融资产划分为风险资产和无风险资产进行财富效应的检验。风险资产和无风险资产对三个消费变量呈现正向推动作用，财富效应十分明显，均在1%水平下显著。但风险资产的财富效应明显高于无风险资产，即风险资产对居民家庭消费的影响力更强。也就是说，投资更多风险资产的投资者家庭其消费水平往往更高。本书还将非住房资产划分为金融资产与非金融资产进行财富效应的考察。金融资产和非金融资产均表现出较强的财富效应，均在1%的水平上显著。非金融资产的财富效应要明显高于金融资产，说明其财富效应更强。在对耐用品消费的影响上，非金融资产的回归系数达到0.183，是金融资产回归系数的2倍多。显然，虽然近几年来居民家庭对金融资产的关注度越来越高，像股票、债券、基金等资金不断流入资本市场，金融资产对居民家庭的消费影响在不断增强，但从整体上来看，居民家庭的资产财富仍主要来自非金融资产。因此非金融资产的财富效应也就高于金融资产。

表6-19中居民家庭收入和其他人口统计特征变量的实证结果与表6-18基本一致。家庭总收入具有十分明显的财富效应；家庭人数、户主性别和婚姻状况等对居民家庭消费也具有一定的财富效应影响，但表现为对总消费和非耐用品消费的影响显著，而对耐用品消费的影响不明显。值得注意的是，户主学历和户主年龄与表6-18的结果稍有差异。非住房资产财富效应的检验中，户主学历和户主年龄对三个消费因变量均表现出正向的财富效应，不过对耐用品消费的财富效应并不显著。户主政治面貌的结果不显著，说明政治面貌对消费的影响不明显。在对年龄的财富效应的检验中，表6-19中加入了两个年龄分组检验，分别是户主年龄为18～30岁的居民家庭和户主年龄为31～50岁的居民家庭。两个年龄组均表现出较强的财富效应，但对总消费和非耐用品消费的财富效应非常显著，对耐用品消费的财富效应不显著。同时，青年组的财富效应要低于中年组的财富效应。本书认为，这可能与户主年龄为31～50岁的居民家庭收入相对较高有关，也与户主年龄因素对消费具有非线性影响相匹配。

三、分组检验

资产的结构化差异使得资产财富效应的表现不同，考虑到其他因素也可能会对资产财富效应产生影响，因此本书进一步将所得样本按收入、地区和户主年龄进行细分（见表6-20），考察资产财富效应对消费的结构差异性影响。其中，家庭总收入按低收入、中等收入和高收入分为3组进行检验；户口是居民家庭的重要特征，两类居民家庭的消费水平有明显差异，因此先按农村和城市划分为2组进行检验；本书所选取的居民家庭户主年龄在18～65岁，因此划分为18～30岁、31～50岁、51～65岁共3组进行考察。

表 6-20 家庭资产财富效应差异性检验

类别	收入差异			地区差异		户主年龄差异		
因变量	低收入	中等收入	高收入	城市	农村	18～30 岁	31～50 岁	51～65 岁
常数	3.174*** (4.72)	2.091* (1.81)	2.655*** (3.38)	2.922*** (10.33)	0.359 (0.70)	3.536*** (5.26)	3.459*** (11.93)	0.161 (0.29)
住房资产	0.023* (1.75)	0.026*** (2.82)	0.001 (0.07)	0.016** (2.57)	0.039** (2.39)	0.011 (0.99)	0.021*** (3.02)	0.028* (1.92)
风险资产	0.120*** (5.30)	0.092*** (5.92)	0.071*** (4.92)	0.031*** (5.38)	0.018 (1.30)	0.168*** (5.78)	0.080*** (6.88)	0.101*** (5.02)
无风险资产	0.068*** (5.70)	0.022*** (3.09)	0.007 (1.01)	0.095*** (8.16)	0.105*** (6.13)	0.012 (0.85)	0.030*** (5.40)	0.037*** (3.64)
金融资产	0.181*** (7.05)	0.120*** (5.92)	0.170*** (7.90)	0.166*** (10.58)	0.173*** (7.74)	0.203*** (5.30)	0.126*** (8.05)	0.195*** (7.89)
家庭总收入	0.0716 (1.08)	0.341*** (3.06)	0.317*** (4.47)	0.162*** (6.17)	0.364*** (8.17)	0.172*** (2.64)	0.198*** (7.20)	0.186*** (7.23)
家庭人数	0.206*** (6.03)	0.121*** (4.75)	0.0254 (0.99)	0.123*** (5.95)	0.172*** (6.37)	−0.059 (−1.29)	0.106*** (4.65)	0.179*** (6.39)
性别	−0.166 (−1.45)	−0.231*** (−3.01)	−0.148** (−2.10)	−0.162*** (−3.07)	−0.109 (−0.98)	−0.291** (−2.35)	−0.114** (−2.01)	−0.279** (−2.54)
民族	0.236 (1.40)	0.0209 (0.18)	−0.0431 (−0.39)	−0.0763 (−0.80)	0.131 (1.01)	0.006 (0.03)	0.238*** (2.61)	−0.108 (−0.71)
学历	0.079*** (5.14)	0.052*** (4.61)	0.031*** (2.95)	0.067*** (7.86)	0.041*** (3.08)	0.033 (1.59)	0.062*** (6.93)	0.061*** (4.59)

（续表）

类别	收入差异			地区差异		户主年龄差异		
因变量	低收入	中等收入	高收入	城市	农村	18～30岁	31～50岁	51～65岁
婚姻状况	0.236 (1.54)	0.087 (0.76)	0.066 (0.57)	0.032 (0.40)	0.509*** (3.21)	0.026 (0.19)	0.233** (2.40)	0.205 (1.31)
政治面貌	−0.207 (−1.08)	0.072 (0.70)	−0.006 (−0.08)	0.001 (0.02)	−0.034 (−0.22)	0.223 (1.21)	0.009 (0.11)	−0.100 (−0.80)
本地人口	−0.636*** (−3.02)	−0.301** (−2.36)	−0.347*** (−3.46)	−0.230*** (−2.83)	−0.865*** (−3.65)	−0.357*** (−2.61)	−0.376*** (−4.19)	−0.408 (−1.56)
年龄18～30岁	0 (0.00)	0 (0.00)	0.206* (1.70)	0.458*** (4.79)	0.523** (2.41)			
年龄31～50岁	0.162 (0.72)	0.156 (1.25)	0.489*** (6.33)	0.693*** (12.12)	0.814*** (9.66)			
年龄51～65岁	−0.811*** (−3.45)	−0.532*** (−3.83)	0 (0.00)	0 (0.00)	0 (0.00)			
农村户口	−0.195 (−1.60)	−0.186** (−2.38)	−0.197** (−2.49)	−0.026 (−0.42)	−0.335** (−2.32)	−0.007 (−0.05)	−0.247*** (−3.99)	−0.248** (−2.25)

注： ***、** 和 * 分别表示在1%、5%和10%水平下显著，括号内为 *T* 统计值。

金融资产中的风险资产对居民家庭消费存在显著的财富效应；住房资产和无风险资产对中等收入、低收入组家庭的消费财富效应较为明显，而对高收入组的消费影响不明显。这可以解释为高收入人群收入高，相对而言满足日常的消费支出占收入比重较小，因而影响较小，而中低收入的家庭维持生活所需的消费支出占其收入比重较高，因而消费对资产变动的敏感度较高，1%的收入变化将引起消费的极大波动，因而整体上呈现资产财富效应随收入水平的上升而逐渐变小。同时将风险资产与无风险资产的检验结果进行对比，可以推测拥有风险资产的居民家庭相对财富实力较为雄厚。住房资产、风险资产、无风险资产和金融资产等对城市、农村家庭的消费影响均为正向，但显著程度则表现不一。住房资产、无风险资产和金融资产对农村居民家庭消费的影响更为突出，而风险资产则只对城市地区家庭的消费表现出1%水平下的财富效应。这说明农村居民资产偏向于选择住房、储蓄、现金等相对比较稳定的资产，而对风险较高的金融资产则涉及较少。

户主年龄差异结果显示，户主年龄对资产的财富效应有正向影响，其中风险资产和金融资产的财富效应相对更为显著。18～30岁为青年，处于奋斗期，同时又相对偏好风险，因此该年龄段住房资产、无风险资产的财富效应显著性不足，而风险资产和金融资产的财富效应则更为明显，回归系数分别为0.168和0.203，明显高于其他两个年龄段。值得注意的是，住房资产和无风险资产的财富效应随年龄的增加而增大，风险资产和金融资产的财富效应则呈现"U形"，即青年组(18～30岁)和老年组(51～65岁)财富效应较高，而中年组(31～50岁)财富效应最低。从收入差异来看，无风险资产和住房资产的财富效应仅在中低收入家庭中十分显著，而住房价值和金融资产的财富效应在不同收入家庭中都较为显著。从地区分组来看，除风险资产外，农村户口的居民家庭财富效应表现得比城市居民家庭更强。

从其他人口统计特征变量来看，政治面貌和民族等特征检验结果并不显著，婚姻状况只对中年组和农村居民家庭具有显著的财富效应，农村户口家庭对中高收入居民家庭以及中年组和老年组居民家庭的消费具有显著的挤出效应。家庭人数、性别、学历等变量对消费的影响显著程度较高，家庭人数和学历表现出明显的财富效应，而性别则表现出对消费的挤出效应。值得注意的是，本地人口因素也对消费产生挤出效应。也就是说，有必要引入流动人口以扩大消费。

四、稳健性检验

考虑到家庭总收入可能存在的内生性问题，本书用劳动收入来替代家庭总收入，进行稳定性检验，见表6-21中的回归结果(1)，发现与表6-19中的金融资产细分为现金、储蓄与股票的资产财富效应检验结果差异不大，可见回归结果比较稳健。同时，为了检验本书实证结果是否受到人口统计特征指标如户主年龄、家庭收入等因素影响，而随变量选择、模型构建及检验方法等不同而发生变化，本书剔除收入前5%的样本数据进行检验对比，见表6-21中的回归结果(2)。不难发现，进一步筛选后的样本数据中不同资产其财富效应的表现基本一致，本书检验结果具有稳健性。

表 6-21　稳健性检验结果(一)

因变量	(1)			(2)		
	总消费	耐用品消费	非耐用品消费	总消费	耐用品消费	非耐用品消费
住房价值	0.025*** (4.15)	0.037*** (3.47)	0.022*** (3.51)	0.019*** (3.10)	0.031*** (2.94)	0.017*** (2.61)
储蓄	0.042*** (8.47)	0.039*** (4.59)	0.043*** (8.43)	0.036*** (7.14)	0.034*** (4.01)	0.036*** (7.04)
现金	0.116*** (10.17)	0.025 (1.26)	0.116*** (9.92)	0.101*** (8.76)	0.013 (0.68)	0.102*** (8.65)
股票	0.025*** (3.26)	0.066*** (4.95)	0.024*** (3.08)	0.020** (2.52)	0.065*** (4.66)	0.019** (2.32)
非金融资产	0.197*** (15.38)	0.186*** (8.41)	0.186*** (14.10)	0.167*** (12.65)	0.173*** (7.65)	0.157*** (11.58)
家庭总收入				0.264*** (10.93)	0.173*** (4.17)	0.254*** (10.26)
劳动收入	0.017*** (3.49)	0.011 (1.24)	0.019*** (3.69)			
家庭人数	0.165*** (9.96)	−0.015 (−0.54)	0.178*** (10.43)	0.145*** (8.64)	−0.032 (−1.13)	0.158*** (9.17)
性别	−0.209*** (−4.09)	0.094 (1.06)	−0.245*** (−4.66)	−0.173*** (−3.39)	0.091 (1.03)	−0.202*** (−3.84)
民族	0.056 (0.72)	−0.438*** (−3.24)	0.084 (1.04)	0.076 (0.96)	−0.433*** (−3.19)	0.110 (1.35)

（续表）

因变量	(1)			(2)		
	总消费	耐用品消费	非耐用品消费	总消费	耐用品消费	非耐用品消费
学历	0.072*** (9.88)	0.009 (0.75)	0.074*** (9.86)	0.062*** (8.41)	0.001 (0.06)	0.065*** (8.61)
婚姻状况	0.178** (2.36)	0.157 (1.20)	0.184** (2.38)	0.147* (1.93)	0.150 (1.15)	0.138* (1.77)
政治面貌	−0.017 (−0.25)	−0.089 (−0.77)	0.016 (0.23)	−0.037 (−0.54)	−0.141 (−1.21)	−0.004 (−0.05)
本地人口	−0.514*** (−6.26)	−0.323** (−2.28)	−0.478*** (−5.67)	−0.432*** (−5.15)	−0.257* (−1.79)	−0.422*** (−4.91)
年龄18～30岁	0.523*** (5.63)	0.237 (1.48)	0.557*** (5.84)	0.565*** (6.08)	0.282* (1.77)	0.591*** (6.19)
年龄31～50岁	0.701*** (13.96)	0.104 (1.20)	0.741*** (14.35)	0.772*** (15.82)	0.138 (1.64)	0.816*** (16.28)
农村户口	−0.305*** (−5.67)	0.333*** (3.59)	−0.341*** (−6.17)	−0.256*** (−4.71)	0.378*** (4.06)	−0.300*** (−5.38)
常数	3.763*** (21.76)	−0.956*** (−3.20)	3.670*** (20.65)	1.654*** (6.34)	−2.340*** (−5.23)	1.652*** (6.17)

注： ***、** 和 * 分别表示在 1%、5%和 10%水平下显著，括号内为 T 统计值。

第七节　面板数据的结构性差异影响分析

本书利用结构方程分别考察了资产作为中介变量和收入作为中介变量时资产财富效应的传导路径，也相应证明了资产财富效应的存在。但是，不同资产的结构化差异使得资产财富效应的表现不尽相同。

一、住房资产财富效应检验

首先，检验住房资产的财富效应，将居民家庭消费指标作为因变量，主要考虑家庭总消费、耐用品消费、非耐用品消费这三项；将住房资产、家庭总收入、非住房资产作为自变量，同时控制户主性别、年龄、民族、政治面貌、学历等家庭人口统计变量。进而，对住房资产对居民家庭消费的影响进行探究。对上述三项消费指标进行回归的结果见表 6-22。本书同时进行多重共线性 VIF 检验，VIF 的平均值为 1.31，结果均小于 2.18，说明不存在共线性，检验结果有效。

表 6-22 住房资产财富效应检验(二)

类别	住房价值财富效应			住房所有权财富效应			住房拥有量财富效应		
因变量	总消费	耐用品消费	非耐用品消费	总消费	耐用品消费	非耐用品消费	总消费	耐用品消费	非耐用品消费
常数	8.315*** (144.61)	1.347*** (4.77)	8.347*** (154.21)	8.313*** (143.87)	1.342*** (4.75)	8.337*** (153.68)	8.287*** (137.77)	1.195*** (4.06)	8.318*** (147.19)
住房价值	0.012*** (21.06)	0.020*** (7.16)	0.009*** (16.87)						
自有住房所有权				−0.081*** (−7.26)	−0.143*** (−2.63)	−0.116*** (−11.10)			
住房拥有量							0.030** (2.29)	0.132** (2.07)	0.028** (2.28)
非住房资产	0.157*** (83.24)	0.400*** (43.18)	0.145*** (81.39)	0.163*** (86.47)	0.410*** (10.34)	0.150*** (84.61)	0.162*** (86.15)	0.409*** (44.43)	0.148*** (83.92)
家庭总收入	0.003*** (3.81)	0.010** (2.54)	0.003*** (3.93)	0.003*** (3.57)	0.010** (2.46)	0.003*** (3.66)	0.003*** (3.68)	0.010** (2.49)	0.003*** (3.83)

(续表)

类别	住房价值财富效应			住房所有权财富效应			住房拥有量财富效应		
因变量	总消费	耐用品消费	非耐用品消费	总消费	耐用品消费	非耐用品消费	总消费	耐用品消费	非耐用品消费
家庭人数	0.083*** (35.15)	−0.016 (−1.39)	0.085*** (37.98)	0.085*** (35.68)	−0.013 (−1.08)	0.087*** (38.89)	0.084*** (35.18)	−0.015 (−1.30)	0.085*** (38.03)
性别	0.022*** (3.11)	−0.017 (−0.49)	0.026*** (3.92)	0.023*** (3.29)	−0.014 (−0.42)	0.027*** (4.13)	0.023*** (3.22)	−0.015 (−0.44)	0.026*** (4.02)
民族	−0.002*** (−4.96)	−0.004** (−2.13)	−0.002*** (−4.61)	−0.001 (−4.26)	−0.003* (−1.89)	−0.001*** (−4.02)	−0.001*** (−4.28)	−0.003* (−1.89)	−0.001*** (−4.07)
学历	0.069*** (25.20)	0.071*** (5.29)	0.074*** (28.79)	0.072*** (26.37)	0.076*** (5.72)	0.076*** (29.78)	0.072*** (26.37)	0.077*** (5.73)	0.076*** (29.76)
婚姻状况	0.153*** (10.95)	−0.060 (−0.88)	0.150*** (11.45)	0.166*** (11.81)	−0.038 (−0.56)	0.164*** (12.43)	0.161*** (11.48)	−0.045 (−0.66)	0.157*** (11.89)
政治面貌	0.032*** (2.79)	−0.081 (−1.43)	0.038*** (3.46)	0.035*** (3.03)	−0.076 (−1.34)	0.041*** (3.78)	0.033*** (2.87)	−0.079 (−1.40)	0.038*** (3.52)
本地人口	−0.239*** (−20.40)	−0.238*** (−4.13)	−0.265*** (−24.01)	−0.198*** (−15.35)	−0.165*** (−2.62)	−0.208*** (−17.15)	−0.236*** (−20.01)	−0.230*** (−3.99)	−0.262*** (−23.68)
年龄	0.019*** (8.12)	−0.114*** (−9.66)	0.020*** (9.03)	0.021*** (8.71)	−0.111*** (−9.42)	0.022*** (9.76)	0.020*** (8.46)	−0.112*** (−9.47)	0.021*** (9.32)
年龄平方	−0.0003*** (−12.37)	0.001*** (7.01)	−0.0003*** (−13.19)	−0.0003*** (−12.82)	0.001*** (6.82)	−0.0003*** (−13.73)	−0.0003*** (−12.66)	0.001*** (6.83)	−0.0003*** (−13.44)
农村户口	−0.202*** (−23.42)	0.254*** (6.02)	−0.250*** (−30.76)	−0.204*** (−23.51)	0.252*** (5.95)	−0.249*** (−30.61)	−0.207*** (−23.90)	0.244*** (5.77)	−0.254*** (−31.15)

注：*** 、** 和 * 分别表示在1%、5%和10%水平下显著，括号内为 T 统计值。

自有住房所有权的系数小于0，同时对于家庭的总消费、耐用品消费以及非耐用品消费的回归系数均在1%水平下显著，表明自有住房所有权具有明显的挤出效应，可见拥有自有住房的居民家庭,财富主要集中在不动产上,会减少消费。住房拥有量的系数大于0,同时对应三个因变量的回归系数均在5%的水平下显著,这说明住房拥有量对家庭总消费、耐用品消费以及非耐用品消费具有一定的正向影响。住房价值系数为正,而且均在1%水平下显著,说明居民家庭的住房价值越高,家庭的总消费、耐用品消费、非耐用品消费的水平越高,即住房资产具有明显的财富效应。非住房资产对消费也具有明显的资产财富效应,其系数大于0,而且均在1%水平下显著。

居民家庭总收入对居民家庭的消费水平也有显著影响,系数均大于0。值得注意的是,由表6-22可知,在总消费和非耐用品消费上表现出较为显著的财富效应,但在耐用品消费上财富效应的显著影响较弱,在5%水平下显著。这说明居民家庭收入具有明确的财富效应。收入的增加使得居民家庭的可支配收入提高,居民家庭就有更强的消费能力从而增加消费支出,尤其是负担更多非耐用品的消费,但耐用品消费的变化并不明显。

此外,居民家庭人口统计变量如家庭人数、学历、婚姻状况、是否本地人口、户主年龄和农村户口等对居民家庭消费也具有一定的影响。不过需要注意的是家庭人数、性别、户主年龄、政治面貌以及婚姻情况在总消费和非耐用品消费上表现出较为显著的财富效应,但在耐用品消费上却表现出挤出效应。事实上,家庭人数增多,在人均消费支出保持不变的情况下,居民家庭总的消费支出势必增加,而且非耐用品消费的增加更明显。而家庭人数增多,居民家庭单位数减少,平均每个家庭对耐用品的消费量是有限的,反而使得耐用品的总消费降低。户主的性别、婚姻状况以及户主年龄同样如此,已组成家庭、年龄增大,对总消费和非耐用品消费具有正向的财富效应,但对耐用品的消费却表现出负向的挤出效应。有意思的是,本书同时对年龄的平方数也进行了检验,结果发现年龄平方项对因变量存在与一次项相反的作用,但是其系数值远小于一次项的系数值。学历的高低对于居民家庭消费有显著的财富效应,在1%水平下显著,学历高的家庭普遍拥有较高的社会地位和财富积累水平,因此对推动消费有积极作用。

同时,农村居民家庭对总消费和非耐用品消费的影响具有明显的挤出效应。一方面,农村的物价水平相对较低,更多的家庭在日常消费中可能自给自足,所以农村居民家庭的消费水平偏低;另一方面,农村住房资产往往是不能流动的,或者兑现能力较差,无法体现财富和资产的增值能力,其财富效应也就并不理想。农村居民家庭自建房还消耗了大量的资金,使得消费能力下降,对消费形成了挤出效应。不过农村居民家庭对耐用品消费具有明显的财富效应。本地人口的消费水平相对较低，对消费形成挤出效应。

此外，表 6-23 的数据显示非住房资产的财富效应要明显高于住房资产，不仅系数更大，而且更显著，均在 1%水平下显著。考虑到非住房资产包含金融资产、其他资产，对消费的影响可能会因不同资产的财富效应而有显著差异，因而可以将非住房资产细分后进行进一步检验。常数项检验的显著性也很强，而且对总消费和非耐用品消费具有财富效应，对耐用品消费则表现为挤出效应。因此，很可能仍存在推动总消费和非耐用品消费、降低耐用品消费的其他影响因素。

二、非住房资产财富效应检验

为检验非住房资产中的不同资产财富效应的差异，进一步对非住房资产进行细分（见表 6-23）。本书对非住房资产中的现金、储蓄存款、股票等金融资产单独进行检验，同时将金融资产进一步分为风险资产、无风险资产，非住房资产分为金融资产、非金融资产进行考察。本书同样对实证结果进行了多重共线性 VIF 检验，检验结果均小于 1.5，说明多重共线性不明显，结果有效。

表 6-23　非住房资产财富效应检验(二)

类别	金融资产财富效应			风险资产与无风险资产财富效应			金融资产与非金融资产财富效应		
因变量	总消费	耐用品消费	非耐用品消费	总消费	耐用品消费	非耐用品消费	总消费	耐用品消费	非耐用品消费
常数	8.421*** (293.83)	−1.740*** (−12.51)	8.534*** (316.07)	8.413*** (293.53)	−1.753*** (−12.62)	8.527*** (315.86)	8.413*** (293.50)	−1.754*** (−12.63)	8.527*** (315.85)
金融资产							0.018*** (31.75)	0.075*** (26.61)	0.018*** (33.86)
现金	0.026*** (27.16)	0.088*** (18.95)	0.025*** (28.17)						
储蓄	0.002** (2.16)	0.037*** (8.64)	0.003*** (3.90)						

（续表）

类别	金融资产财富效应			风险资产与无风险资产财富效应			金融资产与非金融资产财富效应		
因变量	总消费	耐用品消费	非耐用品消费	总消费	耐用品消费	非耐用品消费	总消费	耐用品消费	非耐用品消费
股票	0.013*** (8.72)	0.056*** (7.88)	0.013*** (9.19)						
风险资产				0.021*** (17.46)	0.080*** (13.97)	0.020*** (18.12)			
无风险资产				0.017*** (21.49)	0.072*** (18.54)	0.018*** (23.31)			
非金融资产	0.164*** (73.13)	0.371*** (34.04)	0.144*** (68.07)	0.164*** (72.95)	0.370*** (33.86)	0.144*** (67.87)	0.164*** (72.93)	0.369*** (33.85)	0.144*** (67.87)
家庭总收入	0.006*** (7.61)	0.012*** (2.95)	0.006*** (7.59)	0.006*** (7.33)	0.012*** (2.87)	0.006*** (7.32)	0.006*** (7.30)	0.012*** (2.86)	0.006*** (7.30)
家庭人数	0.084*** (35.16)	−0.008 (−0.66)	0.087*** (38.44)	0.086*** (35.92)	−0.003 (−0.29)	0.089*** (39.20)	0.086*** (35.95)	−0.003 (−0.28)	0.089*** (39.23)
性别	0.034*** (4.89)	−0.008 (−0.23)	0.038*** (5.70)	0.032*** (4.68)	0.012 (−0.35)	0.036*** (5.50)	0.033*** (4.70)	−0.011 (−0.34)	0.036*** (5.51)
民族	−0.001*** (−3.18)	−0.002 (−1.28)	−0.001*** (−2.95)	−0.001*** (−2.60)	−0.002 (−1.04)	−0.001** (−2.38)	−0.001*** (−2.58)	−0.002 (−1.03)	−0.001** (−2.37)
学历	0.090*** (34.20)	0.093*** (7.30)	0.094*** (38.03)	0.091*** (34.54)	0.093*** (7.30)	0.095*** (38.34)	0.091*** (34.66)	0.094*** (7.36)	0.095*** (38.45)
婚姻状况	0.173*** (12.41)	−0.082 (−1.21)	0.166*** (12.61)	0.172*** (12.35)	−0.078 (−1.16)	0.165*** (12.57)	0.172** (12.33)	−0.079 (−1.17)	0.165*** (12.55)
政治面貌	−0.023** (−2.04)	−0.189*** (−3.40)	−0.016 (−1.50)	−0.026** (−2.24)	−0.197*** (−3.54)	−0.018* (−1.70)	−0.026** (−2.24)	−0.197*** (−3.54)	−0.018* (−1.70)
本地人口	−0.280*** (−23.89)	−0.319*** (−5.60)	−0.305*** (−27.56)	−0.291*** (−24.79)	−0.341*** (−6.00)	−0.314*** (−28.45)	−0.290*** (−24.74)	−0.340*** (−5.98)	−0.314*** (−28.41)
年龄18～30岁	0.029** (2.29)	0.920*** (15.02)	0.007 (0.60)	0.044*** (3.46)	0.954*** (15.60)	0.021* (1.75)	0.042*** (3.35)	0.950*** (15.57)	0.020* (1.66)

（续表）

类别	金融资产财富效应			风险资产与无风险资产财富效应			金融资产与非金融资产财富效应		
因变量	总消费	耐用品消费	非耐用品消费	总消费	耐用品消费	非耐用品消费	总消费	耐用品消费	非耐用品消费
年龄31～50岁	0.763*** (15.21)	0.000 (0.00)	0.000 (0.00)	0.000 (0.00)	0.000 (0.00)	0.000 (0.00)	0.000 (0.00)	0.000 (0.00)	0.000 (0.00)
农村户口	−0.169*** (−19.66)	0.348*** (8.35)	−0.216*** (−26.65)	−0.163*** (−18.94)	0.367*** (8.79)	−0.210*** (−25.91)	−0.164*** (−19.07)	0.365*** (8.74)	−0.211*** (−26.03)

注：***、** 和 * 分别表示在1%、5%和10%水平下显著，括号内为 T 统计值。

金融资产财富效应的检验结果显示，现金、储蓄、股票对三个消费变量在不同显著性水平下均有正向影响，财富效应十分显著。其中，现金和股票对居民家庭总消费、耐用品消费和非耐用品消费的财富效应最强，在总消费中现金和股票的财富效应分别达到储蓄的12倍多和6倍多。在总消费方面，现金、股票和储蓄财富效应是层层递减的关系。可见，金融资产的财富效应还与其流动性特征有着密切联系。流动性强的金融资产对居民家庭的总消费、耐用品消费和非耐用品消费财富效应更强。

本书进一步把金融资产划分为风险资产和无风险资产进行财富效应的检验。风险资产和无风险资产对三个消费变量呈现正向推动作用，财富效应十分明显，均在1%水平下显著。但风险资产的财富效应明显高于无风险资产，即风险资产对居民家庭消费的影响力更强。也就是说，投资更多风险资产的投资者家庭其消费水平往往更高。本书还将非住房资产划分为金融资产与非金融资产进行财富效应的考察。金融资产和非金融资产均表现出较强的财富效应，均在1%水平下显著。非金融资产的财富效应要明显高于金融资产，说明其财富效应更强。在对耐用品消费的影响上，非金融资产的回归系数达到0.369，是金融资产回归系数的近5倍。显然，虽然近几年来居民家庭对金融资产的关注度越来越高，像股票、债券、基金等资金不断流入资本市场，金融资产对居民家庭的消费影响在不断增强，但从整体上来看，居民家庭的资产财富仍主要来自非金融资产。因此非金融资产的财富效应也就高于金融资产。

表6-23的中居民家庭收入和其他人口统计特征变量的实证结果与表6-19基本一致。家庭总收入与学历对居民家庭消费具有十分明显的财富效应；家庭人数、户主学历、18岁至30岁的户主的婚姻状况等对居民家庭消费也具有一定的财富效应影响，但表现为对总消费和非耐用品消费的影响显著，而对耐用品消费的影响不明显。

在对年龄的财富效应的检验中，表6-23中加入了两个年龄分组检验，分别是户主年龄为18～30岁的居民家庭和户主年龄为31～50岁的居民家庭。青年组的资产财富效应十分显著，要明显强于中年组的财富效应。中年组金融资产对总消费的财富效应十分显著，其他的资产财富效应不明显。本书认为这与户主年龄因素对消费具有非线性影响关系相匹配。

三、分组检验

考虑到其他因素也可能会对资产财富效应产生影响，因此本书进一步将所得样本按收入、地区和户主年龄进行细分（见表6-24），考察资产财富效应对消费的结构性差异影响。其中，家庭总收入按低收入、中等收入和高收入分为3组进行检验；户口是居民家庭的重要特征，两类居民家庭的消费水平有明显差异，因此先按农村和城市划分为2组进行检验；本书所选取的居民家庭户主年龄在18～65岁，因此划分为18～30岁、31～50岁、51～65岁共3组进行考察。

表6-24　居民家庭资产财富效应差异性检验

类别	收入差异			地区差异		户主年龄差异		
因变量	低收入	中等收入	高收入	城市	农村	18～30岁	31～50岁	51～65岁
常数	−0.308*** (−4.15)	−0.132*** (−2.66)	−0.008 (−1.24)	0.913*** (92.80)	1.441*** (66.22)	4.771*** (19.22)	−0.703 (−0.98)	50.203*** (56.89)
住房资产	0.006*** (5.77)	0.002*** (3.11)	0 (1.54)	0 (−0.65)	−0.002*** (−7.33)	−0.012** (−2.10)	0.025 (1.48)	−0.008 (−0.39)
风险资产	0 (0.00)	0 (0.00)	0 (0.08)	0 (0.00)	0 (0.00)	0 (0.00)	0 (0.00)	0 (0.00)
无风险资产	−0.022*** (−7.77)	−0.014*** (−7.30)	0 (0.08)	−0.001 (−1.40)	0.008*** (9.04)	0.179*** (11.20)	−0.230*** (−4.98)	−0.111* (−1.95)

（续表）

类别	收入差异			地区差异		户主年龄差异		
因变量	低收入	中等收入	高收入	城市	农村	18～30 岁	31～50 岁	51～65 岁
金融资产	0.025*** (11.63)	0.016*** (11.36)	0 (0.30)	0 (0.41)	−0.013*** (−20.81)	−0.150*** (−12.58)	0.101*** (2.94)	0.213*** (5.01)
家庭总收入	0.039*** (25.65)	0.017*** (16.65)	0.001** (3.87)	0 (0.99)	−0.015*** (−33.75)	0.018** (2.16)	0.516*** (21.16)	−0.781*** (−25.97)
家庭人数	0.004 (0.85)	0.002 (0.84)	0 (0.49)	−0.002*** (−3.67)	0.046*** (35.50)	0.126*** (5.25)	0.887*** (12.77)	−1.76*** (−20.55)
性别	−0.020 (−1.58)	−0.033*** (−3.91)	0 (−0.07)	0.002 (1.26)	−0.082*** (−21.24)	1.063*** (14.97)	0.595*** (2.91)	−3.532*** (−13.99)
民族	−0.0003 (−0.56)	0 (0.16)	0 (−0.08)	0.0002** (2.36)	0 (0.92)	0.030*** (8.59)	0.062*** (6.03)	−0.167*** (−13.26)
学历	0.083*** (16.87)	0.035*** (10.60)	0 (0.95)	0.004*** (5.40)	−0.125*** (−90.55)	1.485*** (58.79)	1.405*** (19.29)	−6.032*** (−67.15)
婚姻状况	−0.002 (−0.07)	−0.004 (−0.26)	0 (0.22)	0.004 (1.23)	0.035*** (4.60)	−6.303*** (−46.17)	10.610*** (26.96)	0.684 (1.41)
政治面貌	0.035* (1.67)	0.017 (1.21)	−0.004** (−2.01)	0.001 (0.39)	0.015** (2.29)	−1.688*** (−14.52)	−5.303*** (−15.82)	12.398*** (29.99)
本地人口	−0.064*** (−3.03)	−0.035** (−2.46)	0.001 (0.54)	−0.002 (0.80)	−0.154*** (−23.44)	−4.854*** (−41.70)	0.848** (2.53)	11.220*** (27.11)
年龄 18～30 岁	−0.001 (−0.51)	−0.001 (−0.33)	0 (0.07)	0 (−1.26)	−0.005*** (−6.83)			
年龄 31～50 岁	0.0001 (0.10)	0.001 (0.72)	0 (0.32)	0 (0.42)	−0.007*** (−15.93)			

（续表）

类别	收入差异			地区差异		户主年龄差异		
因变量	低收入	中等收入	高收入	城市	农村	18～30岁	31～50岁	51～65岁
年龄51～65岁	0 (0.01)	0.001 (0.83)	0 (0.70)	0 (0.66)	−0.007*** (−22.61)			
农村户口	0.072 (4.65)	0.047*** (4.50)	0.002 (1.14)	−0.924*** (−448.16)		2.205*** (25.48)	3.409*** (13.67)	−10.421*** (−33.88)

注： ***、**和 *分别表示在1%、5%和10%水平下显著，括号内为 T 统计值。

居民家庭收入和资产具有相应的财富效应，而且表现显著。但值得一提的是，分组检验与传导路径分析的结果并不完全一致。虽然金融资产的财富效应具有一定的显著性，但金融资产中的风险资产在居民家庭财富中占比较小，风险资产的变化并不会带来居民家庭消费的明显变动，风险资产对居民家庭消费并不存在明显影响。住房资产和金融资产对中等收入、低收入组家庭的消费具有显著性影响，而对高收入组的消费影响不明显。这可以解释为高收入人群收入高，相对而言满足日常的消费支出占收入比重较小，因而影响较小。而中低收入的家庭维持生活所需的消费支出占其收入比重较高，因而消费对资产变动的敏感度较高，1%的收入变化将引起消费的极大波动，因而整体上呈现资产财富效应随收入水平的上升而逐渐变小。同时，无风险资产对高收入组的消费影响不明显，但对中等收入、低收入组家庭消费存在显著的挤出效应。可能的原因是中等收入、低收入组的家庭大多是风险厌恶者，在资本配置的选择上偏向于持有无风险资产，而消费支出占收入的比重较大，因此若持有无风险资产较多，势必需要减少消费以平衡收入的支出。

住房资产以及金融资产等对城市家庭的消费影响并不明显，但对农村家庭的消费表现出1%水平下的挤出效应，这说明农村居民家庭资产偏向于选择房产、现金等相对比较稳定的资产，对风险较高的金融资产则涉及较少，而房产、现金在资产配置中的比例增大，农村居民家庭的消费会减少。无风险资产对农村居民家庭消费存在显著的财富效应，对城市家庭则不明显，可以解释为农村家庭的日常消费支出占收入的比重较大，无风险资产对居民家庭消费的影响力更强。

户主年龄差异结果显示，不同资产的积累对不同年龄段家庭的消费影响各不相同。18～30 岁的户主较为年轻，处于奋斗期，自身的财富积累较少。该年龄段的无风险资产的财富效应十分显著，而住房资产和金融资产的挤出效应更为明显。而对于中年组（31～50 岁）和老年组（51～65 岁），住房和风险资产占资产比例较小，因此这两者的变动并不能对消费带来直接的影响；而金融资产对消费具有显著的财富效应，并且财富效应随年龄的增加而增大；无风险资产则带有挤出效应，并且老年组的显著性弱于中年组。这可以解释为中年组和老年组随着年龄的增长，住房和风险资产占资产财富的比例降低，理财计划更偏向于持有金融资产，因此消费对金融资产变动的敏感度较高。

从其他人口统计特征变量来看，政治面貌对户主年龄在 51 岁以上的家庭财富效应十分显著，对农村家庭和低收入家庭有一定的财富效应；户主年龄在 50 岁以下，则对其家庭有显著的财富效应；婚姻情况对中年组和农村居民家庭具有显著的财富效应。除城市家庭和高年龄户主家庭以外，家庭人数对消费支出往往具有正向影响。而本地人口则多表现出对消费的挤出效应，显然吸引流动人口是刺激当地消费增长的一个有力手段。

四、稳健性检验

考虑到家庭总收入可能存在的内生性问题，本书用劳动收入来替代家庭总收入，进行稳定性检验，见表 6-25 中的回归结果（1），发现与资产财富效应检验结果差异不大，可见回归结果比较稳健。同时，为了检验本书实证结果是否受到人口统计特征指标如户主年龄、家庭收入等因素影响，而随变量选择、模型构建及检验方法等不同而发生变化，本书剔除收入前 5％的样本数据进行检验对比，见表 6-25 中的回归结果（2）。不难发现，进一步筛选后的样本数据中不同资产其财富效应的表现基本一致，本书检验结果具有稳健性。值得注意的是，稳健性检验进一步证明了本地人口对各类消费均具有负向影响，而农村户口对非耐用品消费的负向影响使得其对总消费也具有负向影响。同时，细分后的资产财富效应显示其影响作用要大大强于居民家庭收入对消费的刺激作用。

表 6-25　稳健性检验结果(二)

因变量	(1)			(2)		
	总消费	耐用品消费	非耐用品消费	总消费	耐用品消费	非耐用品消费
住房价值	0.011*** (19.19)	0.018*** (6.39)	0.008*** (15.31)	0.011*** (19.20)	0.018*** (6.39)	0.008*** (15.32)
储蓄	0.004*** (4.27)	0.040*** (9.33)	0.005*** (5.90)	0.004*** (4.03)	0.040*** (9.29)	0.005*** (5.65)
现金	0.026*** (26.99)	0.087*** (18.77)	0.025*** (28.08)	0.025*** (26.75)	0.087*** (18.74)	0.025*** (27.85)
股票	0.013*** (8.91)	0.056*** (7.85)	0.013*** (9.40)	0.013*** (8.86)	0.056*** (7.83)	0.013*** (9.35)
非金融资产	0.157*** (69.69)	0.359*** (32.64)	0.138*** (65.04)	0.156*** (69.60)	0.359*** (32.61)	0.138*** (64.95)
家庭总收入				0.004*** (4.87)	0.008* (1.86)	0.004*** (4.88)
劳动收入	0.001 (1.13)	0.008** (2.00)	0.001 (1.13)			
家庭人数	0.080*** (33.54)	−0.014 (−1.23)	0.083*** (36.80)	0.080*** (33.76)	−0.014 (−1.22)	0.083*** (37.02)
性别	0.023*** (3.34)	−0.019 (−0.56)	0.027*** (4.18)	0.026*** (3.74)	−0.021 (−0.61)	0.030*** (4.59)
民族	−0.002*** (−5.06)	−0.003* (−1.86)	−0.002*** (−4.70)	−0.002*** (−5.00)	−0.003* (−1.87)	−0.002*** (−4.63)

（续表）

因变量	(1)			(2)		
	总消费	耐用品消费	非耐用品消费	总消费	耐用品消费	非耐用品消费
学历	0.076*** (28.71)	0.068*** (5.24)	0.082*** (32.71)	0.075*** (28.08)	0.069*** (5.31)	0.080*** (32.09)
婚姻状况	0.150*** (11.00)	−0.168** (−2.50)	0.147*** (11.39)	0.149*** (10.92)	−0.168** (−2.50)	0.146*** (11.31)
政治面貌	0.011 (0.99)	−0.137** (−2.45)	0.016 (1.52)	0.007 (0.65)	−0.138** (−2.46)	0.013 (1.18)
本地人口	−0.264*** (−22.73)	−0.298*** (−5.23)	−0.289*** (−26.36)	−0.263*** (−22.63)	−0.298*** (−5.23)	−0.288*** (−26.27)
年龄18～30岁	0.006*** (12.32)	0.042*** (16.76)	0.005*** (10.57)	0.006*** (12.23)	0.042*** (16.93)	0.005*** (10.48)
年龄31～50岁	0.004*** (24.99)	0.008*** (8.64)	0.004*** (24.60)	0.004*** (24.99)	0.008*** (8.94)	0.004*** (24.60)
农村户口	−0.197*** (−23.17)	0.310*** (7.46)	−0.243*** (−30.28)	−0.191*** (−22.32)	0.315*** (7.51)	−0.237*** (−29.37)
常数	8.408*** (21.76)	−1.741*** (−12.56)	8.524*** (319.21)	8.398*** (296.37)	−1.746*** (−12.58)	8.516*** (318.44)

注：***、**和 *分别表示在1%、5%和10%水平下显著，括号内为 T 统计值。

第七章　居民家庭金融性资产持有及财富效应差异的实证分析

在研究资产财富效应对全国居民家庭消费结构性差异影响后，本研究进一步对全国居民家庭和流动人口家庭的资产投资策略和消费影响进行检验。其中资产投资策略通过考察居民金融性资产持有的情况来实证，消费影响则通过金融性资产的财富效应来检验。

第一节　模型设定

一、研究假设

居民家庭财富的主要构成部分为金融资产、住房资产，金融资产财富效应的研究主要考虑储蓄、股票、债券等对消费的影响[①②③]，因而资产价值的变化对居民家庭消费存在一定的影响[④]。城镇常住人口、农村常住人口、流动人口居民家庭资产的财富效应表现又不尽相同。

结合现有文献和现实理论来看：农村居民较少关注股票、债券等投资，相对而言金

---

① 胡永刚、郭长林：《股票财富、信号传递与中国城镇居民消费》，载《经济研究》，2012，47(3)：115-126。

② 罗娟、文琴：《城镇居民家庭金融资产配置影响居民消费的实证研究》，载《消费经济》，2016，32(1)：18-22。

③ 周德才、张慧、江云，等：《我国债券市场时变财富效应研究——基于TVP-SV-VAR模型的一个经验分析》，载《新疆大学学报(哲学・人文社会科学版)》，2016，44(1)：36-44。

④ 张涤新、刘正雄、徐忠亚：《股市收益、波动及流动性对城镇居民消费的影响研究》，载《当代财经》，2016，7：46-57。

融资产财富效应不明显[①]，但金融市场参与度在逐渐提高；城镇居民金融知识储备相对丰富，因而偏向持有金融资产，金融资产的财富效应显著，住房对消费的影响反而较弱[②]。像佟欣(2018)实证得出金融资产的财富效应约0.30，而住房资产的财富效应仅为0.06，金融资产的财富效应大于住房资产。流动人口大多为青年一代，从农村流向城镇，金融知识储备介于农村滞留人口与城镇人口之间，因此金融资产的财富效应介于城镇常住人口与农村常住人口之间。房屋是居民生产、生存的基础条件之一，中国农村金融市场不完善，因而居民偏好住房资产[③]。农村居民的住房多用于自住[④]；城镇居民住房较多作为资产配置用，住房市场流动性相较农村高，带有"金融产品"属性，短期内的财富效应不明显。流动人口住房财富效应介于二者之间。因而，本书进行如下研究假设：

H1：住房资产、金融资产对三类人群均具有显著的财富效应；

H2：住房资产财富效应大小为城镇常住人口＜流动人口＜农村常住人口；

H3：金融资产财富效应大小为城镇常住人口＞流动人口＞农村常住人口。

同时，居民家庭户主属性特征、家庭属性特征、家庭收入对居民家庭资产的持有均具有一定影响。收入是影响居民家庭消费的核心因素(万晓莉等，2017)。居民家庭的收入扣除消费，剩余部分将进而转化为金融资产、住房资产而持有，因而家庭资产配置受收入的影响显著。家庭户主属性方面：有学者认为户主较为年轻的家庭倾向持有金融资产，股市参与度与年龄的关系呈现"倒U形"；家庭的文化水平越高，金融资产的持有比例越高；未婚者有较强的住房需求，家庭人口规模一定程度上影响居民家庭房屋需求。因此，在考虑三类居民家庭差异使得资产财富效应表现不同时，也有必要考察居民家庭户主属性特征、家庭属性特征、家庭收入等方面的影响。

由此，根据以上假设和居民家庭的人口统计等各方面的影响因素，本书设计Tobit模型和分位数回归模型进行实证检验。

① 罗天娅：《家庭风险金融资产持有比例与居民消费支出》，载《现代商贸工业》，2017，30：89-91。

② 乔木子、臧云特：《经济转型下资产价格财富效应差异与居民消费行为研究》，载《学习与探索》，2017，2：129-134。

③ 杜延军：《我国城镇居民资产财富效应的实证分析》．载《开发研究》，2016，4：100-104。

④ 郑明贵、黄珍、文唯：《江西省城镇居民家庭资产结构对消费影响的差异性分析——基于江西省1135户城镇居民的微观调查数据》，载《消费经济》，2017，33(5)：29-35。

二、模型设定

(一)Tobit 模型

本书对居民家庭金融性资产持有量影响因素的考察选择 Tobit 模型，研究的主要变量包括居民个人的属性特征(户主的性别、年龄、学历、婚姻、政治面貌)、家庭属性特征(户口、地区、家庭规模)、家庭收入。模型如下：

$$y_i = \beta_0 + \beta_1 \text{characteristic\_pop} + \beta_2 \text{characteristic\_fam} + \beta_3 Y + \mu_i$$

$$y_i = \begin{cases} 0, & \text{当 } y_i^* \leqslant 0 \text{ 时} \\ y_i^*, & \text{当 } y_i^* > 0 \text{ 时} \end{cases} \tag{7.1}$$

式中，characteristic_pop、characteristic_fam 分别代表居民家庭户主、居民家庭的属性特征，Y 为收入，y_i 表示家庭住房、金融资产的实际持有额占总资产的比重。

(二)分位数回归模型

本书使用分位数回归分析城镇常住人口、农村常住人口、流动人口居民家庭在不同分位点上，金融性资产财富效应下的居民家庭所表现的不同的消费行为，建立以下分位数模型。

$$Q_q(\ln C \mid X) = \beta_{q0} + \beta_{q1} \ln \text{house} + \beta_{q2} \ln \text{finance} + \sum \beta_{qi} X_{qi} + \varepsilon \tag{7.2}$$

式中，$\ln C$ 为家庭总消费支出的对数，ln house 为家庭住房资产的对数；ln finance 为家庭金融资产的对数；X 代表控制变量，主要包含家庭收入(对数)、居民个人的属性特征(户主的性别、年龄、学历、婚姻、政治面貌)、家庭属性特征(户口、地区、家庭规模)；β_{qi} 为各变量参数估计的 q 分位系数，运用消费的 25%、50%、75%分位数来进行回归。

第二节　三类居民家庭金融性资产持有差异的影响分析

根据前文居民家庭户主个人属性特征、家庭属性特征及家庭收入对家庭住房、金融资产持有的影响研究，运用 Tobit 模型进行回归，结果见表 7-1。从回归结果来看，家庭住房资产、金融资产两者间存在挤出效应，家庭拥有越多住房资产，则持有金融资产越少；金融资产持有越多，则住房资产持有相对越少。

表 7-1　资产持有影响分析

变量	金融资产					住房资产
	现金	存款	股票	基金	合计	合计
性别	−0.0055 (0.0082)	−0.0055 (0.0117)	0.0146 (0.0192)	−0.0004 (0.0160)	−0.0144 (0.0107)	0.0277** (0.0125)
年龄	−0.0013*** (0.0004)	−0.0033*** (0.0005)	0.0003 (0.0009)	−0.0007 (0.0007)	−0.0035*** (0.0005)	0.0041*** (0.0006)
学历	−0.0054*** (0.0011)	0.0099*** (0.0016)	0.0240*** (0.0032)	0.0014*** (0.0027)	−0.0013 (0.0014)	0.0033** (0.0016)
婚姻	−0.0331*** (0.0114)	−0.0264 (0.0162)	−0.0229 (0.0264)	0.0135 (0.0229)	−0.0620*** (0.0147)	0.0716*** (0.0174)
政治面貌	−0.0045 (0.0116)	0.0159 (0.0160)	−0.0046 (0.0231)	0.0155 (0.0189)	0.0027 (0.0150)	−0.0093 (0.0175)
户口	0.0005 (0.0085)	0.0198 (0.0122)	−0.2192*** (0.0252)	−0.0935*** (0.0199)	0.0202* (0.0111)	−0.0284** (0.0130)
地区	−0.0176*** (0.0045)	−0.0230*** (0.0065)	−0.0607*** (0.0120)	−0.0143 (0.0094)	−0.0323*** (0.0058)	0.0487*** (0.0068)
家庭规模	−0.0056** (0.0026)	0.0285*** (0.0038)	−0.0091 (0.0076)	−0.0102 (0.0065)	−0.0181*** (0.0033)	0.0210*** (0.0039)
收入	−0.0223*** (0.0026)	0.0285*** (0.0038)	0.0469*** (0.0084)	0.0323*** (0.0078)	−0.0100*** (0.0034)	0.0213*** (0.0040)
_cons	0.5227*** (0.0365)	−0.1347** (0.0535)	−1.0406*** (0.1157)	−0.7921*** (0.1055)	0.6859*** (0.0474)	0.0498 (0.0560)

注：*** 、** 和 * 分别表示在1%、5%和10%水平下显著，括号内为稳健标准差。

性别对金融资产无较明显的作用，而对住房资产的影响在5%水平下显著。这可以解释为，中国婚配中的住房大多由男方提供，因而男性对住房的需求较大。随着年龄的上升，收入逐步增加，收入大于消费进而转化为储蓄。达到一定年龄后，储蓄逐渐转化为住房资产，以满足婚配住房需求，因而金融资产随年龄的增长而逐渐减少。现金及存款在金融资产中的比重较高，负向关系明显。

学历在金融资产方面影响较大，文化程度越高，金融知识储备越多。为获得更高的收益，知识分子往往更善于对持有的金融资产进行优化配置，现金没有利息收益，因而更多地选择存款、股票、基金等金融工具。婚姻对住房资产有正向显著影响，结婚成立一个新的家庭致使购房需求上升，因而影响住房资产持有。政治面貌对家庭资产的持有并无明显的关系。农业户口的居民家庭风险承受能力相对较低，像股票、基金这类高风险的金融资产持有量就相对较少。中国东部地区经济相对发达，金融市场活跃程度较中西部地区相对要高，因而资产较多地投入金融市场，对住房资产的需求则没中西部地区的居民高。家庭规模影响家庭住房资产，可以解释为家庭人口数量越多，对住房面积及套数的需求也就越多，因而住房资产相对也较多。收入越高，在消费没有较大涨幅的情况下转化为金融资产、住房资产的相应来说也越多。表中，收入对住房资产、存款、股票、基金均表现出较强的正向作用，均在1%水平下显著。

第三节　三类居民家庭金融性资产财富效应差异的分位数回归分析

表7-2、表7-3和表7-4依次为城镇常住人口、农村常住人口、流动人口家庭金融性资产财富效应的分位数回归结果，$Q(0.25)$、$Q(0.50)$、$Q(0.75)$依次为0.25、0.5、0.75分位点。

一、户主性别与年龄

从表7-2、表7-3和表7-4中可以看出，户主性别对家庭消费的影响并不显著，但在0.25和0.5分位点上，三类居民群体的参数估计均为负，说明户主为女性的家庭消费水平低于户主为男性的家庭，女性素有勤俭持家的美德，相对男性更趋向于稳健保守的消费观念，倾向于通过控制当期消费来增加储蓄，从而预防未来可能的消费增长。

在年龄方面，生命周期假说将消费者的一生划分为三个阶段：青年、中年、老年。这三个年龄段的人群具有不同的消费观念：①青年阶段。收入水平较低，收入往往与消费相持平，还未有或仅有较少的财富积累；同时，随着信用卡、互联网借贷等工具的涌现，对生活品质的追求以及受超前消费观念的影响，青年群体的消费占据收入的绝大部分，甚至预支未来收入来满足当期消费支出。但受收入的限制，整体的消费水平不会太高。②中年阶段。随着收入的不断增加，当期消费增长滞后于收入增长，消费占收入的比重将会下降，收入高出消费的部分将会转化为预防性储蓄，或用于紧急情况重大支出，或用于子女教育、婚嫁，或用于养老、保险，等等。这一阶段往往出现上述的阶段性重大消费支出，因而消费的整体水平会表现为个体生命周期的主要高峰。③老年阶段。劳动力输出下降，收入降低，生命中重大支出阶段基本在中年完成，除了重大医疗，因而消费水平相较中年会有所下降。所以，基于生命周期假说，消费随着年龄上升呈"倒U形"。上述三个表中，除流动人口的0.75分位点外，城镇、农村常住人口和流动人口的年龄特征均表现出对消费的显著负向影响，即随着年龄的增长，消费会逐渐降低。可以发现，城镇、农村常住人口估计结果在0.5分位点有个平缓趋势，这与生命周期假说中的"倒U形"消费相符。

表7-2　城镇常住人口分位数回归结果

变量	$Q(0.25)$	$Q(0.50)$	$Q(0.75)$
性别	−0.027 (0.030)	−0.014 (0.023)	0.007 (0.029)
年龄	−0.007*** (0.001)	−0.006*** (0.001)	−0.010*** (0.002)
学历	0.039*** (0.005)	0.034*** (0.004)	0.033*** (0.005)
婚姻	0.149*** (0.052)	0.080** (0.039)	−0.009 (0.046)

（续表）

变量	Q(0.25)	Q(0.50)	Q(0.75)
政治面貌	0.005 (0.033)	0.031 (0.034)	0.073* (0.041)
户口	−0.144*** (0.036)	−0.118*** (0.033)	−0.085** (0.038)
地区	−0.089*** (0.021)	−0.112*** (0.017)	−0.115*** (0.018)
家庭规模	0.105*** (0.013)	0.111*** (0.011)	0.102*** (0.014)
家庭收入（对数）	0.084*** (0.022)	0.076*** (0.016)	0.050*** (0.013)
住房资产（对数）	0.017*** (0.003)	0.013*** (0 .003)	0.016*** (0.003)
金融资产（对数）	0.074*** (0.007)	0.064*** (0.005)	0.052*** (0.001)
_cons	7.745*** (0.226)	8.428*** (0.193)	9.394*** (0.175)
R^2	0.188	0.158	0.139

注：*** 、** 和 * 分别表示在1%、5%和10%水平下显著，括号内为稳健标准差。

二、学历、婚姻、政治面貌

户主的学历对消费表现出较强的正向影响。随着义务教育的实施及高等院校的扩招，中国新一代国民普遍受到教育，高等学历人才数量也不断增长，岗位的学历要求也不断提高，促使教育越来越受到重视。学历越高，获得高薪职位的机会越大，因而学历高的群体所得报酬也相对较高。在三组群体中，三个分位点基本都表现出较强的显著性。流动人口与城镇常住人口在各分位点的估计结果相近，表现一致；而农村常住人口则相对偏低一些，与流动人口的估计结果差异从0.25分位点的0.014缩小到0.5分位点的0.003，再增大到0.75分位点的0.008，差距先减小后增大。

表7-3　农村常住人口分位数回归结果

变量	*Q*(0.25)	*Q*(0.50)	*Q*(0.75)
性别	−0.051 (0.066)	−0.074 (0.051)	−0.040 (0.062)
年龄	−0.017*** (0.002)	−0.012*** (0.002)	−0.014*** (0.003)
学历	0.025*** (0.007)	0.030*** (0.005)	0.024*** (0.008)
婚姻	0.259*** (0.080)	0.112 (0.075)	0.100 (0.095)
政治面貌	0.042 (0.082)	−0.091 (0.060)	0.144 (0.088)
户口	−0.436*** (0.059)	−0.276*** (0 .058)	−0.268*** (0.058)
地区	−0.010 (0.029)	−0.055* (0.029)	−0.087*** (0.030)
家庭规模	0.078*** (0.016)	0.087*** (0.082)	0.108*** (0.018)

（续表）

变量	Q(0.25)	Q(0.50)	Q(0.75)
家庭收入（对数）	0.229*** (0.028)	0.237*** (0.030)	0.204*** (0.028)
住房资产（对数）	0.024*** (0.006)	0.039*** (0.005)	0.037*** (0.007)
金融资产（对数）	0.070*** (0.009)	0.056*** (0.009)	0.043*** (0.010)
_cons	6.575*** (0.340)	6.701*** (0.323)	7.769*** (0.334)
R^2	0.191	0.181	0.144

注：*** 、** 和 * 分别表示在 1%、5%和 10%水平下显著，括号内为稳健标准差。

婚姻也会在一定程度上影响居民的消费水平，在中国其主要表现在自身结婚所需住房、婚宴的置办、婚后孩子的抚养等方面。随着年龄的增长，子代教育、婚配的开支、父代收入水平降低及重大疾病的预防，以及自身医疗养老等问题出现。因而，婚姻对消费应表现出正向影响。上述三个表中，除了城镇常住人口和流动人口的 0.75 分位点表现为负，其余均显示为正，其中农村常住人口的估计结果高于其他两组人群，说明农村常住人口的婚姻对消费的影响比较大。

从估计结果来看政治面貌并没有对消费表现出很强的作用，除了表 7-2 的 0.75 分位点表现在 10%水平下显著，其余分位点没有表现出较强的作用，且影响结果有负有正，并不一致，因此政治面貌对居民的消费不存在较强的影响。

表 7-4　流动人口分位数回归结果

变量	Q(0.25)	Q(0.50)	Q(0.75)
性别	−0.053 (0.080)	−0.068 (0.081)	0.058 (0.117)

（续表）

变量	Q(0.25)	Q(0.50)	Q(0.75)
年龄	−0.011*** (0.004)	−0.010* (0.006)	−0.005 (0.008)
学历	0.039** (0.015)	0.033* (0.017)	0.032 (0.020)
婚姻	0.094 (0.112)	0.040 (0.124)	−0.107 (0.166)
政治面貌	−0.175 (0.222)	−0.176 (0.198)	0.169 (0.268)
户口	−0.046 (0.103)	−0.105 (0.129)	−0.127 (0.144)
地区	−0.075 (0.094)	−0.162** (0.075)	−0.072 (0.105)
家庭规模	0.131*** (0.032)	0.152*** (0.044)	0.155*** (0.045)
家庭收入(对数)	0.012** (0.033)	0.103** (0.027)	0.034* (0.027)
住房资产(对数)	0.019*** (0.007)	0.015** (0.007)	0.021** (0.009)

（续表）

变量	$Q(0.25)$	$Q(0.50)$	$Q(0.75)$
金融资产（对数）	0.089*** (0.017)	0.067*** (0.019)	0.070** (0.029)
_cons	8.578*** (0.490)	9.503*** (0.471)	9.154*** (0.558)
R^2	0.214	0.153	0.144

注： *** 、** 和 * 分别表示在1%、5%和10%水平下显著，括号内为稳健标准差。

三、户口、地区、家庭规模

户口方面，城镇和农村常住人口表现出一致性，估计结果均为负向显著，即非农业户口的居民家庭消费水平相较农业户口家庭要高。农业户口家庭拥有土地，仍以农业种植为主，从事劳动密集型产业，通过较高的体力劳动投入获得报酬；非农业户口多参与资本、技术密集型产业的工作，劳动报酬率相对要高。收入水平带来的差异使得居民根据收入来控制消费，对比表中结果可以发现农村常住人口各分位点的估计绝对值均高于城镇常住人口，前者的0.75分位估计结果绝对值为后者的逾4倍。估计结果的绝对值差异从0.25分位点的0.145到0.5分位点的0.161，再到0.75分位点的0.154。户口对农村常住人口的消费表现出较强的作用，对流动人口也表现出负向影响，但结果并不显著。

居民消费与地域有较强关联性，消费水平从东至中至西逐级递减，这可以解释为地区经济发展差异所致。由于地理环境、气候、资源、社会历史条件、产业结构及政策等种种因素影响，经济、教育、医疗、社会保障水平等表现出由东至西的依次减弱的特点，这也致使居民家庭整体消费水平由东至西逐步降低。

三组人口的家庭规模在各个分位点的估计效果为显著。说明总体来看，家庭成员的数量越多消费支出越高，无论是城镇常住人口、农村常住人口还是流动人口，0.25分位点、0.5分位点、0.75分位点均在1%水平下显著为正，说明家庭成员数对消费支出有较为重要的影响。可以解释为，家庭消费支出是家庭各成员消费的总和。家庭成员可以共用的这部分消费支出，像家庭耐用品、住房维修、交通工具等可供多人使用，而支出仅为一个单位;而不共用部分在计算总消费时需累计。正是高于其他家庭人口的这部分家庭成员的不共用消费,导致家庭成员数量多的家庭平均消费水平相对较高。流动人口的估计结果高于城镇常住人口,约是农村常住人口的2倍,城镇常住人口的结果又高于农村常住人口,说明流动人口的不共用消费占比较高,而农村常住人口的共用消费占比较大。

四、收入

收入对消费有着正向显著的促进作用。农村常住人口的回归结果要显著高于城镇常住人口和流动人口,而城镇常住人口又高于流动人口。流动人口与农村常住人口的差异较大,参数估计结果相差0.2左右;城镇常住人口与流动人口差异相对较小,各分位点相差都在0.1以下。城镇常住人口随分位点的上升,估计结果逐渐下降,说明低收入人群有着相对较强的消费意愿。农村常住人口收入对消费的影响系数基本在0.2以上,在0.5分位点处最高,收入增加1%,消费则增长0.237%。而流动人口部分,消费随收入的增加先增加,随着收入的进一步增加,一部分收入转化为预防储蓄,消费意愿有所降低,呈现“倒U形”。这也说明流动人口低收入水平下,提高收入能够刺激其消费。

五、资产

(一)家庭住房、金融资产财富效应的显著性

三类居民群体的家庭资产对消费均表现出较强的影响——城镇、农村常住居民均在1%水平下正向显著,而流动人口家庭的资产在0.25分位点均表现为1%水平的显著效应,0.75分位点表现为5%水平的显著效应。也就是说,假设H1符合实证结果。值得注意的是,三类居民家庭中金融资产财富效应普遍更强,对消费的影响要高于住房。虽然居民家庭的住房资产总额要远高于金融资产总额,居民家庭的金融资产存量较小,但金融资产对居民当期的消费影响较大。金融资产中现金、存款的占比较大,这部分资产可以较为灵活地运用,消费者可自由支配资金。而虽然住房资产本身资金基数相对较大,但仅有一套住房的居民由于其自身居住需求,住房一般用于自居而不用于出租或转卖,很长期限内较难转换为其他流动性相对高的资产。短期内可支配的灵活度较低,资金使用受到约束,因而相较金融资产在当期消费方面的作用要小。城镇常住居民的金融资产对消费的参数估计值保持在0.05以上,约是住房资产的3倍;农村常住人口的金融资产对消费的影响参数估计没有城镇居民高,但也保持在0.04以

上，农村常住人口的住房资产对消费的影响较城镇常住人口要高，约为其2倍；金融资产对流动人口消费的影响最大，各分位点回归值均高于常住人口，相比来看住房对流动人口消费的影响虽然也显著，但低于金融资产。

（二）住房资产财富效应差异

三类居民家庭中，农村常住人口住房资产对消费的影响最明显，流动人口家庭次之，城镇常住人口家庭的住房资产财富效应最小。城镇常住人口住房财富效应在三类消费群体中的回归结果最小，这与假设H2一致，0.5分位点上的回归结果最小，为0.013，比0.25分位点与0.75分位点依次低0.004、0.003，结果均在1%水平下显著。城镇常住人口居民家庭拥有较多的住房资产，为优化资产配置情况，除了用于自住的住房，其他住房更多地用于投资，具有“金融产品”属性，因而短期的资产财富效应并不明显。农村常住人口的住房资产财富效应在三类消费群体中表现最为显著，结果与假设H2一致，各分位点均在1%水平下显著，其中，0.5分位点的住房资产财富效应最高，为0.039，与0.75分位点的回归结果接近，0.25分位点回归结果最小，为0.024。可以发现，农村常住人口居民的住房资产财富效应随分位点的走高表现出“倒U形”。农村常住人口家庭的住房多用于自住与生产经营，住房在家庭资产中占比最高。流动人口家庭的住房资产财富效应表现出显著性，0.25分位点的回归结果在1%水平下显著，而0.5分位点、0.75分位点的回归结果在5%水平下显著，三个估计值依次为0.019、0.015、0.021。回归结果与城镇常住人口家庭相近，但低于农村常住人口家庭，与假设H2一致。

（三）金融资产财富效应差异

三类居民家庭中，流动人口的金融资产财富效应在三类群体中表现最为明显，城镇常住人口次之，农村常住人口回归结果最小。流动人口的金融资产平均持有量最高，现金、存款的比重也较高，金融资产对消费的参数估计值均保持在0.06以上，最高可达0.25分位点的0.089。虽然0.5分位点估计值有所下降，但0.75分位点又上升至0.07，说明金融资产持有量对流动人口消费影响一直保持在一个较高水平，因而消费对金融资产的变化反应比较灵敏。这与假设H3中流动人口财富效应介于城乡常住人口之间并不一致。城镇常住人口的金融资产对消费的影响与流动人口相差不大，但参数估计随分位点的上升逐渐下降，从低到高分位点的估计值依次为0.074、0.064、0.052。随着金融资产的逐渐增加，影响显著但满足了当期消费水平后的增量对消费的影响不如低水平处增量的作用明显。另外，城镇常住人口虽然金融资产平均持有水平较高，但其现金、存款在金融资产中的占比相对流动人口要小，因而金融资产财富效应要略低于流动人口，与假设 H3 中城镇常住人口金融资产财富效应最大也不一致。农村常住人口的金融资产对消费的回归结果也随分位点上升而逐渐减小。虽然农村常住人口的高流动性资产占金融资产的比重较大，但金融资产平均持有量小，因而金融资产的财富效应相对城镇常住人口和流动人口来说要低，与假设 H3 中农村常住人口金融资产财富效应最低一致。

第四节　稳健性检验

本研究分别对城镇常住人口、农村常住人口和流动人口三类居民家庭进行稳健性检验。

在家庭资产财富与消费关系方面的研究中，关于自变量的内生性，主要考虑居民家庭的收入情况。因此，为检验前文中模型估计结果的稳健性，用劳动收入替代家庭收入总和，并且进一步剔除了收入最高、最低各 5%的样本，结果显示在表 7-5、表 7-6 和表 7-7 中。通过与表 7-2、表 7-3 和表 7-4 的对比可以发现，收入替换后的影响的正负性及显著性并无太大差异，因此可以说明上文模型的回归结果具有稳健性。

表 7-5　城镇常住人口稳健性检验

变量	*Q*(0.25)	*Q*(0.50)	*Q*(0.75)
性别	−0.0237 (0.0287)	−0.0429 (0.0278)	0.0073 (0.0293)
年龄	−0.0055*** (0.0013)	−0.0046*** (0)	−0.0086*** (0.0016)
学历	0.0433*** (0.0047)	0.0367*** (0.0046)	0.0326*** (0.0050)

（续表）

变量	$Q(0.25)$	$Q(0.50)$	$Q(0.75)$
婚姻	0.1764*** (0.0477)	0.1145*** (0.0406)	0.0692 (0.0493)
政治面貌	0.0372 (0.0344)	0.0403 (0.0339)	0.0747** (0.0361)
户口	−0.1112*** (0.0308)	−0.1219*** (0.0331)	−0.1034*** (0.0334)
地区	−0.0840*** (0.0201)	−0.0917*** (0.0177)	−0.0908*** (0.0153)
家庭规模	0.1026*** (0.0128)	0.1129*** (0.0118)	0.1016*** (0.0130)
家庭收入(对数)	0.0060** (0.0028)	0.0064** (0.0031)	0.0023 (0.0029)
住房资产(对数)	0.0134*** (0.0031)	0.0103*** (0.0029)	0.0120*** (0.0030)
金融资产(对数)	0.0840*** (0.0064)	0.0659*** (0.0073)	0.0605*** (0.0062)
_cons	8.3488*** (0.1426)	8.9964*** (0.1210)	9.6891*** (0.1401)
R^2	0.1525	0.1202	0.1079

注：***、** 和 * 分别表示在 1%、5%和 10%水平下显著，括号内为稳健标准差。

表 7-6　农村常住人口稳健性检验

变量	$Q(0.25)$	$Q(0.50)$	$Q(0.75)$
性别	−0.0825 (0.0742)	−0.0673 (0.0524)	−0.0432 (0.0765)
年龄	−0.0185*** (0.0023)	−0.0127*** (0.0022)	−0.0116*** (0.0026)
学历	0.0258*** (0.0064)	0.0325*** (0.0062)	0.0211*** (0.0070)
婚姻	0.2677*** (0.0886)	0.2427*** (0.0811)	0.2209*** (0.0782)
政治面貌	0.0714 (0.0803)	−0.0624 (0.0769)	−0.1401 (0.1014)
户口	−0.2991*** (0.0711)	−0.3358*** (0.1075)	−0.3701*** (0.0756)
地区	−0.0001 (0.0301)	−0.0190 (0.0300)	−0.0391 (0.0306)
家庭规模	0.1083*** (0.0142)	0.1168*** (0.0138)	0.1205*** (0.0166)
家庭收入(对数)	0.0355*** (0.0072)	0.0266*** (0.0058)	0.0243*** (0.0067)

（续表）

变量	Q(0.25)	Q(0.50)	Q(0.75)
住房资产（对数）	0.0331*** (0.0067)	0.0413*** (0.0048)	0.0437*** (0.0081)
金融资产（对数）	0.0797*** (0.0101)	0.0677*** (0.0087)	0.0442*** (0.0116)
_cons	8.3506*** (0.2229)	8.6134*** (0.2130)	9.3543*** (0.2236)
R^2	0.1579	0.1383	0.1023

注：***、** 和 * 分别表示在1%、5%和10%水平下显著，括号内为稳健标准差。

表 7-7　流动人口稳健性检验

变量	Q(0.25)	Q(0.50)	Q(0.75)
性别	−0.0657 (0.0852)	−0.0454 (0.0816)	0.0663 (0.1076)
年龄	−0.0092** (0.0052)	−0.0068 (0.0059)	−0.0001 (0.0074)
学历	0.0364** (0.0158)	0.0310** (0.0156)	0.0265 (0.0178)
婚姻	0.0907 (0.1267)	−0.0224 (0.1180)	−0.0997 (0.1404)
政治面貌	−0.2888 (0.2306)	−0.0662 (0.2012)	−0.1127 (0.2541)

（续表）

变量	$Q(0.25)$	$Q(0.50)$	$Q(0.75)$
户口	−0.0127 (0.1103)	−0.0548 (0.1114)	−0.1357 (0.1338)
地区	−0.0794 (0.1024)	−0.1202** (0.0582)	−0.0415 (0.1152)
家庭规模	0.1112*** (0.0291)	0.1246*** (0.0376)	0.1444*** (0.0451)
家庭收入（对数）	−0.0012*** (0.0084)	−0.0171** (0.0067)	−0.0120*** (0.0106)
住房资产（对数）	0.0191** (0.0074)	0.0080 (0.0072)	0.0084* (0.0092)
金融资产（对数）	0.0960*** (0.0184)	0.0885*** (0.0203)	0.1030 (0.0283)
_cons	8.6385*** (0.3909)	−0.0171*** (0.0067)	9.2333*** (0.4615)
R^2	0.2175	0.1592	0.1314

注：*** 、** 和 * 分别表示在1%、5%和10%水平下显著，括号内为稳健标准差。

第八章　房价变动对居民消费的影响

经过金融性资产财富效应的实证，本书进一步对金融性资产中的住房对居民的消费影响进行研究。房地产行业作为中国的支柱性行业，对国家的经济发展有着重要的作用。中国居民家庭历来对住房十分偏爱，住房已经成为居民家庭的刚需，由于住房的整体价值较高，住房价格的变动对居民购房决策会产生巨大影响。房价的持续走高，使得居民的购房压力不断增加，与此同时，中国居民的消费长期低迷，消费占收入的比重一直处于70%以下，最终消费率更是低于50%。了解现阶段中国房地产的发展状况，探讨房价上涨对居民消费的影响方向和影响程度以及是否存在明显的城市化差异，对中国制定相关房地产调控政策、引导居民消费具有重要意义。因此，本书将对房地产市场与居民消费关系进行分析。具体而言，本书将首先对全国总体房地产发展状况作一定介绍，然后选取合适的城市经济、房地产市场和城镇居民生活收支等数据，通过城市聚类分析对34个大中城市进行分组，再使用面板数据回归方法对各组房价变动对消费的影响进行单独实证研究，并对各组实证结果的异同点进行说明。

第一节　全国房地产发展状况概览

一、城镇化助推房地产市场持续繁荣，但隐忧渐现

改革开放以来，中国经济获得了质的飞跃，从人均GDP不到400元的农业国发展到2016年以后人均GDP超过54000元的制造业大国。在这期间，庞大的人口数量、极低的起步条件，带来对基础商品的巨大需求，而廉价的劳动力则大幅降低了生产成本，使得以代工为主的低端制造业大量落户中国。城市化建设随之兴起，广大农村地区的剩余劳动力不断涌入城镇，1978年，中国的城镇化率仅为17.92%，而到了2016年，中国城

镇化率已经达到58.52%(见图8-1),大量农村人口或落户城市,或长期在城市打工,带来对住房的巨大需求。

从1998年开始,住房制度的市场化改革进一步刺激了购房需求,城镇化进一步加速,由此房地产行业发展步入快车道,一举成为国家的支柱性行业。国家统计局数据显示,全社会住宅投资额从1998年的6393亿元增长到2016年的83660亿元,年均增速达15%以上;房地产住宅投资占全社会固定资产投资比例常年维持在10%以上(见图8-2),对经济的拉动作用显著。房地产投资连年景气的背后是商品房销售端的异常火爆,商品房销售面积从1998年的12185万平方米增长到2016年的157349万平方米,年均增速同样超过15%;商品房销售价格上涨虽然滞后于销售面积增长,于2002年开始才出现明显上涨,但价格增速同样迅猛,从均价2000元/平方米上涨到均价7200元/平方米,增幅达260%(见图8-3)。

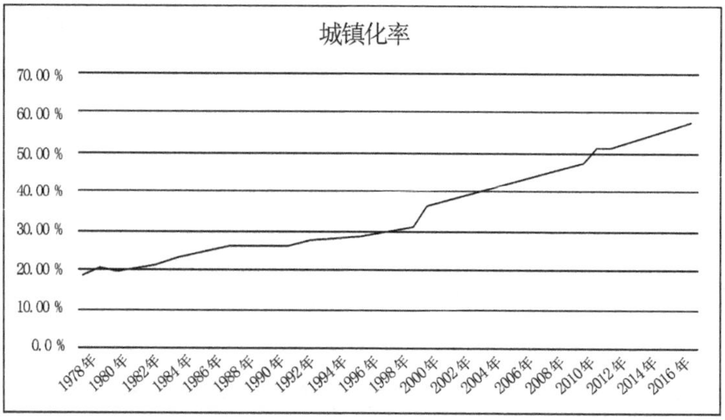

图8-1 城镇化率图

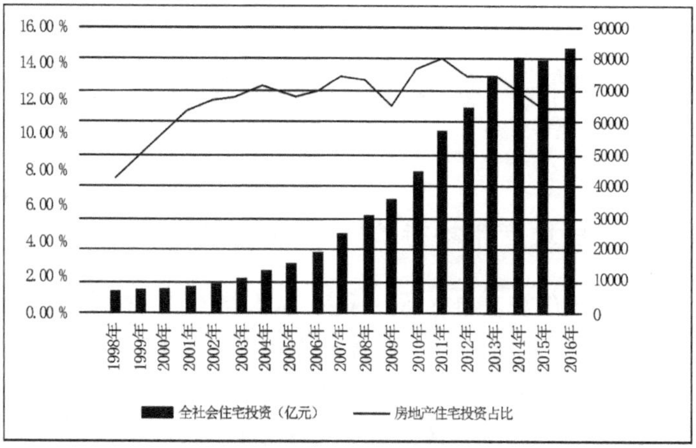

图8-2 住宅投资

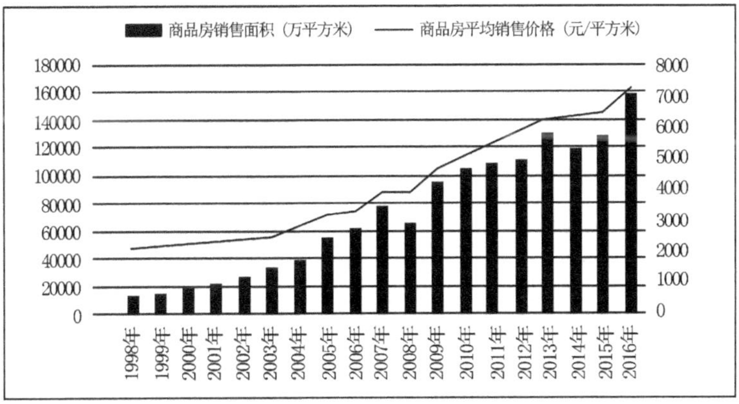

图 8-3　商品房销售状况

过去 20 年，中国见证了房地产行业的高速发展，但持续繁荣的背后，也暴露出许多问题。首先，行业的天花板效应逐渐开始显现，近年来，全社会住宅投资额增速明显放缓，2015 年甚至出现第一次负增长，房地产住宅投资占比则从 2012 年开始逐年走低，从 2011 年最高的 14.23%下降到 2016 年的 11.33%，房地产投资对经济增长的拉动作用逐渐减弱；其次，房价快速上涨，居民收入增速则相对较慢，导致房价收入比偏高，房价出现一定程度的泡沫；最后，在 2015 年开始的新一轮房价上涨过程中，居民住房贷款余额快速增长，虽然成功解决了政府“去库存”的目标，但是居民高度举债无疑会抑制消费，消耗经济发展潜力。

二、房价收入比较高

房价收入比指的是住房价格与居民收入之间的比值，是衡量房价泡沫的重要指标。中国经济过去的高速发展带动居民收入的快速增长，与此同时，房价则以更快的速度一路攀升，使得中国房价收入比居高不下。易居研究院数据显示，2017 年一线城市中，深圳、上海和北京的房价收入比均已经超过 25，深圳更是以 39.64 遥遥领先（见表 8-1）。相较而言，Property Prices Index 于 2017 年公布的国际上主要城市中，东京、巴黎、纽约的房价收入比分别为 19.88、16.82、12.95，而柏林、渥太华和华盛顿更是在 10 以下，分别为 8.84、5.99、5.96。另外，在 2017 年全国房价收入比排名前二十的大中城市中，该比值均在 10 以上，而国际上一般认为，房价收入比的合理区间应该是 3～6。因此，中国大中城市的房价收入比明显偏高，房价存在一定程度的“泡沫”。

表 8-1 2017 年各城市房价收入比

城市	房价收入比	城市	房价收入比
深圳	39.64	南京	14.50
三亚	28.16	天津	13.35
上海	27.98	郑州	12.24
北京	25.70	合肥	12.21
厦门	25.25	宁波	12.02
福州	19.33	太原	11.96
珠海	17.81	苏州	11.59
海口	14.99	温州	11.30
杭州	14.95	广州	11.20
石家庄	14.74	徐州	10.45

数据来源:上海易居房产研究院,地方统计局。

三、居民住房贷款快速增长

房价增速持续偏离收入增速的背后,是居民贷款的快速增长。中国人民银行公布的数据显示,中国金融机构住户部门人民币短期和中长期贷款均呈现长期增长趋势,尤其是中长期贷款,增速十分显著,自 2007 年中长期贷款首次超过短期贷款以来,两者总量的剪刀差形态呈现快速扩大趋势,这一现象在 2015 年以后显得更为明显。截至 2017 年末,中国居民债务总额达到 40.52 万亿元,虽然居民贷款/GDP 的规模为 48.98%,低于大部分发达国家,但居民债务总量/可支配收入总量则达到 112%,比世界上绝大多数国家都要高,居民债务问题值得警惕(见图 8-4)。

一般而言,住户部门中长期贷款数据可以作为衡量居民住房贷款情况的重要参考依据,因此可以明显地看出,居民的住房贷款一直处于增长趋势,且从 2015 年开始,又出现了明显的加速现象,这主要是由于 2015 年以来房价的快速上涨,使得居民总体举债购房意愿大幅攀升。一方面,房价的快速上涨造成刚需购房者的恐慌,因担忧房价继续上涨,从而举债涌入住房市场;另一方面,投资者以及投机者为获取短期最大化收益,运用大量杠杆购房的动机亦十分强烈。

另外，居民个人住房贷款余额数据(见表8-2)同样显示，居民贷款购房的举动在不断增加。自2013年以来，个人住房贷款余额几乎每一季度都在环比增长，仅2016年第一季度出现环比下降，这主要是因为第一季度存在春节效应，居民购房意愿较弱，且2016年第四季度贷款余额基数较高。同时从同比来看，个人住房贷款余额增长更为显著，2013—2017年5年间，个人住房贷款余额分别同比增长21%、16.7%、34.8%、26.2%、22.2%，同期金融机构人民币各项贷款余额分别同比增长14.1%、13.6%、14.3%、13.5%、12.7%，个人住房贷款余额增速明显高于各项贷款余额增速，显示出居民部门负债增速远超社会平均水平。

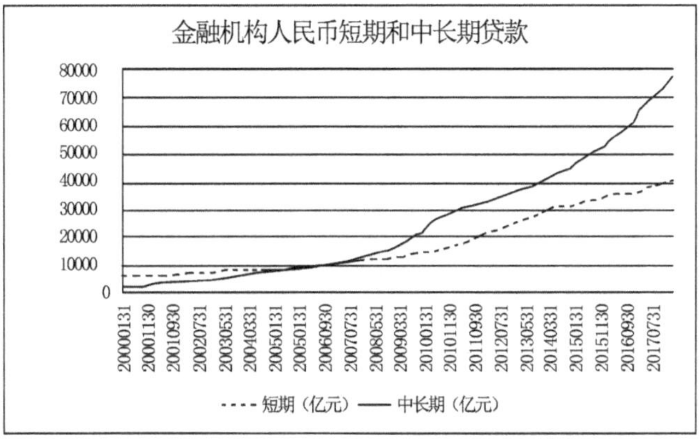

图8-4　金融机构人民币短期和中长期贷款

表8-2　个人住房贷款余额同比增速

季度	个人住房贷款余额同比增速/%	季度	个人住房贷款余额同比增速/%
2013年第三季度	8.70	2015年第四季度	14.18
2013年第四季度	9.00	2016年第一季度	14.10
2014年第一季度	9.50	2016年第二季度	15.40
2014年第二季度	9.90	2016年第三季度	16.80
2014年第三季度	10.20	2016年第四季度	17.89
2014年第四季度	10.52	2017年第一季度	19.05

（续表）

季度	个人住房贷款余额同比增速/%	季度	个人住房贷款余额同比增速/%
2015 年第一季度	11.20	2017 年第二季度	20.10
2015 年第二季度	11.70	2017 年第三季度	21.10
2015 年第三季度	12.40	2017 年第四季度	21.86

第二节　城市聚类分析

由于中国幅员辽阔，人口众多，分布又较为分散，中国城市统计年鉴(2017)显示，仅市区非农人口在 20 万人以上的城市就超过 200 个，加之历史特殊原因(改革开放鼓励一部分人先富起来、沿海城市开设经济特区等)，中国各区域之间、各城市之间的经济发展状况存在明显差异，最为显著的是形成了以北上广深为首的一线城市以及出现了东中西部经济发展的不平衡性。因此，研究城市间的房地产财富效应差异，根据不同城市房地产发展现状制定相应的政策显得十分必要。

聚类分析是通过对考察对象的多个指标进行差异化评估从而实现分类的分析方法，这种分析方法的优点在于，它有效克服了通过纯粹经验进行定性分类时可能带有的主观随意性，从而能够客观地分析事物深层次的差别及联系。目前，系统聚类分析是使用最为广泛的聚类分析方法，它根据一定的标准，通常按某种距离或相似系数，将样本中关系最为密切的两类聚合在一起，然后用同一方式将聚类后的类与其他类再次聚合，如此重复，直到达到最终的聚类目标。系统聚类分析常用的几种方法有最短联结法、最长联结法、平均联结法、加权平均联结法、中位数联结法、重心联结法、Ward 联结法等。

一、变量选取及数据分析

使用聚类分析对国内主要城市进行分组研究的方法较为少见，仅李菲菲(2017)有所涉及，其选择的城市变量主要是静态状态变量，主要选择了 2013 年主要城市的城市经济规模、房地产市场和居民收入支出等静态变量，但这种选取方法存在一定不足，即没有考虑相关变量的增速及城市之间相对值的数据，本书认为这两类数据对分组至关重要，如某些城市虽然经济体量较小，但经济、房价和居民收支增速等数据与大城市相近，则应该将它们与大城市归为一组，而有些城市虽然经济规模相近，但经济、房价和居民收支增速明显不同，则不应该将它们分为一组。

因此，本书认为分类的标准应该关注两个方面，一是增速变量，二是相对值变量。基于这种思想，结合城市经济、房地产市场和城镇居民收支情况，本书最终选择了13个变量作为聚类分析变量，大致分为两类：一是增速变量，包括国内生产总值年增速、住宅开发投资年增速、住宅商品房销售面积年增速、小学生在校人数年增速、年末总人口年增速、城乡居民储蓄余额年增速等6个变量；二是相对值变量，包括房价收入比、消费收入比、房价收入增速比、消费收入增速比、存贷比、房地产开发占固定资产投资总额比重、第三产业增加值占GDP比重等7个变量。其中，增速变量均取2002—2016年的年均增速，相对值变量中除房价收入增速比和消费收入增速比取2002—2016年的年均增速外，其余均选取2016年数据，数据来源于国家统计局和各城市统计年鉴。

各变量的选取，考虑了多个方面。首先，选择房价收入比和消费收入比，旨在判断现阶段各城市消费、收入与房价的相对状况，而选择房价收入增速比和消费收入增速比，旨在判断过去多年来三者增速的相对状况；其次，选择国内生产总值年增速、住宅开发投资年增速、住宅商品房销售面积年增速、房地产开发占固定资产投资总额比重和第三产业增加值占GDP比重，旨在判断城市房地产发展状况及城市经济对房地产依赖程度；再次，选择城乡居民储蓄余额年增速和存贷比，旨在判断居民存贷款状况；最后，选择小学生在校人数年增速、年末总人口年增速，旨在判断城市人口状况及城市发展前景。

二、聚类分析结果说明

（一）变量统计描述

在聚类分析前，需要对不同的数据的量纲进行标准化处理，否则会对聚类分析结果会造成一定影响，以本书为例，本书的数据虽然都是百分数和比例，但数据之间的量级有所不同，因此，需要进行标准化处理。表8-3是经过标准化处理的变量数据总体统计情况。

表 8-3 数据的描述性统计

变量	均值	最大值	最小值
房价收入比	-2.94118×10^{-7}	3.96301	-1.11316
消费收入比	3.5919×10^{-17}	2.56219	-1.81581
房价收入增速比	2.94118×10^{-7}	2.92017	-1.75658
消费收入增速比	8.82353×10^{-7}	2.41637	-1.60331
存贷比	-2.94118×10^{-7}	2.02451	-2.12080
房地产开发占固定资产投资比重	-5.88235×10^{-7}	2.14780	-1.76482
第三产业增加值占 GDP 比重	-9.79609×10^{-18}	2.01781	-2.67423
年末总人口年增速	2.94118×10^{-7}	3.19695	-0.80469
城乡居民储蓄余额年增速	-1.76471×10^{-6}	2.57240	-1.86138
住宅商品房销售面积年增速	-5.88235×10^{-7}	1.81585	-2.03903
国内生产总值年增速	0	2.50471	-1.92125
住宅开发投资年增速	2.94118×10^{-7}	1.55334	-1.88203
小学生在校人数年增速	-2.94118×10^{-7}	2.37192	-2.02232

(二)聚类分析结果

本书使用 Ward 联结法对城市进行聚类分析,Ward 联结法即为离差平方和法,该方法的思路是将离差平方和较小的样本归为一类,具体做法是先将 n 个样本各自看成一类,然后选择使其离差平方和增加最小的两类进行合并,每一步都缩小一类,直到所有样本归为一类。在实际应用中,离差平方和分类效果较好,应用也较为广泛。聚类分析结果如图 8-5 所示。

根据聚类分析结果,将 34 个大中城市分为四个类别:①深圳、厦门、上海、北京四个城市;②海口、南宁、合肥、郑州、南昌、银川、长沙、西宁、贵阳等九个城市;③呼和浩特、昆明、西安、武汉、兰州、重庆、杭州、石家庄、青岛、太原、宁波、南京、天津、济南、福州等十五个城市;④成都、大连、哈尔滨、长春、广州、沈阳等六个城市。为了清晰看出每类城市的特点,对四组城市对应的 13 个变量求平均值,表 8-4 列出了其中 7 个变量的平均值情况。

第一组城市包括深圳(广东)、厦门(福建)、上海和北京，其中，除厦门外，北京、上海、深圳均为一线城市。从表中可以看出，一方面，第一组城市房价收入比、房价收入增速比较其他三组明显偏高，分别达到 31.13 和 1.47，说明第一组城市的房价相较于其居民收入明显偏高且房价增速明显快于收入增速；另一方面，居民消费收入比和消费收入增速比在四组中为最低，分别为 0.63 和 0.82，说明居民收入用于消费的占比较低且消费增速远低于收入增速，可能是由于过高的房价抑制了消费。从城市发展看，第一组城市第三产业增加值占 GDP 比重在四组中最高，而住宅开发投资年增速在四组中最低，说明城市的经济对房地产的依赖较小，经济结构更为健康，经济发展阶段更为领先。另外，存贷比最低，可能是由于房价过高使得居民大幅举债购房，但也可能是居民金融意识更强，能够运用更多金融工具。

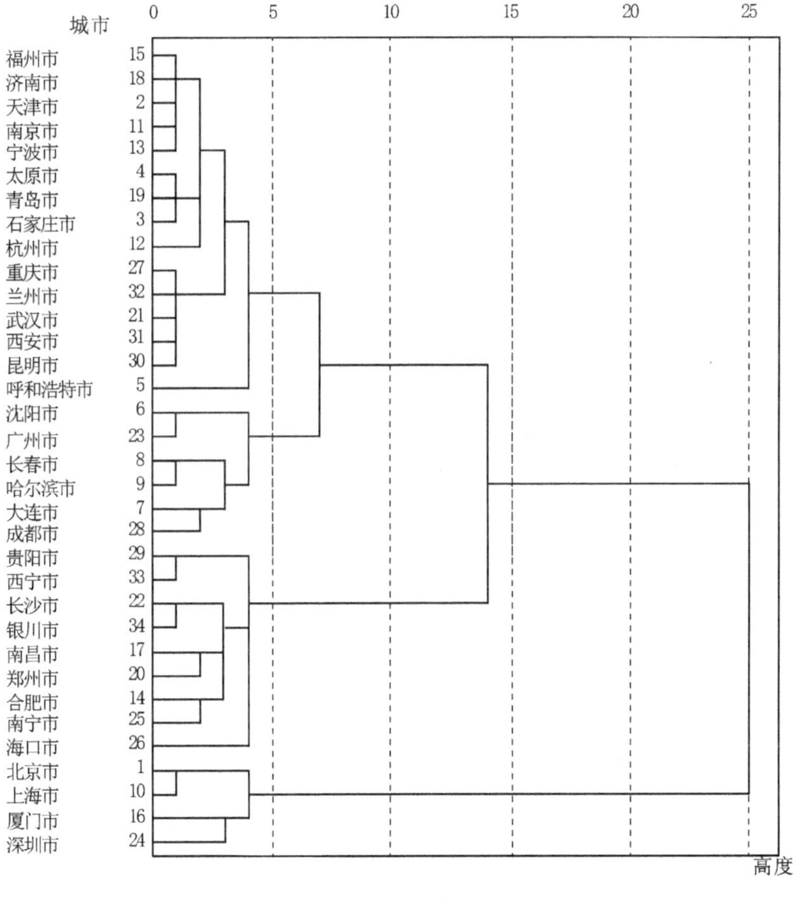

图 8-5　34 个大中城市聚类分析结果

表 8-4　四组城市主要变量均值

组别	房价收入比	消费收入比	消费收入增速比	房价收入增速比	存贷比	第三产业增加值占GDP比重	住宅开发投资年增速
1	31.13080	0.63030	0.81973	1.47414	0.73958	0.67158	0.11857
2	11.64105	0.71413	0.93017	0.92928	0.95348	0.59383	0.25653
3	12.86225	0.65639	0.85037	0.98756	0.81836	0.61210	0.22687
4	12.28410	0.72619	0.89070	0.81625	0.92513	0.50244	0.14050

第二组城市包括海口(海南)、南宁(广西)、合肥(安徽)、郑州(河南)、南昌(江西)、银川(宁夏)、长沙(湖南)、西宁(青海)、贵阳(贵州),基本是经济发展较弱省份的省会城市。第二组城市的房价收入比均值最低,意味着这些地区的房价偏离收入的程度相对较小,居民购房压力也相对较小,同时,消费收入增速比和房价收入增速比都较高,说明房价增速与收入增速较为切合,使得消费没有被明显抑制。从城市发展看,住宅开发投资年增速最快,说明在这些城市中房地产的发展速度较快,经济发展对房地产的依赖较大。另外,存贷比最高,说明居民金融意识较为保守,存款较多而贷款较为谨慎。

第三组城市包括呼和浩特(内蒙古)、昆明(云南)、西安(陕西)、武汉(湖北)、兰州(甘肃)、重庆、杭州(浙江)、石家庄(河北)、青岛(山东)、太原(山西)、宁波(浙江)、南京(江苏)、天津、济南(山东)、福州(福建),这些城市经济发展状况普遍较好,覆盖浙江、江苏、山东等沿海城市,以及重庆、天津两个直辖市,也有资源大省(自治区)山西和内蒙古。第三组城市的数据与第二组城市较为相近,第三产业增加值占 GDP 比重和住宅开发投资年增速与第二组相差无几,说明城市所处发展阶段类似,而第三组城市房价收入比和房价收入增速比高于第二组,意味着这些经济发展状况较好的城市目前房价相对于收入也有一定程度的偏离。另外,存贷比仅高于第一组城市,说明房价对存款和贷款的影响较大。

第四组城市包括成都(四川)、大连(辽宁)、哈尔滨(黑龙江)、长春(吉林)、广州(广东)、沈阳(辽宁),其中大连、哈尔滨、长春、沈阳均处于东北地区。该组城市房价收入比处于第三位,房价收入增速比排在末位,说明房价上涨的动力并不明显,且住宅开发投资年增速也仅次于第一组,说明经济发展对房地产依赖度较小,但第三产业增加值占 GDP 比重仅占 50%左右，说明经济的转型并不充分，另外，存贷比亦较高。可能的原因是，一方面，东北地区人口呈现净流出状态，新增人口匮乏，使得住房需求较弱，而受制于传统老工业基地影响，从重工业向第三产业发展转换较为困难，老龄化日趋严重，老年人更倾向于储蓄；另一方面，与东北地区城市不同，成都和广州虽然接纳了许多新兴人口，但是两个城市的住房供应十分充足，使得房价上涨十分温和，房价收入比等较为合理。

第三节 房价变动对消费影响的城市差异性实证分析

一、数据选择及说明

本书选择上述 34 个大中城市 2002—2016 年的年度城镇人均可支配收入(income)、城镇人均消费(consum)和商品住宅价格(h_price)数据，其中，城镇人均可支配收入和城镇人均消费的数据来源于各城市统计年鉴，商品住宅价格数据来源于国家统计局。另外，本书对原始数据进行了对数处理。数据的描述性统计如表 8-5 所示(由于各城市数据统计口径会有所不同，城镇人均可支配收入和人均消费数据可能前后两年差距巨大，因此为了使前后数据更为相符，在统计口径变化年，本书使用同比增速对数据进行重新计算)。

表 8-5 各组数据描述性统计

样本组	变量	样本量	平均数	标准差	最小值	最大值
全样本	ln consum	510	9.52	0.48	8.42	10.63
	ln h_price	510	8.50	0.64	7.09	10.73
	ln income	510	9.85	0.54	8.77	10.97
第一组	ln consum	60	9.88	0.39	9.05	10.60
	ln h_price	60	9.31	0.64	7.86	10.73
	ln income	60	10.23	0.45	9.37	10.97

(续表)

样本组	变量	样本量	平均数	标准差	最小值	最大值
第二组	ln consum	135	9.36	0.47	8.42	10.37
	ln h_price	135	8.25	0.48	7.29	9.15
	ln income	135	9.68	0.49	8.77	10.68
第三组	ln consum	225	9.51	0.46	8.62	10.36
	ln h_price	225	8.43	0.60	7.09	9.79
	ln income	225	9.86	0.53	8.79	10.85
第四组	ln consum	90	9.58	0.49	8.69	10.63
	ln h_price	90	8.53	0.52	7.48	9.70
	ln income	90	9.84	0.53	8.85	10.90

二、单位根检验

在处理时间序列数据时，若时间序列变量与其滞后项之间存在序列相关，即有一个显著的自回归过程，那么该变量有可能不是平稳的，存在单阶或单整的随机过程。如果时间序列变量存在单位根，则进行的回归分析很可能是伪回归，因此，需要对相关变量进行单位根检验。本书使用LLC检验方法进行单位根检验，检验结果如表8-6所示，在1%显著水平下，各变量为一阶差分平稳序列。

表8-6　LLC单位根检验结果

变量	水平值	一阶差分值
ln consum	0.7304***	−0.1327***
ln h_price	0.6670***	−0.1054***
ln income	0.7982	0.1637***

注：***、** 和 * 分别表示在1%、5%和10%水平下显著。

三、协整检验

在经过单位根检验后，发现各变量都是单阶协整，接下来进行协整检验，本书采用

Kao 协整检验方法，结果显示拒绝原假设，即存在协整关系，如表 8-7 所示，因此可以进行回归分析。

表 8-7　Kao 协整检验结果

项目	t 值	P 值
ADF	−2.653***	0.000

注：***、** 和 * 分别表示在 1%、5%和 10%水平下显著。

四、实证结果分析

各组回归结果如表 8-8 所示。从实证结果看，可支配收入是影响消费的最主要因素，对于全样本组而言，可支配收入对消费的弹性达到 0.8839，即可支配收入每变动 1%，将使消费变动 0.8839%，对于各分组而言，消费弹性分别达到 0.7045、0.9132、0.8579 和 0.8617。其中，第二组的消费弹性最大，超过 0.9，而第一组的消费弹性相对较小。

房价对消费的影响相对而言较弱且各组影响方向有所不同。对于全样本组而言，房价上涨对消费有一定的财富效应，消费弹性为 0.0958，但其系数并不显著。对于各分组而言，影响方向和大小有所不同，第一组的房价上涨对消费的弹性为 0.5175，在 10%水平下显著，而对于第二组、第三组和第四组而言，房价上涨对消费均呈现为挤出效应，其中，第二组和第四组的抑制作用较大，分别达到 −0.8124 和 −0.8004，且分别在 5%和 1%水平下显著，第三组的抑制作用较小，为 −0.2791，在 5%水平下显著。

表 8-8　分组回归结果

变量	(1)	(2)	(3)	(4)	(5)
	全样本	第一组	第二组	第三组	第四组
ln h_price	0.0958 (1.050)	0.5175* (1.886)	−0.8124** (−2.069)	−0.2791** (−2.078)	−0.8004*** (−2.867)
ln income	0.8839*** (52.342)	0.7045*** (10.583)	0.9132*** (23.318)	0.8579*** (38.425)	0.8617*** (26.937)
hp^2	−0.0057 (−1.151)	−0.0230 (−1.571)	0.0508** (2.139)	0.0166** (2.141)	0.0502***
_cons	0.4214 (1.193)	−0.1376 (−0.108)	3.7567** (2.345)	2.2163*** (4.108)	4.2665*** (3.675)

(续表)

变量	(1)	(2)	(3)	(4)	(5)
	全样本	第一组	第二组	第三组	第四组
N	510	60	135	225	90
R^2	0.9284	0.9765	0.8108	0.9329	0.9742
Hausman 检验	3.65 (0.4550)	14.82 (0.0020)	1.10 (0.8943)	1.65 (0.7991)	1.09 (0.8963)
效应	随机效应	固定效应	随机效应	随机效应	随机效应

注：*** 、** 和 * 分别表示在1%、5%和10%水平下显著，括号内为稳健标准差。

总体来看，虽然全样本组和第一组中房价上涨对消费表现出财富效应，但其促进作用较弱且显著性水平较低，而第二组、第三组和第四组均呈现为挤出效应，因此，从分组情况看，房价上涨对消费的抑制作用更强。产生这种情况可能的原因是，对于第一组城市而言，由于其中北京、上海和深圳均为一线城市，而一线城市目前呈现出不同的购房和租房状况，即本地居民普遍拥有住房，甚至多套住房，房价上涨对这些居民消费的促进作用较为明显，而外来居民由于本地高企的房价，普遍以租房为主。由于中国较为畸形的房价收入比和房价租金比，通常房租收入仅占住房价值的2%左右，且房价的上涨向租房市场的传导较为困难，使得房价上涨并不抑制以租房为主的居民的消费。因此，总体上，房价上涨对这些城市居民的消费产生一定的财富效应。而对于其他城市而言，当地居民思维较为保守，均倾向于购房而非租房，且倾向于全款购房而非贷款购房，房价上涨会显著增加他们的购房性储蓄。因此，随着房价的持续上涨，挤出效应较为明显。

第四节　房价变动与消费的非线性关系研究

过去众多研究将重点放在房价变动与消费的线性关系上，旨在探讨房价上涨(下跌)对消费的线性影响——促进或抑制，但对两者的非线性关系的研究较少。实际上，由于住房兼具投资和消费两种属性，其与消费的关系相较于收入与消费的关系更为复杂。一方面，房价的上涨为有房者带来住房财富升值和租金收入，促进消费；另一方面，又增加了购房者和租房者的住房支出，抑制消费。因此，房价与消费可能存在非线性关系。本书将使用门槛模型来探讨两者的非线性关系。本书将先从理论方面论述房价及其增速作为门槛值的合理性，然后在实证方面建立面板门槛模型（Hansen，1999），并使用34个大中城市的房价和居民消费数据进行分析，最后对实证结果作出说明。

一、房价及其增速与消费的门槛效应理论分析

将房价及其增速作为门槛值，在理论上符合门槛效应的定义。住房价格变动对消费的传导机制主要可分为积极的财富效应和消极的挤出效应。也就是说，住房价格变动对消费的影响具有双重性。这种双重性的特点是基于住房自身属性而产生的，因为区别于其他商品单一的消费属性，住房不仅可以作为消费品满足居民基本的居住需求，还可以作为抵御通胀的投资品。李春风等（2018）也指出，房价变动是促进消费还是抑制消费主要由财富效应与挤出效应的力量对比来决定。而由于房价所处区间以及其变动速度的不同，其所对应的财富效应和挤出效应的强度亦有所不同，因此不同的房价区间以及房价变动速度会使得房价变动对消费的影响在程度和方向上均存在差异。

（一）房价与消费的门槛效应理论分析

由于中国过去十几年长期处于房价上涨的通道区间，因此我们以房价上涨为例，考虑一个简单的房价—消费模型，如图8-6所示，该模型由财富效应和挤出效应组成。首先看财富效应，当房价处于较低区间时，住房整体财富量较小，则房价上涨所带来的财富量的增长也较少，财富效应并不明显。随着房价的上升，住房财富量也增长，此时房价的上涨使得财富量的增长越来越多，财富效应也越来越显著。但由于边际消费倾向递减规律的存在，即随着收入（财富）的增加，消费增加，但在增加的收入（财富）中，用于消费部分的增加并不是和可支配收入（财富）的增加一直保持相同的比例，而是用于消费的部分所占比重越来越少，因此，住房在一个过高的价格上的继续增长，对消费的促进将不再明显，即财富效应是一个凸函数。然后看挤出效应，当房价处于较低区间时，房价的上涨对购房者或租房者的挤出效应较小，随着房价的上升，其挤出效应越来越强，但当房价上升到一个较高的区间时，购房者的弃购效应开始显现，即购房者会放弃购房转而进行消费，而过高的房价也可能无法向租房市场传导，使得高房价对租房者的挤出作用没有预想中的那么大，因而当房价处于较高区间时，房价上涨带来的

挤出效应可能不增反减。

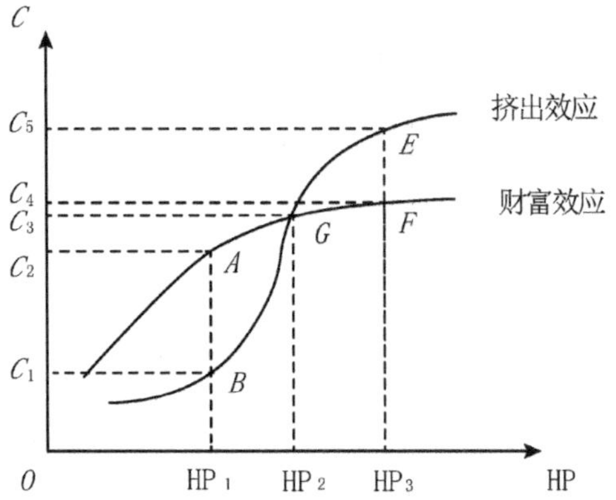

图 8-6　房价作为门槛变量时房价变动对消费的财富效应和挤出效应

根据财富效应和挤出效应在房价增长过程中的发展趋势，可以判断：在房价处于较低区间时，财富效应和挤出效应的强度较小，从而房价上涨对消费的影响较弱；当房价处于合理的区间时，如房价达到 HP_1 时，房价上涨带来的财富效应为 A，而挤出效应为 B，消费的增长额即为 C_2-C_1，增长额的大小视财富效应和挤出效应强度大小而定，一般而言，房地产金融市场较为完善、住房补贴力度较大的地区消费增长额更大；随着房价的不断增长，挤出效应的强度迅速增加，而财富效应的强度增加减缓，直到房价上涨至 HP_2 时，两种效应达到平衡点 G，此时房价的上涨不再促进消费；而当房价处于较高的区间时，如房价达到 HP_3 时，房价上涨带来的财富效应为 F，挤出效应为 E，挤出效应占据主导地位，此时房价的上涨对消费产生抑制作用。

（二）房价增速与消费的门槛效应理论分析

房价增速对消费的财富效应和挤出效应如图 8-7 所示。首先看财富效应，在房价增速较低时，房价的上涨所带来的财富增长较少，财富效应也较小；而随着房价增速提高，财富的增长越来越明显，财富效应明显增大，对应的消费支出持续上升，但由于存在边际消费倾向递减规律，带动作用逐渐减弱。因此，可以看出财富效应是一个凸函数。然后看挤出效应，在房价增速较低时，房价的上涨并不会使购房者承担巨大的购房压力，租房者所需支付的租金上涨也较为滞后，对于消费并没有多大影响；随着房价增速的提高，房价上涨使住房消费者所需承担的压力越来越大，从而影响到他们的消费支出；而当房价增速过高时，社会资本亦大幅流入其中，挤压了这些资本所对应的潜在消费需求。因此，挤出效应是一个凹函数。

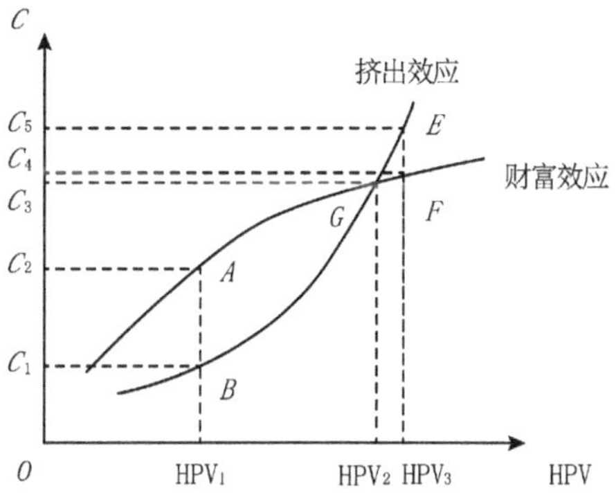

图 8-7 房价增速作为门槛变量时房价变动对消费的财富效应和挤出效应

根据财富效应和挤出效应在房价增长过程中的发展趋势，可以判断：在房价增速较低时，财富效应与挤出效应的强度较小，此时房价上涨对于消费的影响较弱；而随着房价增速的提高，财富效应的增加速度相对更快，当房价增速达到 HPV_1 点时，其对应的财富效应为 A 点，而挤出效应为 B 点，消费的增长额即为 C_2-C_1；当房价增速进一步加快时，财富效应增加减缓而挤出效应增加较快，从而消费的增长出现先扩大后缩小的变化，直到达到平衡点 G，此时房价上涨带来的财富效应和挤出效应强度达到一致，房价上涨不再对消费产生促进作用；当房价增速超过 HPV_2 时，挤出效应开始占据主导地位并随着房价的上涨而不断得到强化。可以预见的是，若房价持续地快速增长，则社会资本将会大幅流入，从而再次助推房价并形成资产泡沫，不仅抑制短期消费活力，且一旦泡沫刺破，容易引发局部甚至系统性风险，破坏经济稳定。

二、房价作为门槛变量的门槛效应实证分析

（一）门槛效应检验与门槛值估计

以房价作为门槛变量构建门槛模型，在进行回归分析前，需要进行门槛效应的检验，检验结果如表 8-9 所示。通过检验结果可知，单一门槛、双重门槛与三重门槛效应均在 1%的显著性水平下显著。

在经过门槛效应检验后，需要对门槛值进行估计，估计结果如表 8-10 所示。不难发现，当选择单一门槛模型时，门槛值为 7.640，当选择双重门槛模型时，门槛值分别为 7.640 和 9.663，当选择三重门槛模型时，门槛值分别为 7.640，7.787 和 9.663。由于本书考察的是房价高低对消费的影响，单一门槛模型不能有效显示不同区间的影响，而三重门槛模型的第二个门槛值与第一个门槛值较为接近，对研究影响不大，因此，本书选择双重门槛模型进行回归分析。

表 8-9 门槛效应检验结果(一)

模型	临界值				
	F 值	*P* 值	1%	5%	10%
单一门槛	16.655***	0.000	4.569	4.569	4.569
双重门槛	9.531***	0.000	1.158	1.158	1.158
三重门槛	8.066***	0.000	2.165	2.165	2.165

注：*** 、** 和 * 分别表示在 1%、5%和 10%水平下显著。

表 8-10 门槛估计值和置信区间(一)

模型	门槛估计值	置信区间
单一门槛	7.640	[7.561，9.714]
双重门槛	9.663	[7.707，9.790]
	7.640	[7.561，8.580]
三重门槛	7.787	[7.707，9.335]

图 8-8、图 8-9 为双重门槛 LR 图，由图可以看出，第一个门槛参数在 7.640 处产生突变，第二个门槛参数在 9.663 处产生突变。

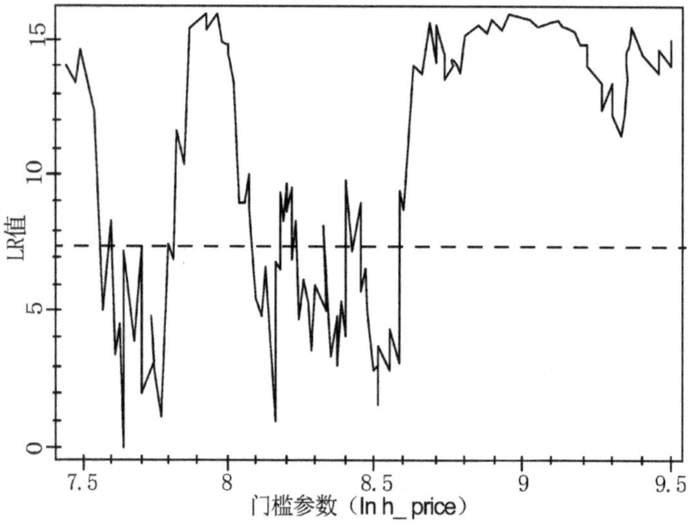

图 8-8 第一个门槛示意图(一)

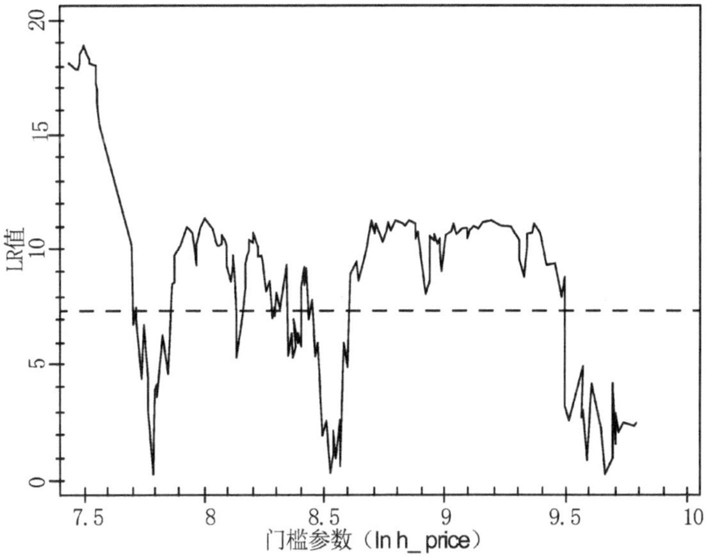

图 8-9　第二个门槛示意图(一)

(二)门槛模型实证分析

以房价作为门槛变量的门槛模型实证结果如表 8-11 所示。总体来看,收入变动对消费的影响十分显著,消费的收入弹性达到 0.8748,而房价变动对消费的影响较为轻微。分区间看,当 ln h_price <7.640,即房价小于 2080 元/m^2 时,房价上涨对消费产生轻微的促进作用,消费弹性为 0.0049;当 7.640< ln h_price≤9.663,即房价大于 2080 元/m^2 但小于等于 15725 元/m^2 时,房价上涨对消费的促进作用较上一区间提升一个量级,消费弹性达到 0.0645,但显著性较差;而当 ln h_price>9.663,即房价大于 15725 元/m^2 时,房价上涨对消费产生抑制作用,消费弹性为−0.0062。形成这个结果可能的原因是,当房价处于合理的区间时,房价的上涨带来的财富效应大于挤出效应,而当房价过高时,房价的继续上涨则会对消费产生抑制。

表 8-11　门槛回归结果(一)

变量	系数	标准差	*t* 值	*P* 值	95%置信区间	
ln income	0.8748***	0.0168	52.08	0.000	0.8419	0.9078
hp^2	−0.0025	0.0077	−0.32	0.747	−0.0175	0.0125

（续表）

变量	系数	标准差	t 值	P 值	95%置信区间	
ln h_price1 (ln h_price<7.640)	0.0049***	0.0017	2.95	0.003	0.0017	0.0082
ln h_price2 (7.640<ln h_price≤9.663)	0.0645	0.1364	0.47	0.636	−0.2028	0.3318
ln h_price3 (ln h_price>9.663)	−0.0062***	0.0018	−3.38	0.001	−0.0098	−0.0026
_cons	0.5390	0.5490	0.98	0.326	−0.5369	1.6150

注：***、**和*分别表示在1%、5%和10%水平下显著。

三、以房价增速作为门槛变量的门槛效应实证分析

（一）门槛效应检验与门槛值估计

以房价增速作为门槛变量构建门槛模型，在进行回归分析前，同样进行门槛效应的检验，检验结果如表8-12所示。通过检验结果可知，单一门槛、双重门槛与三重门槛效应均在1%的显著性水平下显著。

表8-12　门槛效应检验结果(二)

模型	临界值				
	F 值	P 值	1%	5%	10%
单一门槛	5.453***	0.333	16.981	16.981	16.981
双重门槛	2.767***	0.000	−2.419	−2.419	−2.419
三重门槛	9.810***	0.000	0.736	1.108	1.108

注：***、**和*分别表示在1%、5%和10%水平下显著。

在经过门槛效应检验后，对门槛值进行估计，估计结果如表8-13所示。可以发现，当选择单一门槛模型时，门槛值为0.275，当选择双重门槛模型时，门槛值分别为

0.074 和 0.088,当选择三重门槛模型时,门槛值分别为 0.074、0.088 和 0.105。由于本书考察的是房价增速大小对消费的影响,单一门槛模型不能有效显示不同区间的影响,而三重门槛模型的情况比较复杂,在实际操作中较少选用,因此,本书选择双重门槛模型进行回归分析。

表 8-13 门槛估计值和置信区间(二)

模型	门槛估计值	置信区间
单一门槛	0.275	[−0.070 , 0.575]
双重门槛	0.074	[−0.070, 0.575]
	0.088	[−0.070 ,0.575]
三重门槛	0.105	[−0.004, 0.575]

图 8-10 和图 8-11 为双重门槛 LR 图,从中可以看出,第一个门槛参数在 0.074 处产生突变,第二个门槛参数在 0.088 处产生突变。

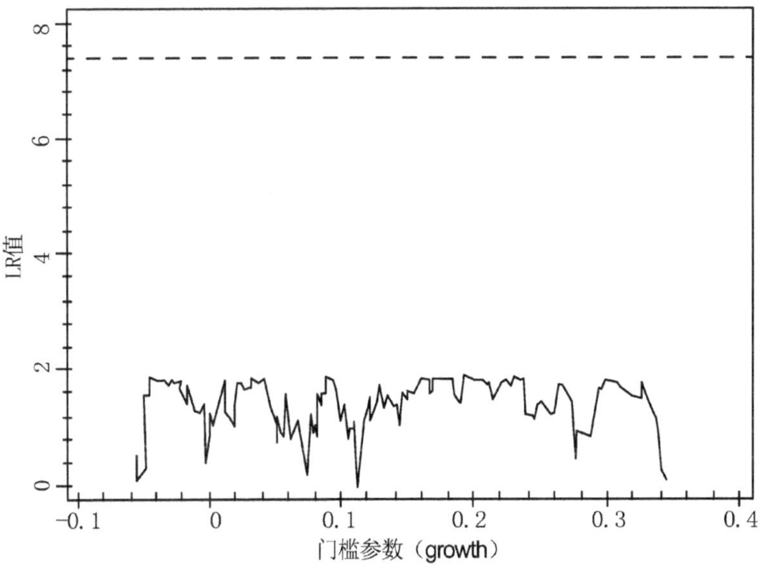

图 8-10 第一个门槛示意图(二)

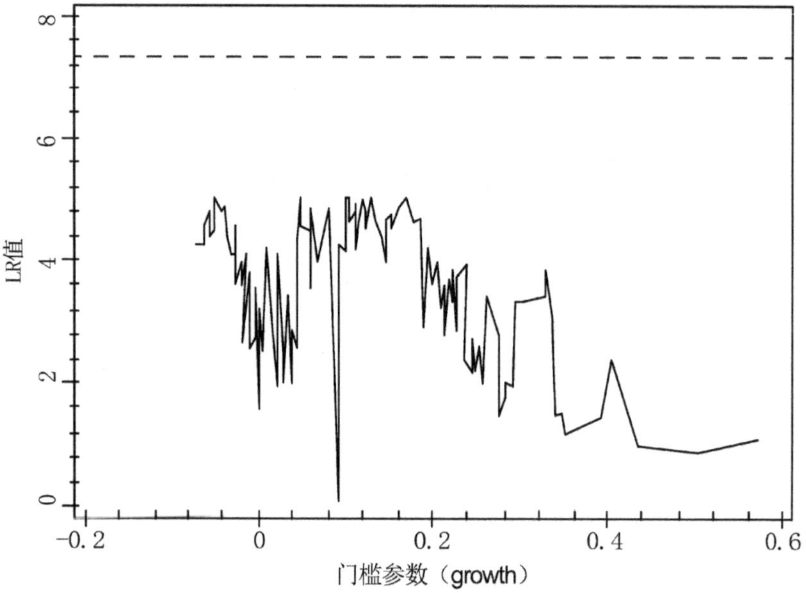

图 8-11　第二个门槛示意图(二)

(二)门槛模型实证分析

以房价增速作为门槛变量的门槛模型实证分析结果如表 8-14 所示。总体来看，一方面，收入变动对消费的影响较为显著，房价增速变动对消费的影响较小，另一方面，根据房价的平方项(hp^2)，随着房价的增长，其对消费的促进作用先增大后减小。分区间看，当房价增速处于 7.40%～8.80%区间时，房价上涨对消费的促进作用较为明显，房价对消费的弹性达到 0.211，而当房价增速低于 7.40%和高于 8.80%时，房价上涨对消费都产生一定的抑制作用，消费弹性分别为−0.004 和−0.005。可能的原因是，当房价增速较低时，有房者的财富效应并不明显，且信贷约束效应仍然显著存在。而当房价增速达到较为合理的区间时，一方面，有房者的财富效应增长较为明显，另一方面，又不会显著增加购房者或租房者的住房花费。而当房价增速超过 8.80%时，虽然有房者的财富效应迅速增加，但是过快的增长也导致购房者或租房者承担更多的住房消费支出压力，降低他们的消费能力，且随着房价增速的加快，投机活动开始活跃，大量社会资本在短期内涌入房地产市场，这使得原本潜在的用于消费的资金也消耗在房地产市场，从而对消费产生抑制作用。

表 8-14　门槛回归结果(二)

变量	系数	标准差	t 值	P 值	95%置信区间	
ln income	0.8210697***	0.015507	052.95	0.000	0.7906033	0.851536
hp^2	−0.0086136	0.0061408	−1.40	0.161	−0.0206783	0.0034511
ln h_price1 (growth<0.074)	−0.0041737*	0.0021662	−1.93	0.055	−0.0084296	0.0000822
ln h_price2(0.074<growth≤0.088)	0.2112854*	0.1108183	1.91	0.057	−0.0064374	0.4290082
ln h_price3 (growth>0.088)	−0.0052639**	0.0021221	−2.48	0.013	−0.0094331	−0.0010946
_cons	0.3058243	0.4438468	0.69	0.491	−0.5661936	1.177842

注： ***、** 和 * 分别表示在1%、5%和10%水平下显著。

第九章 结论和政策建议

第一节 结论

近年来,伴随着中国金融市场的不断发展和完善,居民收入水平的大幅度提高以及投资意识的增强,居民家庭参与金融市场的程度也在不断加深,然而,在此过程中存在两个不容忽视的问题,一是当前中国居民家庭间金融资产表现为不平等的分布,二是由金融资产分布不平等带来的收入分配不平等正在发生(赵人伟,2007)。不仅如此,流动人口占全国总人口的比重超过 1/6,其投资和消费占据越来越重要的地位。基于此,为探究中国流动人口居民家庭资产财富效应对流动人口居民家庭投资和消费的影响,本书首先使用 CFPS 数据库中财产等相关数据,对全国居民家庭和流动人口家庭金融资产不平等在长期内的形成机制进行了实证分析;其次使用 2012 年中国家庭金融调查数据(CHFS),将数据分为三类消费群体即城镇常住人口、农村常住人口、流动人口,利用 Tobit 模型寻找家庭金融性资产的影响因素,并进一步运用分位数回归来对比研究家庭的各类资产对家庭消费的影响;最后选取 2002—2016 年的房地产市场、城市发展状况和居民收支数据,对 34 个大中城市进行聚类分析,并通过面板数据回归研究不同城市族群的房价变动对消费的影响。最终得到了以下结论:

(1)流动人口家庭资产和金融资产规模强于非流动人口家庭。流动人口居民家庭的父代金融资产、子代收入和子代受教育年限等均高于非流动人口居民家庭。同时,流动人口居民家庭中父代作为共产党员的比重要大于非流动人口家庭。值得注意的是,流动人口居民家庭中城镇户口占比要高于非流动人口居民家庭,尤其是子代户口是城镇户口的占比更高。这与大众认为流动人口主要由农民工构成的认识差异非常大。同时流动人口家庭子代非农户口更多。流动人口家庭持有的金融资产的均值表现相对非流动人口家庭更为平均，历年差异更小。金融资产总额方面，流动人口家庭持有规模约为城镇常住人口家庭的1.5倍，是农村常住人口家庭的5倍。流动人口家庭持有的存款占金融资产总额的七成以上，这一比重较高，明显高于非流动人口家庭。其中流动人口家庭股票持有额达到存款的1/5，低于城镇居民家庭的1/3，但大大高于农村居民家庭的6%。

(2)金融资产和房地产价值对居民代际传递有一定影响。家庭金融资产这一变量在居民家庭样本总体中较显著，但在单独的城镇居民和农村居民家庭样本数据中不显著。家庭金融资产对子代收入影响的显著性较强。家庭金融资产对子代收入的影响程度随着子代收入水平的上升，显著性水平呈现先上升，随后到最高位然后又有所回落的“倒U形”。由此可知，家庭金融资产对收入水平中上的子代收入影响程度更为明显，而对收入水平中下和收入水平最高的子代收入的影响程度却在一定程度受到削弱；居民家庭房地产价值对子代收入具有一定的正向影响力。但房地产价值仅对收入水平较低的子代收入有显著正向影响，对收入水平较高的子代收入并无显著正向影响，这表明家庭房地产价值对低收入居民家庭有着显著的代际影响。中低收入居民家庭的代际传递影响更为明显，如父代收入、子代受教育年限、子代户口等均对中下收入水平的居民家庭子代收入有着显著的正向影响。

(3)居民家庭无论是家庭总财产还是金融性资产都可能存在两极分化的现象。从家庭总收入的组成结构来看，家庭工资性收入占比最高，占家庭收入来源近七成，家庭财产性收入占比较低，而家庭转移性收入、经营性收入以及其他收入三项占比之和接近三成，不及家庭总收入的1/3。从家庭总收入的分布来看，家庭总收入、家庭工资性收入和家庭财产性收入的最大值均远大于最小值，这同家庭财产的分布情况相似，说明中国居民家庭总收入以及各项收入也存在着两极分化。中国居民家庭收入的基尼系数值已超过国际0.4的警戒线，存在明显的两极化，而相比较于家庭总收入，家庭金融资产的不平等程度要表现得更加严峻。此外，在各类家庭金融资产中，股票类金融资产离散程度远远高于现金和存款的离散程度，即风险性高的股票类金融资产分布表现得更为不平等。

总体来看，中国居民家庭资产以住房资产为主，其他资产为辅；金融资产中则以现金、存款等无风险资产为主。CHFS2013、CHFS2015、CHFS2017数据显示，中国居民家庭平均总资产达到75.54万元以上，但七成以上的居民家庭总资产低于平均数。同时，居民家庭的资产越多，其资产配置越丰富。居民家庭中住房资产占总资产近八成，住房仍然是中国居民家庭资产的主要组成部分，其他资产的比重相对不高。

(4)经济环境的异质性会造成不同样本家庭金融资产的不平等分布。对于所有家庭样本而言，现金和存款在金融资产中都占据着绝对性的位置，是家庭持有金融资产的主要方式，这表明，当期阶段预防性动机是家庭配置金融资产行为的主要动因；城乡家庭金融资产的分布中，从总量来看，城市样本家庭持有金融资产的总量远超农村样本家庭，是农村家庭金融资产持有量的近三倍，而从金融资产的配置来看，相对于农村样本家庭，城市家庭样本对金融资产的配置更为多样化，其中对于风险性较高的股票类金融资产，总样本家庭的将近98%都存在于城市样本家庭中，城乡差异非常明显。这表明，经济环境的异质性会造成不同样本家庭金融资产的不平等分布。

不同分位阶层家庭金融资产的持有总量和配置结构存在明显的差异。排序最高的25%分位家庭持有89.95%的金融资产，而最低分位阶层的样本家庭则没有金融资产的存在，家庭金融资产持有量表现为明显的两极分化。此外，金融资产总量排序越高的分位样本家庭金融资产的配置结构越丰富，50%分位以下的样本家庭金融资产持有形式单一，基本以现金和存款这类风险性较低的金融资产为主，股票类金融资产仅占有0.39%的比例，这意味着，总资产水平的不同使得不同分位阶层的家庭金融资产的持有表现为不平等的分布。

(5)中国城乡居民家庭存在明显的收入代际传递现象。父代收入、父代户口、子代受教育年限、子代性别、子代政治身份和子代户口等均是显著影响城乡居民家庭收入代际传递的因素，尤其是父代收入，其正向影响十分显著。这充分说明中国城乡居民家庭存在明显的收入代际传递现象，这一现象也有明显的差异性。一方面，农村居民家庭的代际传递尤其是收入代际传递更强，代际固化更严重。如父代收入对农村居民家庭的代际影响程度更高，显著性很高。而金融资产、住房等对农村居民家庭收入代际传递的负向影响也要强于对城镇居民家庭收入代际传递的影响。另一方面，各因素对居民家庭收入代际传递的影响又不尽相同。父代收入的正向影响最大，子代性别的正向影响次之，子代政治身份的正向影响也较强。但父代的特征因素中除父代收入以外，其他如受教育年限和政治身份等影响不明显。从这一角度来看，提高低收入居民家庭的收入水平有助于改善收入代际传递现象，改变收入的性别差异也有利于缩小收入差距。

(6)金融性资产对中国城乡居民家庭收入代际传递存在显著的负面影响,同时影响存在显著差异。虽然农村居民家庭持有金融性资产明显少于城镇居民家庭,但金融性资产对农村居民家庭收入代际传递的负向影响明显强于对城镇居民家庭的影响。同时,金融性资产中金融资产和住房价值的影响作用也有所不同,住房价值对城镇居民家庭和农村居民家庭的收入代际传递的负向影响显著性要明显高于金融资产。而从不同分位的子代居民来看,金融资产主要对中间收入子代居民家庭有显著影响,而住房价值主要对低收入的子代居民家庭有显著影响。也就是说,无论是金融资产还是住房,持有这些资产有助于改善收入代际传递状况,增加收入代际流动,缩小收入差距。

也就是说,持有金融性资产可明显改善收入代际传递,对低收入家庭和农村居民家庭来说更是如此。城乡居民间持有的住房价值和传统金融资产以及政治身份的差异影响了收入代际传递,从而加大了城乡收入差距。因此,除了提高低收入居民家庭的收入水平以外,政府一方面有必要为低收入居民家庭提供具有社会保障性质的房屋,改革农村居民家庭的住房属性,增加农村宅基地的流动性,提高农村居民家庭的住房价值,从而降低收入的代际固化程度;另一方面,也有必要淡化城镇和农村户口差异,鼓励农村居民参与组织活动,降低居民家庭子代的收入差异。

(7)子代家庭金融资产的积累会受到父代金融资产持有水平的影响,金融资产的直接传递比人力资本间接传递对子代金融资产积累的影响更大。也就是说,中国居民家庭金融资产不平等分布会进行代际传递。本书通过对不同样本家庭金融资产代际传递进行面板回归发现,相比较于城市样本家庭,农村家庭父子代间金融资产的代际弹性系数更高,代际流动性更低。此外,不同分位阶层样本家庭金融资产代际传递的对比结果表明,低分位阶层家庭子代金融资产的积累会受到父代金融资产持有量的显著影响,中高阶层家庭父代金融资产对子代的正向影响并没有表现出显著性,这意味着中国居民家庭金融资产两极化分布现象在长期内有缓解的机会,但因较贫困的家庭子代在父代金融资产持有状况的影响下只能保有较低的金融资产水平,因此想要使金融资产两极化分布得到有效的改善也并不容易。

金融资产的实证结果表明,在所有的样本家庭中,父代金融资产对子代金融资产积累的影响主要是通过金融资产的直接传递路径传递的,人力资本投资对于父子代间金融资产代际弹性系数的解释力都较低,但人力资本投资对子代家庭金融资产的影响不能被忽视。本书认为,在长期内通过提高子代人力资本水平来提高收入,进而使子代家庭能够拥有更多的资本用于金融资产储蓄，这有助于改善居民家庭金融资产的不平等分布。父子代的某些特性会对子代收入（金融资产的积累）产生影响，但影响效果并不一致。当前中国居民家庭在提高人力资本以及获取收入的过程中，性别歧视以及父代背景差异所产生的负面效应已经逐渐弱化了。

（8）流动人口家庭和非流动人口家庭的收入代际传递具有差异性。非流动人口家庭金融资产不平等呈现出明显的代际性，而流动人口家庭则没有呈现出明显的代际性。在子代人力资本因素存在和不存在两种情况下，非流动人口家庭的子代收入（金融资产水平）均会受到父代金融资产持有量的影响，两者存在正相关的关系。而对于流动人口家庭，在子代人力资本因素存在的情况下，子代收入与父代金融资产的关联有效性较弱；但在子代人力资本因素不存在的情况下，子代收入会受到父代金融资产水平影响的有效性不强。家庭户口对非流动人口家庭和流动人口家庭的子代收入和子代人力资本投资影响也存在差异。户口对非流动人口家庭子代收入具有正向影响，但在子代人力资本投入存在的情况下对子代收入的影响并不显著；对流动人口家庭而言，家庭户口对子代人力资本投入的正向推动作用显著，但对子代收入的作用不明显。

（9）中国居民家庭持有的资产具有显著的财富效应，财富效应与资产特征及居民家庭特征的差异性有关。住房资产、金融资产和非金融资产这三大类资产均具有比较典型的资产财富效应。居民家庭的住房价值越高，消费水平就越高；金融资产的财富效应与流动性特征有关，流动性强的金融资产对非耐用品消费的财富效应更强，而流动性弱的金融资产对耐用品消费的财富效应更强；风险资产的财富效应明显高于无风险资产，投资更多风险资产的投资者家庭其消费水平往往更高；在非住房资产中，非金融资产的财富效应要明显高于金融资产。资产财富效应随收入水平的上升而逐渐变小，住房资产和无风险资产对中等收入、低收入组家庭的消费财富效应较为明显，而对高收入组家庭的消费影响不明显。住房资产、无风险资产和金融资产对农村居民家庭消费的影响更为突出，而风险资产则只对城镇居民家庭的消费表现出显著的财富效应。

收入水平、户主户籍和户主年龄等差异对居民家庭资产财富效应的影响不尽相同。居民家庭的收入水平影响居民家庭的消费水平；家庭人数越多，消费支出尤其是非耐用品的消费也越多；户主学历、年龄和婚姻状况的不同对总消费和非耐用品消费具有显著的资产财富效应；户口性质的不同也会影响消费水平，农村居民家庭的消费水平要低于非农村户口家庭。农村户口家庭对中高收入居民家庭以及中年组和老年组居民家庭的消费具有挤出效应。户主年龄与消费具有一定的非线性关系。一方面，户主年龄越大，对总消费和非耐用品消费越具有正向的财富效应，但对耐用品的消费却表现出负向的挤出效应；另一方面，年龄平方数反而对消费存在挤出效应。住房资产和无风险资产的财富效应随年龄的增加而增大，风险资产和金融资产的财富效应则呈现“U 形”，中年组(31～50 岁)的财富效应最低。

(10)居民家庭资产财富效应对流动人口、城镇居民和农村居民家庭的影响各不相同。按人口分类发现，居民家庭的资产均具有显著的正向财富效应，且金融资产对居民消费的影响要大于住房资产。居民家庭资产中金融资产对流动人口消费的影响最为显著，流动人口当期的消费对金融资产敏感；而农村常住居民对住房资产的财富效应高于城镇常住人口、流动人口，其对金融资产的关注度较低。另外，个体、家庭属性特征、家庭收入也会影响居民的消费情况：如年龄与消费存在负相关关系；学历对消费存在间接的正向作用(学历影响收入，进而影响消费)；非农业户口家庭的消费整体要大于农业户口家庭；家庭规模大的普遍消费水平高；中西部地区经济发展水平相对落后于东部城市，消费支出相对也较低；收入越高，收入转化成资产的部分越多，家庭消费也越高。流动人口的平均金融资产总额及细分的各项金融资产持有额均高于城镇和农村常住居民，城镇常住居民、流动人口金融知识水平较高，所以也倾向于持有一部分高风险高收益的金融工具。

(11)居民家庭资产的财富效应具有结构性差异，流动人口有助于改善当地消费水平。住房资产和金融资产对中等收入、低收入组家庭的消费财富效应明显，而对高收入组家庭的消费影响不明显。即资产财富效应随收入水平的上升而逐渐变小。各类资产对城市、农村和不同年龄组户主居民家庭的财富效应不尽相同。住房资产和金融资产对农村居民家庭和低年龄组户主家庭的消费具有负向影响，对中高年龄组户主家庭的消费具有正向影响，而无风险资产则相反。同时，家庭人数对消费往往有显著正向影响。本地人口家庭对消费具有负向影响，说明吸引流动人口有利于提高当地的消费水平。

(12)资产财富效应分别通过以资产作为中介变量和以家庭收入作为中介变量两类路径进行传导，传导路径的系数十分显著。其中风险资产的财富效应最为明显，其次是无风险资产和其他资产，住房资产也具有一定的财富效应，但影响作用较小。值得一提的是，自有住房所有权的财富效应为负向，即自有住房所有权的增加会限制居民家庭的消费，形成挤出效应。金融资产和住房资产的财富效应具有一定的显著性。除了风险资产的检验有所差异外，金融资产和住房资产对居民家庭的消费具有显著影响，稳健性检验也证明了这一点。各类资产如住房、其他资产以及储蓄、现金和股票等金融资产对各类消费均具有显著的正向影响，而且对消费的正向影响要大大强于家庭收入对消费的刺激作用。

消费者普遍倾向于持有住房资产，其中城镇常住人口的住房资产持有额最高。住房是居民家庭的刚性需求，这也是中国居民的住房资产持有额在家庭资产总额中的占比高达90%以上的原因。居民家庭金融资产的持有相较住房资产要低，但金融资产按风险高低分类具有更多选择，现金、存款属于低风险类别的产品，股票、基金、银行理财产品等则属于风险较高的金融资产。三类消费群体普遍偏好持有风险低且有稳定利息收入的存款；现金作为流动性最强的资产，其保有较低风险的同时不具有利息收入，因而居民家庭持有的现金大致为满足日常开销的额度需求；另外，具有风险偏好的居民也会选择股票、基金、银行理财产品这类具有一定风险但相对现金利息收益较高的金融资产。

但是，除了自有住房所有权以外，金融资产和住房及其他资产普遍具有显著的财富效应，其中风险资产的财富效应非常强，但风险资产在居民家庭财富中占比较小，使得风险资产的变化并不会带来居民家庭消费明显的变动。

(13)住房价格对消费具有财富效应和挤出效应。基于门槛模型的实证结果表明，当以房价作为门槛变量时，其门槛值分别为7.640和9.663，即房价分别为2080元/m^2和15725元/m^2。当房价小于2080元/m^2时，房价上涨对消费产生轻微的财富效应，消费弹性为0.0049；当房价大于2080元/m^2但小于等于15725元/m^2时，房价上涨对消费的促进作用较上一区间提升一个量级，消费弹性达到0.0645，但显著性较差；而当房价大于15725元/m^2时，房价上涨对消费产生抑制作用，消费弹性为−0.0062。当以房价增速作为门槛变量时，其门槛值分别为0.074和0.088，即房价增速分别为7.40%和8.80%，当房价增速处于7.40%～8.80%区间时，房价上涨对消费的财富效应较为明显，房价对消费的弹性达到0.211，而当房价增速低于7.40%和高于8.80%时，房价上涨对消费产生一定的挤出效应，消费弹性分别为−0.004和−0.005。

第二节　政策系统动力结构仿真

近年来，中国家庭金融资产总量呈逐年上升的态势，但与此同时，也表现出分布不平等、持有形式单一等问题，而父代金融资产持有量对子代家庭金融资产积累所产生的影响又会使中国居民家庭金融资产不平等在长期内存在。因此,为提高低收入家庭以及农村家庭的金融资产总量、改善居民家庭的金融资产配置以及缩小财产性收入差距,促进居民家庭投资与消费,本书首先以住房价格为例进行金融性资产政策的系统动力结构仿真模拟。

本书引入系统动力学理论,建立基于居民部门的房价、消费与 GDP 之间关系的系统动力结构,并通过 Vensim 软件绘制出系统动力图。系统动力学理论主要研究系统内部各个主体之间的关系以及系统与外部环境之间的关系,因而能够较完整地描述系统的内在形成机制,广泛应用于社会、经济、生态和生物等复杂系统问题的研究。在居民部门中,房价上涨通过多类效应影响居民消费,然后居民的消费变动会影响 GDP 的增长,进而又会影响到房价的变化,三者由此形成一个闭环系统,如图 9-1 所示。

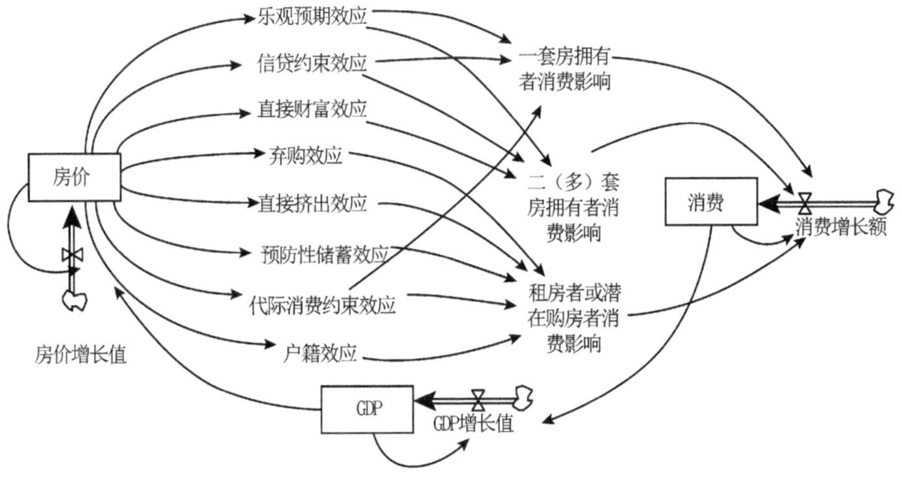

图 9-1　系统动力结构图

在这个闭环系统中,受房价变动影响的人群被分为三类,分别为一套房拥有者、二(多)套房拥有者和租房者或潜在购房者,各种传导效应对这三类人群有不同的影响方向和影响程度。乐观预期效应对一套房拥有者和二(多)套房拥有者这两类人群的消费都有促进作用,信贷约束效应对住房拥有者的消费有促进作用,直接财富效应只对二(多)套房拥有者的消费有促进作用,弃购效应只对租房者或潜在购房者的消费有促进作用,而直接挤出效应、预防性储蓄效应、代际消费约束效应和户籍效应则对租房者或潜在购房者的消费有抑制作用,其中,代际消费约束效应还会抑制上一代有房家庭的消费。因此,总体来看,房价的上涨对住房拥有者的消费的促进作用较为明显,相反，对租房者或潜在购房者的消费的抑制作用较为显著。

房价的上涨通过上述传导效应影响三类人群的消费行为，从而使得总体消费出现相应变动，而消费在 GDP 中所占的比重越来越大，消费的变化对 GDP 的影响也变得越来越明显，甚至成为反映国家经济发展的晴雨表，房价对消费的影响最终会影响到 GDP 的发展，而 GDP 的发展反过来又会影响房价的进一步走势。因此，合理的经济运行趋势应该是，温和的房价上涨促进居民的消费增长，消费增长促进 GDP 增长，最终 GDP 增长又支撑起房价缓步上涨，形成良性循环。

金融性资产中的传统金融资产，也与住房类似，财产性收入的提高可以增强居民家庭的消费能力，扩大居民家庭的消费。尤其对于流动人口居民家庭而言，消费仍主要满足基本生存需求方面的支出，提高家庭收入、增加财产性收入，对促进他们的投资和消费起到至关重要的作用。

第三节　政策建议[①]

根据本书的结论和系统动力结构仿真，本书提出如下政策建议：

(1)有效防范化解风险，保持金融市场稳定发展，重视金融资产对居民的消费的影响。当前居民家庭尤其是流动人口居民家庭金融资产持有形式单一，现金和存款依然是家庭持有金融资产的主要形式，如果这部分低风险的储蓄能够转化为有效的投资，对中国经济整体发展将产生推动性作用。当中国股票市场、债券市场以及信贷市场等遭遇不同程度的压力时，如果政府能够通过采取应对性措施，使各类金融风险得到稳妥有序的防范和化解，从而保证金融市场稳定发展，一方面，会激发居民家庭的投资热情，加深家庭在金融市场中的参与程度，促进家庭资产由现金和存款储蓄向风险性较高的金融产品投资的转化，另一方面，稳定发展的金融市场会使居民家庭金融资产配置效率得到有效的提高，进而优化家庭持有金融资产的结构，居民家庭金融资产也能够得到更加合理的分配。

(2)增加公共教育资源的投资，提高居民家庭，尤其是流动人口居民家庭人力资本水平。在金融市场稳定发展的进程中，子代家庭金融资产的分布在长期内会受到父代

---

① 部分成果已经发表于《公共政策内参》和《预测与分析》等内部参考读物。

金融资产持有总量的影响，即金融资产不平等会进行代际传递，而提高子代人力资本水平是改善子代家庭金融资产不平等分布、打破社会财富阶层固化模式的一个极为有效的方式。基于此，政府应当增加公共教育资源的投资，扩大财政总支出中教育支出所占的比例，到目前为止，中国在公共教育方面的支出虽在GDP中占的比重越来越高，但基本都是从宏观的角度制定国家整体层面教育支出相关政策，很少从家庭微观层面向农村家庭以及低收入家庭提供针对性的教育帮助。这主要是因为有意扩大贫困家庭教育支出所需要的时间很长，这种方法对GDP的贡献较小并且缓慢，因此，地方政府更加愿意从整体层面扶持当地的教育产业。基于此，笔者建议政府增加对农村地区家庭以及低收入家庭的教育支出，增加这部分家庭子女获得更多财富的可能性，从而使金融资产不平等程度降低。

(3)提高居民收入水平，缩小居民收入差距。从实证结果看，可支配收入仍然是影响中国居民消费支出的最主要因素，因此，要提高消费支出，关键在于提高居民收入水平。第一，应该持续推进供给侧结构性改革，坚决出清僵尸企业，大力发展科技与智能制造，支持低效率企业转型升级，注重经济增长质量，改变粗放式经济发展模式，将财政支出更多投向基础性科技研发，提供更多中高收入岗位，壮大中产阶级群体。第二，要改革税收制度，降低工薪阶级、中产阶级的缴税额度，提高高收入群体、收入多元化群体的缴税额度和增加其缴税项目，实行差别化税收，对单一收入来源家庭、无房家庭、多子女家庭实行差异化税收征收标准，增加税收扣除项目，使缴税能够抵扣子女教育、老人赡养、医疗养老保险等支出。协调好个人所得税和整体税收关系，在个人所得税增长的同时，要及时降低增值税等间接税收，优化税收结构，积极推进税制改革。第三，要缩小居民收入差距。目前中国居民收入差距较大，根据国家统计局数据，2016年中国收入最高的20%群体人均可支配收入为59259.5元，而收入最低的20%群体人均可支配收入仅为5528.7元，不及高收入群体的1/10。而根据边际消费倾向递减规律，中低收入群体的消费意愿更为强烈，因此有必要将政策更多转向中低收入群体，通过政府转移支付等方式，增加这些群体的可支配收入，支持他们的日常消费。

(4)增强居民理财意识，提高居民家庭理财水平。现阶段居民家庭以现金和存款这类金融资产的持有为主，风险性较高的金融产品，如股票、基金以及金融衍生产品等，集中存在于少量富裕家庭的配置中，其中很大一部分的原因是中国资本市场起步较晚，居民理财意识淡薄，即使金融资产配置相对多样化的家庭，对所投资产品的了解程度也不深，投资带有一定的随机性和盲目性。因此，政府相关部门应普及投资理财知识，加深居民对于不同风险性金融产品的认知，提高居民家庭的理财意识，从而使中国居民家庭能够在风险性程度不同的金融资产间进行合理的资产配置。

(5)增加居民家庭的财产性收入。居民家庭的消费及居民资产的配置依托于可支配的收入，因此切实提高居民收入仍旧是扩大内需的有效途径，应在促进经济增长的前提下保障居民家庭收入的平稳提高，有效拉动居民家庭的消费增长。另外，分析发现中国居民家庭收入出现分化现象，城镇常住人口、流动人口与农村常住人口家庭之间的收入差距较大，尤其是后两者的差距最为明显。收入的提高也有助于住房资产、金融资产的提高，进而影响消费。因此应不断完善收入分配与财富配置，解决居民收入、资产、消费之间差距过大的问题，促进中国整体经济的发展。

(6)完善住房方面政策的宏观调控。房价变化的不确定性会使居民的预防性动机增强，居民担心房价上涨的非理性提前购置会带来消费挤出，抑制消费增长。规范住房市场，使房价波动在居民真实需求范围。增强住房市场的流动性，提高变现能力，实现财富的跨地区转移，正确发挥住房资产的财富效应，促进其对居民家庭消费的正向影响。因此要加强对住房市场的宏观调控，稳定住房价格，避免大幅度的波动，促使居民家庭的住房资产稳步增值，促进居民家庭消费的平稳增长。平稳的住房市场发展有助于流动人口形成较为稳定的定居意愿，推进流动人口的城镇市民化。

(7)完善社会保障制度，将流动人口纳入保障范围。完善的社会保障体系能够减少居民生活中的不确定性，降低居民预防性储蓄的动机，增加居民消费意愿。完善社会保障体系，目前应该从两方面入手。一方面，要加大社会保障投入力度并扩大社会保障体系覆盖范围。目前中国居民面临社会保障水平较低，政府投入不足，覆盖面较窄，城乡和区域间的差异性较大，流动人口享受不到社会保障福利等问题，因此，政府应该扩大社会保障的覆盖面，不仅要将更多流动人口、农民工群体列入保障范围，统筹保障规划，缩小区域差距，而且应该将关系民生的医疗、教育和养老等问题纳入保障体系，并提高社会保障标准，加大社会保障力度，使弱势群体的生活水平得到有效保障。另一方面，应该推进建立多层次的社会保障体系。社会保障在不同时期、不同经济发展阶段起到的作用有所不同，中国目前建立的基本保障制度主要以政府为主导，包括基本养老、基本医疗、最低生活保障制度等，旨在社会保险、社会救助和社会福利等方面发挥基础性作用，但还无法满足居民多样化的需求，因此，应该大力支持慈善事业、商业保险等补充保障，构建多层次的社会保障体系，满足不同群众的个性化需求。

(8)合理调整顶层规划，调节住房等资源的供需结构。部分热点城市、热点区域的房价居高不下的原因主要是供给小于需求、资源配置不合理。以一线城市为例，一方面，巨大的工作机会源源不断地吸引外来人员，使得城市人口快速扩张，城镇化率不断提高；而另一方面，由于城市顶层规划限制总人口规模，因此政府每年供地数量远小于需求，且各配套资源包括学校、医院、公交等也相对不足，从而形成巨大的供需矛盾，使得一线城市的住房均价居高不下，而配套有优质资源的学区房等区域房价更是远超平均水平。因此，对于这些热点城市，应该视每年人口流入流出量大小对城市建设的顶层规划做出适时调整，对人口增加的城市应该提供更多的土地与住房，并且提供更多的配套资源。另外，应该提供多元化的住房供应体系。例如浙江省流动人口消费支出仍以基本生存需求为主。正因如此，不仅要提供改善性的住房，更要推出更多中低收入群体能够购买或租住的小型住房、经济适用房、社会保障房、公租房、廉租房等住房形式，满足市场多样化的需求。

(9)有必要实施吸引高端流动人口的相关举措。流动人口居民家庭收入和消费层次均高于非流动人口家庭。建议利用人才奖励、人才工程等优惠政策吸引各类高端流动人口，尤其是科技金融、人工智能和大数据等专业人士。同时，利用区块链等新兴技术建立居民征信系统，形成全社会的数据征信库，无论是本地人口还是流动人口，不管跑到全国哪里，只要一处失信，将处处受限。运用"区块链＋税务"成功解决偷税、漏税、欠钱不还等失信问题，倒逼企业讲诚信，提升社会信用度。

参 考 文 献

陈丹妮,2018.人口老龄化对家庭金融资产配置的影响——基于CHFS家庭调查数据的研究[J].中央财经大学学报(7):40-50.

陈利平,2006. 货币存量中介目标制下我国货币政策低效率的理论分析[J].金融研究(1):40-50.

陈训波,钟大能,李婧,2017.房价上涨对我国城镇居民消费的影响——基于城镇家庭跟踪调查的研究[J].西南民族大学学报(人文社科版),38(9):140-145.

陈彦斌,2008.中国城乡财富分布的比较分析[J].金融研究(12):87-100.

陈彦斌,邱哲圣,李方星,2018.宏观经济学新发展:Bewley模型[J].经济研究,2010(7):141-151.

褚清华,2016. 流动人口消费困境影响社会融合[N]. 中国社会科学报,08-31(6).

邓亚净,2015.西藏城镇居民的金融资产变化:2005——2012年[J].商(5):149.

丁杨,罗良清,2014.中国房地产价格变动与居民消费水平的动态效应检验[J].统计与决策(15):127-129.

窦婷婷,杨立社,2013.城镇居民家庭金融资产选择行为的实证研究——来自陕西省西安市的调查[J].会计之友(26):47-52.

窦争妍,高文书,2015.中国城乡居民金融资产持有不平等状况分析——基于中、东、西三地的实证研究[J].开发研究(6):18-22.

杜莉,潘春阳,张苏予,等,2010.房价上升促进还是抑制了居民消费——基于我国172个地级城市面板数据的实证研究[J].浙江社会科学(8):24-30,126-127.

杜思羽,张洪建,2018.家庭金融资产选择的影响因素研究[J].黑龙江工业学院学报,18(2):82-85.

杜延军,2016. 我国城镇居民资产财富效应的实证分析[J]. 开发研究(4):100-104.

冯虹,李晨曦,2016. 新型城镇化过程中农民工消费水平影响因素分析——基于2013年《中国流动人口动态监测》[J]. 北京联合大学学报(人文社会科学版),14(3):72-80.

冯铄,2017. 基于城镇居民消费影响的房地产财富效应研究[J]. 现代管理科学(4):33-35.

高春亮,周晓艳,2007. 34个城市的住宅财富效应:基于panel data的实证研究[J]. 南开经济研究(1):36-44.

高志仁,2008. 农民财产性收入与城乡差距[J]. 经济科学(4):124-128.

龚贺,2016. 徐州市城乡居民家庭金融资产配置差异研究[D]. 成都:西南财经大学.

官爱兰,周丽萍,2015. 中国城乡金融非均衡发展的度量与预测[J]. 南京审计学院学报,12(2):37-45.

国家统计局城市社会经济调查总队,国家统计局,2017. 中国城市统计年鉴[M]. 北京:中国统计出版社.

何翠香,晏冰,2015. 房屋价值与房价预期对家庭消费的影响——基于CHFS微观数据的分析[J]. 金融与经济(9):33-36.

胡可佳,2017. 信贷约束对我国家庭金融资产选择的影响[D]. 湘潭:湘潭大学.

胡琼,2016. 基于Bewley模型的中国家庭金融资产不平等与代际传递研究[D]. 杭州:浙江财经大学.

胡永刚,郭长林,2012. 股票财富、信号传递与中国城镇居民消费[J]. 经济研究,47(3):115-126.

胡振,王春燕,臧日宏,2015. 家庭异质性与金融资产配置行为——基于中国城镇家庭的实证研究[J]. 管理现代化(2):16-18.

黄静,屠梅曾,2009. 房地产财富与消费:来自于家庭微观调查数据的证据[J]. 管理世界(7):35-45.

黄少安,孙涛,2005. 非正规制度、消费模式和代际交叠模型——东方文化信念中居民消费特征的理论分析[J]. 经济研究(4):57-65.

纪晗,2016. 我国房地产财富效应研究[D]. 大连:东北财经大学.

贾康,刘军民,2007. 我国住房改革与住房保障问题研究[J]. 财政研究(7):8-23.

姜正和,张典,2015. 住房负债与中国城镇家庭异质性消费——基于住房财富效应的视角[J].消费经济,31(3):21-26.
赖溟溟,白钦先,2008.我国居民消费财富效应的实证研究[J].上海金融(8):15-18.
李成武,2010.中国房地产财富效应地区差异分析[J].财经问题研究 (2):124-129.
李春风,陈乐一,刘建江,2013.房价变动对我国城镇居民消费的影响研究[J].统计研究,30(2):14-22.
李春风,刘建江,齐祥芹,2018.房地产价格对我国城镇居民消费的长短期影响研究[J].财经理论与实践,39(1):104-110.
李菲菲,2017. 中国房地产财富效应研究[D].北京:中国社会科学院研究生院.
李国正,艾小青,邬嘉迪,2017.新常态下中国流动人口的居留意愿与家庭消费水平研究[J].管理世界(12):174-175.
李华琦,2013. 金融资产和住房资产财富效应的研究[D].杭州:浙江工商大学.
李实,魏众,古斯塔夫森,2000.中国城镇居民的财产分配[J].经济研究(3):16-23,79.
李涛,陈斌开,2014.家庭固定资产、财富效应与居民消费:来自中国城镇家庭的经验证据[J].经济研究,49(3):62-75.
李玉山,李晓嘉, 2006.对我国居民消费的财富效应计量分析[J].山西财经大学学报(2):39-43.
梁运文,霍振,刘凯.中国城乡居民财产分布的实证研究[J].经济研究,2010(10):33-47.
林霞,姜洋,2010.居民资产具有财富效应吗?——来自京、津、沪、渝面板数据的验证[J].中央财经大学学报(10):75-80.
刘国风,2009.房地产价格上涨是否促进消费并具财富效应的统计检验[J].现代财经-天津财经大学学报,29(8):38-40,69.
刘建和,胡跃峰,2014.基于家庭金融性资产与借贷规模的居民收入代际传递研究[J].海南金融(3):4-9,33.
刘建和,邢慧敏,黄林峰,2016.我国居民金融性资产收入代际传递影响因素研究[J].商业研究(9):54-63.
刘建江,杨玉娟,袁冬梅,2005.从消费函数理论看房地产财富效应的作用机制[J].消费经济(2):93-96.
刘建江,周湘辉,2010.双重效应下房价上涨对我国居民消费影响的实证研究[J].学海(3):151-156.

刘妮娜,张汝飞,2013. 新生代流动人口家庭消费水平与消费结构研究[J]. 消费经济(6):31-34.

刘也,张安全,雷震,2016. 住房资产的财富效应:基于 CHFS 的经验证据[J]. 财经科学(11):71-78.

刘玉飞,周颖洁,杨政宇,2018. 住房财富价值与居民家庭消费结构升级——来自 CFPS(2014)数据的证据[J]. 河北经贸大学学报,39(4):17-29.

隆兴荣,2016. 家庭财富积累与代际收入传递的实证研究[D]. 湘潭:湘潭大学.

鲁钊阳,2012. 中国城乡金融发展非均衡化的测度及发展趋势——基于国家层面城乡金融发展的视角[J]. 经济问题探索(11):23-36.

陆丰刚,陈寅平,符建华,2017. 理性住房市场条件下房价影响消费机理研究[J]. 产业经济评论(3):111-124.

陆双双,2014. 中国家庭金融资产分布不平等状况的测度及分析[J]. 对外经贸(4):97-99.

栾淇森,2017. 我国流动人口家庭消费及影响因素研究[D]. 长春:吉林大学.

罗楚亮. 经济转轨、不确定性与城镇居民消费行为[J]. 经济研究,2004(4):100-106.

骆祚炎,2007. 我国金融资产与不动产财富效应的时间特征及其含义[J]. 上海金融(11):23-27.

马美宏,张小楠,2014. 甘肃省城镇居民金融资产结构影响因素分析[J]. 金融经济(14):135-136.

毛建新,2016. 城镇家庭与流动人口家庭消费差异影响因素的研究[D]. 武汉:华中科技大学.

潘旭,2008. 中国居民家庭金融资产变动的统计研究[D]. 广州:暨南大学.

裴育,徐炜锋,2017. 中国家庭房产财富与家庭消费——基于 CFPS 数据的实证分析[J]. 审计与经济研究,32(4):93-104.

钱丽玲,2015. 浙江省房价变动对居民消费的影响效应研究[D]. 上海:华东师范大学.

乔木子,臧云特,2017. 经济转型下资产价格财富效应差异与居民消费行为研究[J]. 学习与探索(2):129-134.

石磊,2017. 河南省城镇居民家庭金融资产选择行为研究[J]. 财会通讯(32):3-7.

宋永辉,邓丽媛,2016. 我国家庭金融资产配置影响因素分析[J]. 沈阳工业大学学报(社会科学版)(6):512-518.

孙一欣,2018.城镇居民家庭金融资产配置特征分析[J].市场研究(3):10-12.
谭江蓉,徐茂,2016.城市融入背景下流动人口消费行为的影响因素——以重庆市为例[J].城市问题(1):92-98.
谭苏华,朱宇,林李月,等,2015.流动人口家庭的城市消费及其影响因素——基于全国流动人口动态监测调查数据[J].人口与发展,21(1):22-31.
唐海雄,2017.影响我国家庭金融资产选择的因素研究[D].湘潭:湘潭大学.
唐静,2017.中国城镇居民家庭金融资产财富效应研究[D].南京:东南大学.
佟欣,2018.城镇居民金融资产与住房资产财富效应的比较研究[J].现代经济信息(17):17.
万广华,张茵,牛建高,2001.流动性约束、不确定性与中国居民消费[J].经济研究(11):35-44,94.
万晓莉,严予若,方芳,2017.房价变化、房屋资产与中国居民消费——基于总体和调研数据的证据[J].经济学(季刊),16(2):525-544.
汪伟,刘志刚,龚飞飞,2017.高房价对消费结构升级的影响:基于35个大中城市的实证研究[J].学术研究(8):87-94,177-178.
王柏杰,何炼成,郭立宏,2011.房地产价格、财富与居民消费效应——来自中国省际面板数据的证据[J].经济学家(5):57-65.
王刚贞,左腾飞,2015.城镇居民家庭金融资产选择行为的实证分析[J].财经纵横(12):151-154.
王慧青,尹少华,2011.城镇居民金融资产选择问题探析[J].吉首大学学报(社会科学版)(6):134-136,167.
王凯丽,张运书,2017.资产价格变动对我国城镇居民消费影响的研究[J].蚌埠学院学报,6(4):98-102.
王淑华,杨有振,2015.城乡居民家庭金融资产配置与收入差距的动态影响机制——基于状态空间系统的估计[J].上海财经大学学报(2):20-30,75.
王淑庆,翰林,2013.城镇居民家庭金融资产选择行为分析[J].商业时代(24):60-61.
王蔚,2013.流动人口消费特征透视——以成都市温江区为例[J].成都师范学院学报,29(9):65-69.
王晓宇,2017.中国农村居民金融资产与固定资产财富效应研究[D].南京:东南大学.
王重润,2013.房价、股价与消费的关系:1999-2011——基于动态面板数据的估计和检验[J]. 投资研究,32(9):112-125.

吴卫星,易尽然,郑建明,2010. 中国居民家庭投资结构:基于生命周期、财富和住房的实证分析[J]. 经济研究(S1):72-82.

吴卫星,齐天翔, 2011. 中国家庭金融研究报告(2009—2010)[M]. 北京:对外经济贸易大学出版社.

解垩, 2014. 农村家庭的资产与贫困陷阱[J]. 中国人口科学(6):71-83,127-128.

薛永刚,2012. 我国股票市场财富效应对消费影响的实证分析[J]. 宏观经济研究(12):49-59.

杨碧云,肖英豪,张浩,2017. 房地产财富对居民消费影响研究:基于中国家庭金融调查数据的实证检验[J]. 北京工商大学学报(社会科学版),32(3):22-32.

杨翠迎,汪润泉,2016. 城市社会保障对城乡户籍流动人口消费的影响[J]. 上海经济研究(12):97-104.

杨文珂,曹斌,2018. 开放经济下中国城乡居民家庭金融资产配置的比较研究[J]. 哈尔滨商业大学学报(社会科学版)(4):35-43.

叶莉,樊锦霞,2017. 引入预期因素的房地产财富效应区域差异分析——基于"兑现"与"未兑现"视角[J]. 现代财经(天津财经大学学报),37(7):14-22.

约瀚·伊特韦尔, 皮特·纽曼, 默里·米尔盖特,等, 1996. 新帕尔格雷夫经济学大辞典[M]. 北京:经济科学出版社.

易纲,1996. 中国金融资产结构分析及政策含义[J]. 经济研究(12):26-33.

易纲,宋旺,2008. 中国金融资产结构演进:1991—2007[J]. 经济研究(8):4-15.

余新平,熊德平,2017. 城镇居民住房资产对家庭消费的财富效应[J]. 管理世界(6):168-169.

曾慧,2018. 浙江省农村家庭金融资产配置差异及影响因素分析[D]. 杭州:浙江农林大学.

张大永, 曹红, 2012. 家庭财富与消费:基于微观调查数据的分析[J]. 经济研究(S1):53-65.

张冲,2017. 房价上涨对居民消费影响分析—机制分析、模型构建与实证检验[D]. 长沙:东北财经大学.

张冲,2017. 新一轮房价上涨对消费需求的影响[J]. 财经问题研究(6):15-21.

张浩,易行健,周聪,2017. 房产价值变动、城镇居民消费与财富效应异质性——来自微观家庭调查数据的分析[J].金融研究(8):50-66.

张珂珂,吴猛猛,2013.我国农村居民家庭金融资产现状与影响因素的实证分析[J].金融发展研究(7):58-63.

张明,涂先进,2018.金融借贷的伪财富效应与居民消费增长:城乡与区域差异[J].现代经济探讨(1):25-32.

张强,李远航,2010.金融资产财富效应研究的新视角:基于我国债券市场的实证分析[J].海南金融(5):4-7,11.

张燕,2016.家庭金融资产选择的行为偏好及影响因素研究[D].重庆:西南大学.

张占军,薛宏刚,贺斌,2017.我国房地产市场及股票市场变动对城镇居民消费支出影响研究[J].管理学刊,30(1):34-41.

张志鹏,佘海霞,罗艳,2018.商品房价格财富效应的地区差异研究[J].北方经贸(1):129-130,160.

张宗成,张蕾,2011.中国不同地区房地产市场财富效应的动态比较和变参数分析[J].经济与管理研究(3):49-53.

赵人伟,2007.我国居民收入分配和财产分布问题分析[J].当代财经(7):5-11.

周春喜,毛朝选,杨振,2014.城镇居民资产财富效应的实证研究——基于东部、中部、西部地区差异的分析[J].经济经纬,31(6):14-18.

周德才,张慧,江云,等,2016.我国债券市场时变财富效应研究——基于TVP-SV-VAR模型的一个经验分析[J].新疆大学学报(哲学·人文社会科学版),44(1):36-44.

周月书,刘茂彬,2014.基于生命周期理论的居民家庭金融资产结构影响分析[J].上海金融(12):11-16.

朱新玲,黎鹏,2006.我国房地产市场财富效应的实证分析[J].武汉科技大学学报(社会科学版)(2):16-18.

祝丹,陈立双,2016.不同制约因素下房价对居民消费的影响研究——基于省级面板数据门槛模型的实证[J].石家庄经济学院学报,39(6):27-32.

AIYAGAR S R, 1994. Uninsured idiosyncratic risk and aggregate saving [J]. Quarterly journal of economics,109(3):659-684.

AMINA A S, ANITA C C, MARUSKA V, 2014. The effect of housing and stock market wealth on consumption in emerging and developed countries [J].

Economic systems,38(3):433-450.

ANDO A, MODIGLIANI F, 1963. The life cycle hypothesis of saving: Aggregate implications and tests[J]. American economic review,53(1):55-84.

ARNOLD C S C,MICJAEL K F,2008. Financial market and housing wealth effects on consumption: A permanent income approach[J]. Applied Economics, 40 (23):3029-3038.

ATKINSON A B,BOURGUIGNON F,2000. Handbook ofincomedistribution[M]// DAVIES J B, SHORROCKS A F. The distribution of wealth, Amsterdam: Elsevier.

ATTANASIO O, BLOW L, HAMILTON R, et al, 2009. Booms and busts: Consumption, house prices and expectations[J]. Economica(76):20-50.

BARRELL R,COSTANTINI M,MECO I,2015. Housing wealth, financial wealth, and consumption: New evidence for Italy and the U-ScienceDirect [J]. International review of financial analysis,42(1):316-323.

BERG L, BERGSTROM R, 1995. Housing and financial wealth, financial deregulation and consumption: The swedish case[J]. Scandinavian journal of economics, 97(3):421-439.

BEWLE T F,1977. The permanent income hypothesis:A theoretical formulation[J]. Journal of economic theory(2):252-292.

BEWLE T F, 1983. A difficulty with the optimum quantity of money [J]. Econometrica(5):1485-1504.

BHUPAL S,2012. How important is the stock market wealth effect on consumption in India? [J]. Empirical economics,42(3):915-927.

BOONE L, GIROUARD N, 2002. The stock market, the housing market and consumer behaviour[J]. OECD economic studies(35):175-200.

BOSTIC R ,GABRIEL S ,PAINTER G,2009. Housing wealth,financial wealth,and consumption: New evidence from micro data[J]. Regional science & Urban economics,39(1):79-89.

BOSTIC R,GABRIEL S,PAINTER G, 2009. Housing wealth, financial wealth, and consumption: New evidence from micro data[J]. Regional science & urban economics,39(1):79-89.

CAGETTI M, 2003. Wealth accumulation over the life cycle and precautionary savings[J]. Journal of business and economic statistics(3):339-353.

CAGETTI M, MARIACRISTINA D N, 2008. Wealth inequality: Data and models [J]. Macroeconomic dynamics(12):285-313.

CALOMIRIS W, LONGHOFER D S, MILES W, 2012. The housing wealth effect: The crucial roles of demographics, wealth distribution and wealth shares[J]. Critical finance review(1):44-99.

CAMPBELL J Y, 2006. Household finance[J]. Journal of finance(61):1553-1604.

CAMPBELL J Y, JOAO F C, 2005. How do house prices affect consumption? Evidence from micro data[J]. Journal of monetary economics, 54(3):591-621.

CAMPBELL J Y, MANKIW N G, 1990. Permanent income, current income, and consumption[J]. Journal of business & Economic statistics, 8(3):265-279.

CARROLL C D, 1997. Buffer stock saving and the life-cycle/Permanent income hypotheses[J]. Quarterly journal of economics(1):1-55.

CARROLL C D, OTSUKA M, SLACALEK J, 2011. How large is the housing wealth effect? A new approach[J]. Journal of money, credit and banking, 43(1), 55-79.

CHARLES W C, 2013. The housing wealth effect: The crucial roles of demographics, wealth distribution and wealth shares[J]. Critical finance review, 2(1):49-99.

CHEN N, CHEN S, CHOU Y, 2009. House prices, collateral constraint, and the asymmetric effect on consumption[J]. Journal of housing economics, 19(1): 26-37.

DANIEL C, 2013. House price fluctuations: House price fluctuations: The role of housing wealth as borrowing collateral[J]. The review of economics and statistics, 95 (4):1183-1197.

DIAZ-GIMENEZ J, QUADRINI V, RIOS-RULL J, 1997. Dimensions of inequality: Facts on the U. S. distributions of earnings, income, and wealth[J]. Federal reserve bank of minneapolis quarterly review, 21(2):3-21.

DUESENBERRY J S, 1949. Income, saving, and the theory of consumer behavior[J]. Review of economics & statistics, 33(3):255-257.

EDELSTEIN R H,LAM S L,2004. House process,wealth effects,and the singapore macroeconomy[J]. Journal of housing economics,13(4):342-367.

ELLIOTT J,1980. Walter,wealth and wealth proxies in a permanent income model [J]. Quarterly journal of economics(95):509-535.

ELWIN T. How do housing wealth effects vary with age? [J]. Applied economics letters,2012,19(7):649-652.

ENGELHARDT G V, 1996. House prices and home owner saving behavior[J]. Regional science and urban economics,26(3-4),313-336.

FAVILUKIS J, 2013. Inequality, stock market participation, and the equity premium[J]. Journal of financial economics,107(3),740-759.

FRIEDMAN M,1957. A theory of the consumption function[J]. NBER books,40 (4):1-240.

GREENSPAN A, KENNEDY J, 2005. Estimates of home mortgage originations, repayments, and debt on one-to-four-family residences [J]. Finance and economics discussion series(43):1-10.

GUISO L, HALIASSOS M, JAPPELLI T, 2003. Household portfolios: An international comparison[J]. Economic policy(36):123-70.

HALL R E, 1978. Stochastic implication of the life cycle-permanent income hypothesis:Theory and evidence[J]. Journal of political economy(86):971-987.

HANAEN B E , 1999. Threshold effects in non-dynamic panels: Estimation, testing, and inference[J]. Journal of Econometrics,93(2):345-368.

HAUSER R, STEIN H, 2003. Inequality of the distribution of personal wealth in germany 1973—1998,October 17-28,2003[C]. New York: The levy economics institute.

HOCHGUERTEL S, 2002. Precautionary motives and portfolio decisions [J]. Journal of applied econometrics(18):61-77.

HUGGETT M, 1996. Wealth distribution in life-cycle economies [J]. Journal of monetary economics(3):469-494.

JOHN H, LUCAS D, 2000. Portfolio choice in the present of background risk[J]. The economic journal(109):1-26.

KEYNES J M,1936. The General Theory of Employment, Interest and Money[J]. Journal of the Royal Statistical Society :383-388.

KOHLER M ,DVORNAK N ,2007. Housing wealth, stock market wealth and consumption:A panel analysis for australia[J]. Economic record, 83(261): 117-130.

KRUSELL P, ANTHONY A,SMITH J R,1998. Income and wealth heterogeneity in the macroeconomics[J]. Journal of political economy,106(5):867-896.

LAWRANCE E,1991. Poverty and the rate of time preference:Evidence from panel data[J]. Journal of political economy(99):54-77.

LELAND H E,1968. Savings and uncertainty:The precautionary demand for saving [J]. Quarterly journal of economics(82):465-473.

MARIACRISTINA N D, 2004. Wealth inequality and intergenerational links[J]. Review of economic studies,71(3):743-768.

MARKOWITZ H M,1952. Portfolio selection[J]. Journal of finance(7):77-91.

MERTON R C,1969. Lifetime portfolio selection under uncertainty:The continuous-time case[J]. Review of economics and statistics,51(3):247- 257.

MODIGLIANI F,1988. The role of intergenerational transfers and life cycle saving in the accumulation of wealth[J]. Journal of economic perspectives(2):15-40.

MODIGLIANI F, BRUMBERG R, 1954. Utility analysis and the consumption function:An interpretation of cross-section data[J]. Post-keynesian economics, 1(1):388-436.

MODIGLIANI F,TARANELLI E,1975. The consumption function in a developing economy and the italian experience [J]. The American economic review,65(5): 825-842.

NARDI M D, YANG F, 2016. Wealth inequality, family background, and estate taxation[J]. Journal of monetary economics(77):130-145.

NORTON L J ,HABELER G V,1938. Prosperity and depression[J]. Journal of farm economics, 20(2):537-540.

PELTONEN T A,SOUSA R M,VANSTEENKISTE I S,2012. Wealth effects in emerging market economies[J]. International review of economics & finance,24

(5): 155-166.

PIGOU A C,1943. The classical stationary state [J]. The economic journal,53(12): 343-351.

RICHARD H T, 1990. Anomalies: Saving fungibility and mental accounts [J]. Journal of economic perspectives(4):193-206.

SAMUELSON P A, 1969. Lifetime portfolio selection by dynamic stochastic programming [J]. Review of economics and statistics,2(51):239-246.

SANT R,1987. Wealth distribution in sweden: 1920-1983[M]. Oxford: Clarendon press.

SHENINER L,1995. Housing prices and the savings of renters[J]. Journal of urban economics,38(1):94-125.

SIERMINSKA E,TAKHTAMANOVA Y,2012. Financial and housing wealth and consumption spending: Cross-country and age group comparisons[J]. Housing studies,27(5):685-719.

SINAI T,NICHOLAS S,2005. Owner-occupied housing as a hedge against rent risk [J]. Quarterly journal of economics(120):763-789.

SKINNER J,1989. Housing wealth and aggregate saving[J]. Regional science and urban economics,19(2):305-324.

SKINNER J, 1994. Housing and saving in the United States [M]//YUKIO N, JAMES P. Housing and saving in the U. S. and Japan, Chicago: University Chicago press:191-214.

SLACALEK J,2011. What drives personal consumption? The role of housing and financial wealth[J]. The B. E. journal of macroeconomics,9(1),1-37.

SUNGWON C, 2011. Housing wealth effect on consumption: Evidence from household level data[J]. Economics letters,113(2):192-194.

TSE Y C R,MAN K F,CHOY L,2007. The impact of housing and financial wealth on household consumption: Evidence from Hong Kong [J]. Journal of real estate literature,15(3):429-440.

WOLFF E N,1998. Recent trends in the size distribution of household wealth[J]. Journal of economic perspectives, 12(3):131-150.

WOLFF E N, GITTLEMAN M, 2004. Racial differences in patterns of wealth accumulation[J]. Journal of human resources,39(1):193-227.

WORTHINGTON A C, 2009. Household asset portfolio diversification: Evidence from the household, income and labor dynamics in Australia (HILDA) survey [EB/OL]. Working paper.

YOSHIKAWA H, OHTAKE F, 1989. Female labor, housing and saving in Japan[J]. European economic review(33):997-1031.

ZELDES S P, 1989. Consumption and liquidity constraints: An empirical investigation [J]. Journal of political economy, 97(2):305-346.

索　　引